쉽고 재미있게 할 수 있는 프로젝트 학습

주제찾기부터 보고서 작성까지

양선환 · 강선화 지음
일러스트 최우연

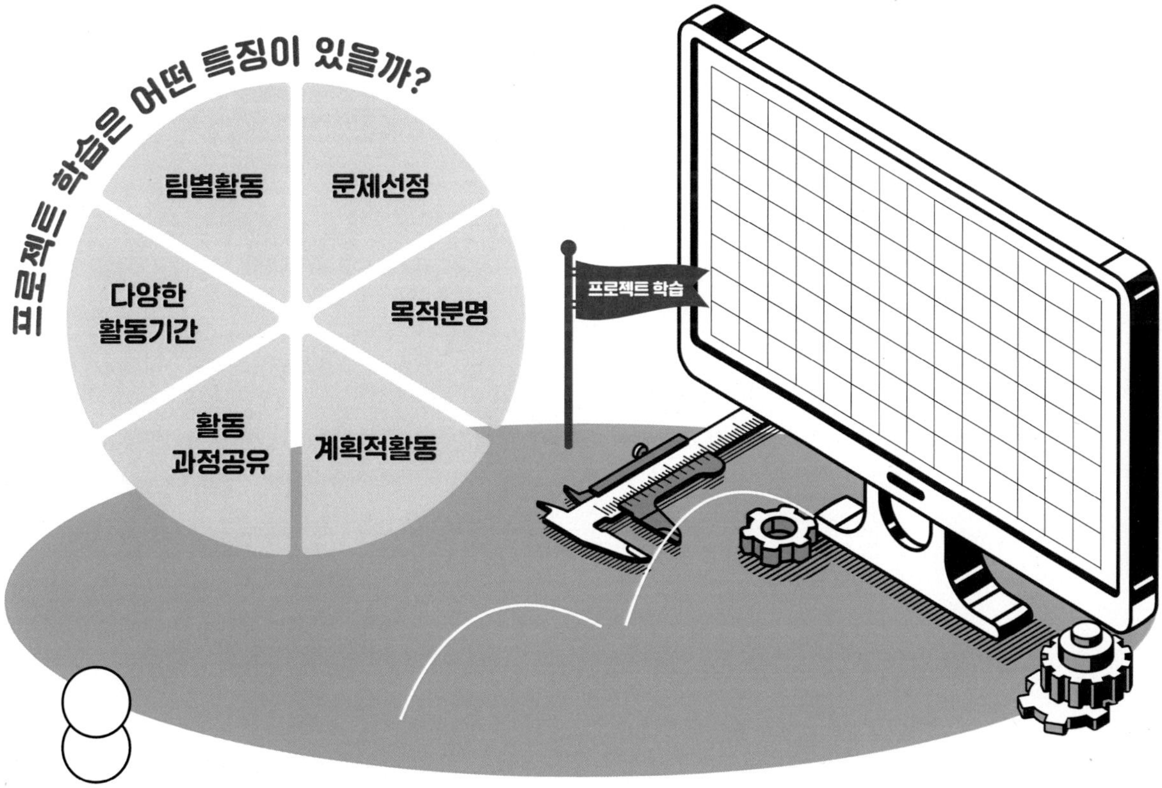

박영story

머리말

불과 몇 년 전까지만 해도 주제선택활동, 동아리 활동, 창의적 체험활동, 영재프로그램, 과학중점학교 등에서 프로젝트 학습을 많이 해오고 있었으나 최근에는 많은 학교에서 주제중심수업, 과제중심수업, 삶과 연계된 수업에서 프로젝트 학습이라는 형태로 수업을 진행하고 있다. 이것은 OECD Learning Compass 2030에서 지향하는 학생의 주도성이 발휘되는 수업과 그 맥락을 같이하고 있다.

프로젝트(project)라는 말은 원래 계획(plan)이라는 의미를 내포하고 있다. 프로젝트 학습은 학생들이 목표을 설정하고 계획을 세워 실행하여 결과물을 만들어내는 과정에서 학습하는 것이다. 프로그램(program)이라는 의미와 비교하면 쉽게 이해할 수 있다. 프로그램은 구체적인 어떤 목적을 성취하기 위해 이미 세워져 있는 실행 계획을 말한다. 즉 학생들이 학습을 할 수 있도록 미리 정해져 있는 시간과 내용을 배우는 것이 프로그램이라면 프로젝트는 학생이 목표와 계획을 세워가면서 학습하는 과정중심의 학습방법이라고 말할 수 있다.

이러한 관점에서 볼 때 현재 교실에서 진행되고 있는 많은 수업이 교사가 계획해 놓고 학생이 실행하는 일종의 프로그램화된 수동적 형태의 수업이라면 프로젝트 학습은 학생이 학습할 문제를 찾아서 목표를 설정하고 계획하여 실행하며 배우는 적극적 형태의 수업이라고 말할 수 있다.

설명식 수업에 익숙해져 있는 학생들은 목표를 설정하고 계획을 세우고 실행한 후 결과물로서 보고서를 작성하는 학습을 배우는 기회가 많지 않은 게 현실이다. 학생들은 이 과정에서 시행착오를 경험하고 때로는 실수와 실패를 할 수도 있다. 이러한 관점을 고려할 때 학교 현장에서 프로젝트 학습을 가르치고 있는 교사에게 학생들이 프로젝트 학습을 할 수 있도록 단계마다 조언과 안내가 요구된다.

제목에서 제시하는 바와 같이 학생들이 이 책에서는 프로젝트 학습을 주제찾기, 계획서 작성 및 발표하기, 실행하기, 보고서 작성하기, 발표하기로 구분하여 프로젝트의 전과정을 제1장부터 제10장까지 구체적인 사례를 중심으로 설명하고 있다. 프로젝트 학습을 진행하는 단계마다 교사가 해야할 역할과 안내, 교육적 의미를 학교 현장에서 경험한 것을 바탕으로 상세하게 제시하고 있다.

프로젝트는 비교적 긴 기간 동안 진행되는 특성이 있으므로, 활동이 지루하거나 산만하게 진행될 수 있다. 이러한 문제점을 해결하기 위해서 긴 기간 동안 진행되는 일련의 과정들을 작은 단위로 나누어서 성공의 기쁨을 갖게 하도록 프로젝트 학습을 단계별로 구분하여 실행하는 방법을 제시하고 있다. 프로젝트를 안내하는 교사도 각각의 단계가 실행되는 교육적 의미를 알고 수업을 운영함으로써 학생들이 각각의 단계를 수행하는 과정에서 무엇을 배우며 자신이 배우는 좋은 점을 알게 됨으로써 프로젝트에 대한 의욕과 적극적인 참여와 프로젝트 실행력이 높일 수 있게 된다.

이 책은 학생들이 프로젝트 학습을 적극적으로 실행할 수 있도록 동기를 부여하고 각 단계마다 이벤트를 제시하여 목표를 달성하는 기쁨을 제공함으로써 쉽고 재미있게 프로젝트 학습 방법을 제시하고 있다. 또한 프로젝트 학습을 운영하는 방법을 제시함으로써 프로젝트를 학습을 처음 시작하시는 선생님들에게 길잡이가 될 수 있는 지침서가 될 수 있다.

목차

PART

01

프로젝트 학습 들어가기

제 1 절

프로젝트 학습이란 무엇인가?

프로젝트 학습은 학생이 현실적인 문제를 찾아 적극적으로 탐구하고 해결하면서 지식과 역량을 배우는 학생 주도의 수업 형태이다. 즉, 프로젝트 학습은 교사가 학생에게 문제나 학습할 내용을 제시하고 설명하여 이해시키는 수동적 학습이 아니라 학생이 스스로 문제를 찾아 적극적으로 해결하는 과정에서 배우는 것이다. 학생은 문제를 해결하기 위해서 관련된 지식과 개념을 교사로부터 배우는 것이 아니라 학생 자신이 직접 찾아서 학습하게 된다.

프로젝트 학습은 학생이 직접 문제를 찾고(problem finding), 그 문제를 해결하기 위해서 계획을 세우고(Planning), 계획한 것을 실행 및 수정하면서 문제를 해결하여(Problem solving), 최종적으로 결과물(Products)을 만드는 과정에서 학습하는 것이라고 말할 수 있다. 프로젝트 학습은 위에 제시한 네 가지의 학습 단계에 대한 영어의 첫 글자를 모아서 4P의 과정이라고도 말한다.

문제 찾기 Problem finding		계획 세우기 Planning		문제 해결 Problem solving		결과물 Products
주제 찾기	➡	계획서 작성	➡	실행 활동	➡	보고서 작성

위에 제시된 프로젝트 학습의 네 가지 단계에서 중요하게 생각되는 것은 문제 찾기와 계획을 세우는 것이다. 학생이 주제를 찾아서 계획서를 작성한다는 것은 학생이 학습을 주도한다는 것을 의미한다. 즉, 학생들이 설정한 목표를 스스로 해결하는 것이다.

학생은 주제 찾는 방법, 계획서 작성하는 방법, 프로젝트를 실행하는 방법, 보고서를 작성하는 방법 등을 알게 되면, 프로젝트 활동에 더욱더 적극적이고 체계적으로 문제를 해결할 수 있다. 교사는 학생들이 프로젝트를 수행하는 과정에서 요구되는 다양한 방법을 제시하게 된다. 프로젝트 학습은 교사의 안내에 따라 학생이 스스로 문제를 해결하고 학생들이 프로젝트 과정에서 수행해야 할 일들을 계획하여 자신들이 설정한 목표에 따라 문제를 해결하는 학습 방법이다.

제2절

프로젝트 학습!
왜 필요한가?

OECD 미래교육과 역량 2030(OECD FUTURE OF EDUCATION AND SKILLS 2030)에서 오늘날 학생들에게 가장 핵심적인 역량을 요구하는 것 중의 하나가 학생 주도성과 실행력이다. 많은 분야에서 학생들은 자신의 생활을 타인에 의해 수동적으로 행동하는 것보다 자신의 적극적인 역할 수행이 요구된다. 또한 수업에서 배운 개념과 지식을 단순히 알고 이해하기보다는 그것을 실제 생활에서 적용할 수 있는 실천적 지식을 필요로 한다.

프로젝트 학습을 실제 경험한 바에 의하면 학업성취 정도와 관계없이 누구나 효과적인 결과를 가져올 수 있는 수업 방법이다. 프로젝트 학습은 자신이 문제를 찾아 해결하며 자신의 관심, 흥미, 취향에 의해 학습활동을 하기 때문에 프로젝트 활동에 대한 학습 동기유발이 매우 높은 상태에서 시작되기 때문에 프로젝트 활동에 학생들이 적극적으로 참여하게 되고 이 과정에서 요구되는 많은 역량들을 배울 수 있다.

프로젝트 학습은 학생들에게 종합적인 배움이 일어나는 활동이다. 주제를 선정하기 위하여 고민하면서 주변을 분석하는 비판적 사고력을 키울 수 있으며, 팀원과 같이 토론하면서 협력과 소통의 중요성과 의견을 조정하는 방법을 배울 수 있다. 프로젝트 활동 결과를 보고서로 작성하면서 글쓰기 능력뿐만 아니라 스토리텔링 능력까지 개발하게 된다. 또한 이러한 활동을 통하여 자신의 적성과 능력을 확인할 수 있어, 진로를 선택하는 데 도움을 주기도 한다.

학생들은 프로젝트라는 학습 공간에서 지식을 찾고, 동료 및 전문가와 대화와 소통을 하며, 인터넷을 찾아 정보를 분석하고, 글을 쓰면서 자신이 만들어 낸 자료들을 관리하며 인생의 축소판이라는 환경에 적응해나간다. 따라서 프로젝트 학습은 학생들이 하나의 활동에서 여러 가지 지식과 역량을 배울 수 있는 **종합 학습 플랫폼**이라고 말할 수 있다.

제3절

프로젝트 학습은 어떤 특징이 있는가?

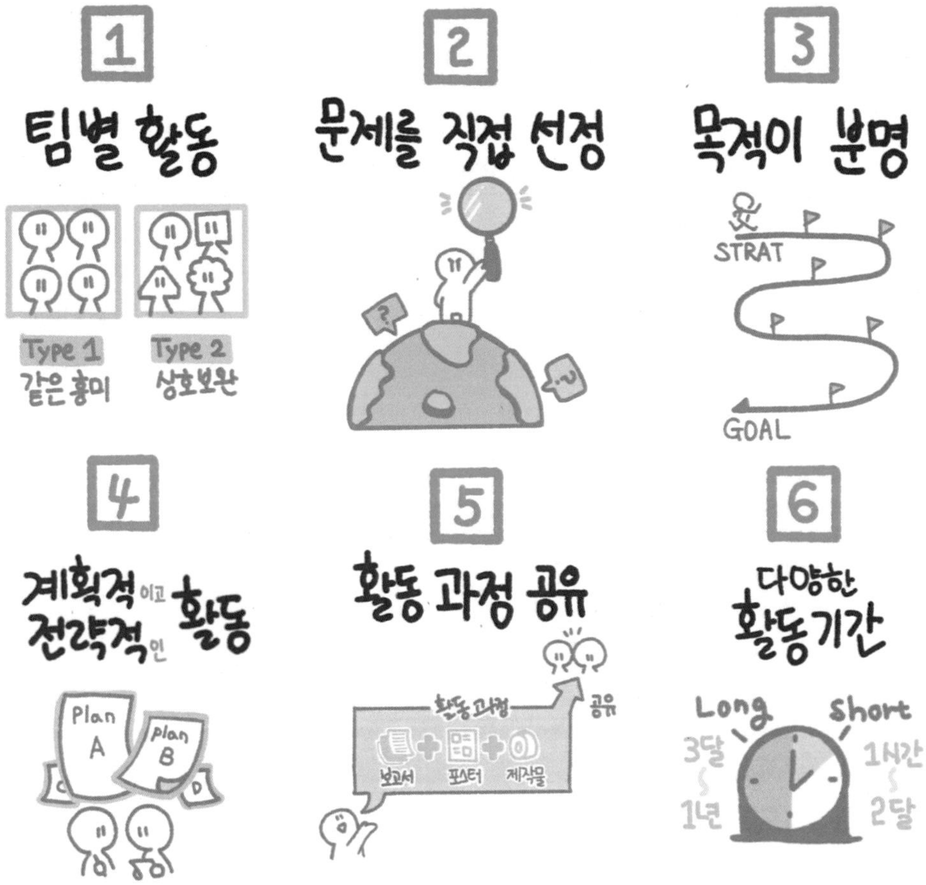

가. 프로젝트 학습은 단순히 주어진 문제를 해결하는 것이 아니라 문제를 직접 찾아 주제와 목적을 분명하게 설정하여 활동한다.

나. 개별 또는 팀의 관심과 흥미에 따라 설정한 주제에 대해서 미리 계획서를 작성하여 전략적으로 활동을 한다.

다. 비슷한 관심과 흥미에 따라 모둠(팀)을 구성하여 활동한다. 때로는 서로 다른 영역에 관심을 갖는 학생으로 팀을 구성하여 상호보완적으로 활동한다.

라. 프로젝트 활동은 문제를 찾아 해결하기 위해서 자신이 알고 있는 상식으로 해결하는 것이 아니라 문제와 관련된 지식, 개념, 정보를 학습하여 해결하게 된다.

마. 프로젝트 활동 후에는 활동 과정을 동료 및 주변 사람에게 보여줄 수 있는 보고서 및 제작물을 만든다.

바. 프로젝트는 활동 기간이 1시간부터 2개월 내외의 단기 프로젝트와 3개월 이상부터 1년까지 활동하는 장기 프로젝트가 있다. 학습하는 시간과 내용이 서로 맥락적으로 연결되어 있다.

제4절

프로젝트 학습에서 학생과 교사는 무엇을 하게 되는가?

프로젝트 학습은 기본적으로 학생이 주도적으로 활동하는 수업이다. 문제를 찾고, 그 문제를 해결하여, 해결한 결과를 보여주는 결과물을 만들게 된다. 만들어진 결과물이 단순히 프로젝트를 수행한 학생의 생각으로만 해결한 것인지 아니면 누구나 공감할 수 있는 객관적으로 타당한지를 주변 사람들에게 설명하는 발표를 하게 된다. 이러한 프로젝트 수행과정에서 학생은 주도성을 발휘하게 되며 교사는 학생의 주도성이 발휘될 수 있도록 프로젝트를 수행하는 방법을 안내하게 된다.

위에서 설명한 바와 같이 학생이 주제를 찾기 위해서 다양한 방법으로 문제점을 찾게 된다. 학생들이 문제점을 찾기 위해서는 교사는 학생들이 문제를 찾을 수 있는 방법을 제시하는 역할이 요구된다. 또한 학생들이 주제를 선정한 후에 계획서를 작성 및 발표하며, 프로젝트를 수행한 후 보고서를 작성 및 발표하게 된다. 이 과정에서 교사는 계획서를 작성하는 방법, 보고서를 작성하는 방법, 발표하는 방법을 안내하는 역할이 요구된다.

이와같이 프로젝트는 학생이 주도적으로 활동하는 과정에서 교사가 지속적으로 주도성을 발휘할 수 있도록 활동 방법을 안내하게 된다. 즉, 교사에게 학생이 주도적으로 활동할 수 있도록 방법과 안내를 제시하는 투입의 과정이 요구된다고 말할 수 있다. 이러한 방법과 안내의 투입 요소를 바탕으로 학생들은 프로젝트 활동을 하게 되며 그 과정에서 활동한 내용을 발표하면서 동료, 교사 등으로부터 객관성을 인정받게 된다.

프로젝트 시작부터 보고서 발표까지 이러한 투입, 과정, 산출, 발표의 과정이 반복적으로 진행되면서 프로젝트 수업이 과정 중심으로 진행된다고 말할 수 있다.

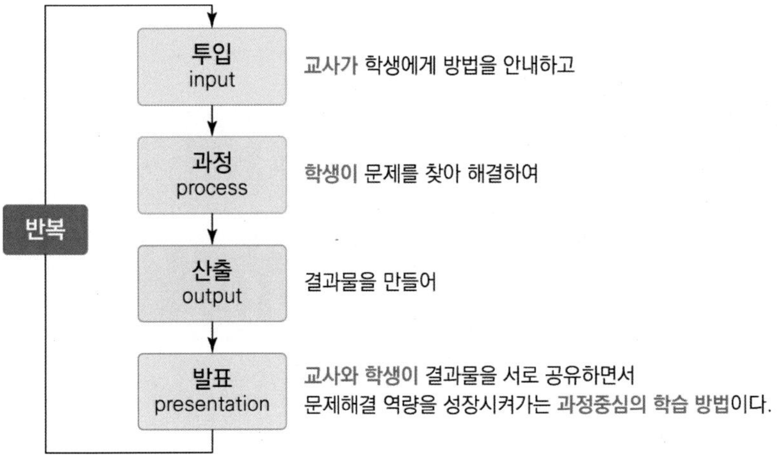

▲ [그림 1] 프로젝트 학습의 순환

이 책에서는 프로젝트의 진행 과정에서 교사가 안내하고 방법을 제시하는 투입의 요소와 진행 과정을 자세히 제시하였다. 또한 교사의 투입에 따른 학생들이 수행해야 할 역할을 함께 제시하였다.

제5절

프로젝트 학습의 교육적 효과는 무엇인가?

가. 교과의 학업 성취 역량을 높여준다.

프로젝트 활동에 참여해본 학생들은 주제를 찾고 계획서를 작성하고 실험을 수행하기 위한 재료와 도구를 준비하고 보고서를 작성하여 발표하게 된다. 프로젝트 활동에서는 수행과정에서 여러 가지 지식과 개념을 읽으면서 정보의 필요성과 중요성을 구분하는 능력이 발달하면서 교과 내용을 읽고 이해하는 능력이 발달하게 된다. 프로젝트 활동에서 새로운 문제해결 방법을 찾으면서 학습하는 방법을 터득하게 된다. 프로젝트 학습을 경험한 학생들은 교과 학습에서도 끊임없이 자기 주도적으로 문제를 해결하고 적극적으로 수업에 참여하게 되어 교과 학습에서 학업성취도가 향상되는 효과가 있다.

나. 학생의 주도성 역량이 강화된다.

프로젝트활동에 참여하는 학생들은 주제와 관련된 문제점을 찾기 위해 자발적으로 책을 읽고 인터넷을 검색하면서 스스로 적극적인 역할을 수행하게 된다. 또한 프로젝트 연구 실행 과정에서 실험 목적 진술, 주제선정, 도구 선정, 실험 과정 진술, 보고서에 포함해야 할 요소 등 많은 것을 선택하는 경험을 하게 된다. 이와 같이 목표설정과 실험 과정에서의 다양한 선택 및 발표의 과정에서 책임성을 가지고 활동함으로써 과제 해결 및 생활에 대한 주도성 역량을 발휘하게 된다.

다. 소통 능력이 향상된다.

프로젝트 학습에 참여한 경험이 있는 많은 학생은 동료, 부모, 교사와 소통하는데 융통성이 있고 수용적인 태도를 보이는 경우가 많다. 프로젝트 학습은 대부분 2~3명으로 구성된 팀으로 활동하게 된다. 프로젝트 활동에서 실패와 시행착오를 겪을 때 팀원들은 문제를 분석하고 해결하기 위해 협력적으로 활동할 수밖에 없다. 이 과정에서 학생들은 팀원의 의사를 존중하고 조정하면서 자신의 주장을 상대방에게 설득함으로써 의사소통 능력을 실제 경험을 통하여 배우는 기회를 갖게 된다.

라. 실제 생활에 대한 문제해결 역량을 향상시킨다.

교과서에서는 개념 이해중심의 학습을 하게 되어 실제 새로운 상황과 맥락에서 문제를 해결할 기회가 많지 않다. 그러나 프로젝트 활동은 자신과 생활 주변에서 문제점을 찾아 배경지식을 학습하고 계획서를 작성하여 목적의식을 가지고 학습하게 된다. 학생들은 생활하면서 자신의 주변에 관해 관심을 두고 문제를 해결하려는 노력을 기울이게 된다.

마. 프로젝트 학습은 다양한 교과 내용을 학습한다.

프로젝트 활동과정에서 학생들은 실제적인 문제를 해결하게 된다. 삶과 관련된 실제적인 문제를 해결하면서 여러 가지 내용, 개념, 지식을 학습하고 활용하게 된다. 예를 들면 알로에의 추출물과 피부와의 관련성을 주제로 프로젝트로 진행할 때 식물에 관해서 연구하게 되고, 피부에 주는 영향을 분석하기 위해서 화학과 관련된 실험을 하며, 그 결과를 그래프로 그려서 보고서를 작성하여 발표하게 된다. 여기서 배울 수 있는 것은 생물과 화학과 관련된 개념, 그래프를 그리면서 수학적 개념, 보고서를 작성하면서 국어의 글쓰기 능력과 논술 능력, 발표하면서 설득하고 요약하는 능력을 배우게 된다. 이처럼 프로젝트 학습은 융합적이고 복합적인 학습을 할 수 있는 학습 방법이라고 말할 수 있다.

제6절

프로젝트 학습에서 학생들은 어떤 반응을 보였을까?

아래는 프로젝트 학습에 참여한 후 학생들이 배운 점과 소감을 제시한 것이다.

가. 프로젝트 활동은 끈기와 인내를 배우게 한다.

나. 어렵고 힘든 일을 해결하면서 성장함을 느낀다.

다. 나의 장단점을 찾을 수 있어서 의미 있는 시간이었다.

라. 프로젝트 활동 과정에서 탐구 능력이나 자기 계발뿐만 아니라 지식도 많이 배우게 되었고 생각을 깊게 하는 습관을 들일 수 있었다.

마. 실패하면서 "왜"라는 질문으로 문제해결 방법을 찾으면서 지속해서 호기심을 갖게 된다.

바. 실패를 경험하고 성공의 맛을 본다. 모든 실험은 실패를 동반한다.

사. 실패와 실수를 통해 문제해결 방법은 무궁무진하다는 것을 알게 된다.

아. 생물 프로젝트를 했는데 다른 팀의 연구를 보면서 다음에는 물리나 화학 분야 실험하면서 새로운 것을 알아가고 싶다는 생각이 들었다.

자. 팀원의 생각을 존중하고, 반영하고, 조율해가면서 소통하고 공감하는 자세와 생각을 배울 수 있었다.

차. 실패를 경험하면 괴롭고 힘들지만 당연하게 생각하면서 새로운 각도에서 문제를 해결하게 한다.

카. 프로젝트 활동에서 어떠한 배움보다도 중요한 배움은 "협력"이라고 생각한다. 프로젝트 활동은 나의 진로에 영향을 주었다.

타. 프로젝트의 재미를 거의 끝날 때 알게 되었다는 것이 아쉽다. 만약 훗날 다시 프로젝트 활동을 할 기회가 생기게 된다면 열정을 가지고 "나의 최선을 다해 임해야겠다."라는 생각을 하게 되었다. 또한, "다른 모든 활동에도 열정을 지니고 최선을 다해야겠다."라고 다짐했다.

하. (프로젝트를 하고 싶은 학생에게) 실패는 그저 성공하기 위한 과정일 뿐이다. 모처럼 얻은 이 기회가 정말 위대한 기회이니 열심히 하라고 말해주고 싶다. 실패를 했다는 것은 그만큼 노력했기에 실패도 있는 것이다. 열심히 노력하면 그만큼 최고의 작품이 나올 것이다.

PART

02

프로젝트 학습 운영

제 1 절

첫 시간 오리엔테이션에서 무엇을 하는가?

프로젝트 활동은 학생이 계획, 과정, 결과물 생성까지 주도적으로 활동하면서 참여하게 된다. 학생들이 프로젝트 활동의 전체 진행 일정과 그에 따라 해야 할 수행 과제를 알고 있을 때 미리 계획을 세우고 준비하면서 주도적인 활동과 참여를 하게 된다. 따라서 프로젝트 활동 시작의 첫 시간에 오리엔테이션 시간을 확보하여 전체 진행 과정, 모둠 구성, 활동 방법을 공유하는 것이 매우 중요하다.

특히 학생들은 강의식 수업에서 수동적인 학습에 익숙해져 있어 계획을 세우고 절차에 따라 진행하는 것에 익숙하지 않다. 따라서 프로젝트 활동을 담당하는 교사로서 첫 시간에 오리엔테이션을 충실히 준비하여 주제선정 방법, 세부적인 활동 진행 과정, 예상되는 결과물 등에 대해서 학생들에게 정보를 제공하도록 한다. 오리엔테이션에서 안내할 내용은 다음과 같다.

- 프로젝트 활동 목적 안내
- 프로젝트 활동 전체 일정 안내
- 변인 찾는 방법 안내
- 기타 프로젝트 활동에 필요한 내용 안내

위에 제시한 안내 사항을 첫 시간 오리엔테이션 시간이 부족할 경우 다음 시간에 이어서 계속 진행할 수 있다.

가. 프로젝트 활동 목적을 안내한다.

프로젝트 학습은 학생이 주도하여 계획, 실행, 결과물을 만들어 내는 과정이다. 프로젝트를 하는 목적을 학생이 명확하게 알고 시작함으로써 주도성을 가지고 참여하고 수행 활동을 하게 된다. 프로젝트 활동의 목적을 제시하면 아래와 같다.

1) 프로젝트활동 과정에서 학습을 관리하고 자료를 만들면서 스스로 추진하는 주도성 역량이 길러진다.
2) 프로젝트를 팀원과 함께하면서 동료 및 주변 사람과의 소통 능력이 길러진다.
3) 주제를 찾고, 계획서를 작성하고 자료를 찾고, 기록하면서 공부하는 방법을 배우게 된다.
4) 하나의 주제로 프로젝트를 수행하면서 여러 과목의 내용을 찾으므로 다양한 개념 및 지식을 배우게 된다.
5) 자신의 관심과 흥미에 따라 주제를 선정하여 다양한 교과를 넘나드는 프로젝트 학습을 수행하면서 자신의 미래 진로에 대해서 고민하고 정할 수 있다.

나. 프로젝트 활동 주요 내용 안내

프로젝트 학습이 진행되는 주요 내용을 안내하여 학생들이 알고 있음으로써 주도성을 발휘하여 적극적으로 프로젝트를 수행하게 된다.

프로젝트 개요 안내 / 변인 개념 학습

↓

프로젝트 선행 연구보고서 분석 및 발표

↓

과학전람회 보고서 분석 / 개인별 프로젝트 계획서 작성 / 팀 구성

↓

팀별 주제 탐색 및 프로젝트 계획서 작성

↓

프로젝트 실험활동 / 중간 보고서 발표

↓

반복 실험, 추가실험

↓

보고서 작성 / 프로젝트 결과 발표

다. 프로젝트 활동 전체 일정 안내

프로젝트 활동 오리엔테이션에서 반드시 해야 할 것은 전체 프로젝트 일정을 안내하는 일이다. 학생들은 전체 일정을 알게 되면 프로젝트를 주도적으로 진행하게 된다. 학생이 전체 일정을 알지 못하면 끊임없이 교사에게 다음에 무엇을 하는지에 대해서 질문하게 된다. 이렇게 되면 학생은 자신의 계획대로 프로젝트를 추진하지 못하고 교사는 학생들을 이끌고 가는 부담을 갖게 된다. 프로젝트 수업의 전체 시간에 따라 일정이 달라진다. 몇 가지 예를 들면 아래와 같다.

1) 교과에서 주제 중심 수업의 경우: 단원의 내용과 수업 시간을 고려하여 시간 단위로 일정 제시
2) 영재학급 또는 창의융합상상소의 경우: 연간 1주차~20주차까지 일정 제시
3) 중학교 1학년 주제선택 활동의 경우: 1주차~9주차까지 일정 제시
4) 고등학교 과제 연구의 경우: 전체 연간 운영 시간을 고려하여 주 단위로 일정 제시

일정 안내 및 학생들의 프로젝트 일정 수립에 대한 것은 아래에 자세히 제시되어 있다.

일정을 제시할 때는 패들렛이나 구글 슬라이드와 같은 공유 프로그램을 활용하는 것을 권장한다. 아래는 프로젝트 활동 진행 안내를 프로젝트로 제시한 사례의 일부를 제시하고 있다.

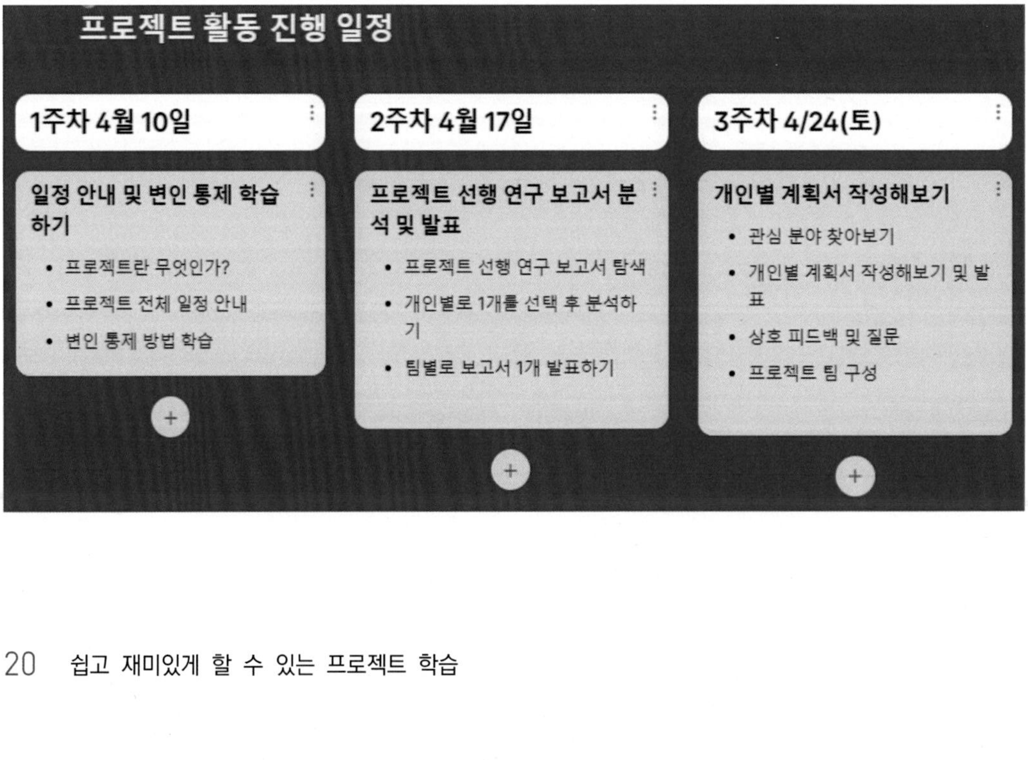

라. 변인 찾는 방법 안내

과학 영역에서 프로젝트의 형태로서 실험 프로젝트를 하는 경우가 많다. 따라서 학생들에게 미리 변인을 찾는 방법을 안내한다. 변인 찾기에 관한 내용은 이 책의 4장에 자세히 제시되어 있다.

제2절

프로젝트 활동 일정 수립을 위한 안내는 어떻게 하는가?

학생들이 일정을 만들면서 시간 관리 능력, 자기 관리 능력, 팀워크를 배울 수 있다. 프로젝트 일정과 계획을 수립한다는 것은 학생들에게 쉽지 않은 일이다. 일정을 만들 수 있도록 교사의 아래와 같은 안내가 있어야 한다.

1) 프로젝트 활동 과정 4단계 안내

- 프로젝트 활동은 크게 4단계 즉, 주제 찾기, 계획하기, 실행하기, 결과물 만들기로 진행된다. 프로젝트를 처음 시작하는 학생들은 프로젝트에 대해서 잘 알지 못할 뿐만 아니라 진행 과정과 구체적인 활동 내용에 대해서도 모르는 경우가 많다.
- 프로젝트는 학생들이 주도하게 된다. 교사는 학생들이 주도할 수 있도록 프로젝트의 전체적인 진행 과정과 활동 내용을 안내하여 학생들이 스스로 계획을 세우도록 한다. 학생들은 프로젝트 활동 과정이 4단계로 진행됨을 명확히 알아야 자신의 일정을 진행 및 관리를 할 수 있다. 학생들은 일정에 따른 단계를 마칠 때마다 성취감과 만족감을 갖게 되어 프로젝트 실행 동기가 높아진다.

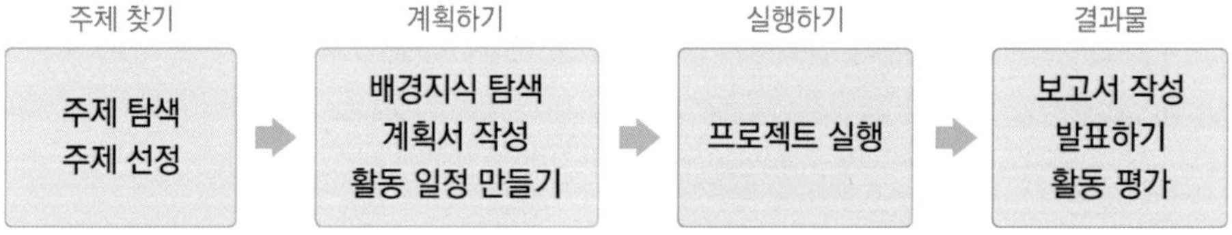

2) 팀에서 일정을 세울 수 있도록 프로젝트 일정 가이드라인에 대해서 설명을 한다.
3) 학생들에게 프로젝트 활동 일정 작성 양식을 제공하여 팀에서 팀원끼리 토의하여 일정을 작성하도록 한다. 직접 일정을 작성해봄으로써 전체적인 일정을 알게 된다. 따라서 팀에서 주도적으로 프로젝트를 실행할 수 있는 통찰력을 얻게 된다.
4) 교사는 개인별 또는 팀별 만들어진 일정을 모아 프로젝트 진행에 대해서 학생들과 협의 및 조정을 할 수 있는 근거자료로 활용할 수 있다.
5) 프로젝트를 연구하는 학생들은 일정을 탐구 노트에 붙여놓고 프로젝트를 실행할 때 수시로 보고, 일정에 따른 프로젝트 진행을 개인 또는 팀에서 관리할 수 있도록 한다.
6) 프로젝트 일정은 진행 상황과 결과에 따라서 변경될 수 있다. 따라서 일정을 변경하여 재조정하면서 자신들의 프로젝트를 관리할 수 있도록 한다. 일정이 재조정되면 반드시 변경된 일정을 교사에게 제출하여 함께 협의 및 조정하도록 한다.

7) 프로젝트 일정 가이드라인(주 5시간, 22주 운영)

주차	프로젝트 활동 내용	교사와 협의(활동의 의미)
1	• 변인통제 방법 학습 • 변인통제 실험	연구에서 변인통제의 개념 정립
2	• 선행연구 보고서 탐색 • 개인별 1개 탐색 후 팀별 1개 발표	발표를 통하여 연구의 핵심 분석
3	• 프로젝트 보고서 구성요소 학습 • 과학전람회 보고서 탐색 및 발표	보고서의 체계를 보고 본인의 연구주제 탐색
4	• 프로젝트 연구 관심분야 탐색 • 개인별 프로젝트 계획서 작성 및 발표 • 피드백 및 질문 • 프로젝트 관심분야에 기초하여 팀 구성	개인별 탐색 후 비슷한 주제나 방향성을 가진 학생들로 팀 구성
5	• 팀별 주제 탐색 • 주제 관련 배경지식 탐색 및 학습	팀원의 협의에 따라 주제 선정
6	• 가주제 선정(2-3개) • 가주제에 대한 실험도구와 측정도구 탐색	선행연구 중복, 연구 가능성 확인, 연구방법 변경 등
7	• 최종 주제 선정 • 최종 주제에 대한 관련 지식 탐색과 학습	연구 실행 및 완성 가능성 확인, 연구 계획서 작성
8	• 프로젝트 실행 계획서 작성 및 발표 • 프로젝트 계획서 팀별 상호 피드백 • 프로젝트 계획서 보완	중간 보고서 양식 안내

주차	프로젝트 활동 내용	교사와 협의(활동의 의미)
9	• 주제 관련 지식 탐색 및 학습 • 실험 도구 및 측정 도구 준비 • 프로젝트 실험 수행하기	실험도구 측정도구 요청(연구 주제와 맞는지 확인)
10	• 주제 관련 지식 탐색 및 학습 • 프로젝트 실험 수행하기 • 실험 도구 및 측정 구입 요청하기	연구 목적에 맞게 실험을 하는지 확인
11	• 주제 관련 지식 탐색 및 학습 • 프로젝트 실험 수행하기 • 프로젝트 실험 수행 및 결과 분석하기	실험 목적과 결과 비교 실험 결과와 연구의 목적 확인, 실험 실패 시 실패의 원인 탐색
12	• 주제 관련 지식 탐색 및 학습 • 반복실험으로 신뢰도 높이기	반복 실험 시 변인통제가 같도록 유지
13	• 주제 관련 지식 탐색 및 학습 • 프로젝트 확인 실험	실험 목적과 결과 비교
14	• 중간보고서 작성 및 발표 • 프로젝트 보고서 작성 방법 학습	실험계획서와 비교 · 차이점과 그 이유 확인
15	• 주제 관련 지식 탐색 및 학습 • 프로젝트 추가 실험 • 보고서 작성을 위한 자료 수집	연구 목적을 달성하기 위한 추가 가설 설정 및 실험
16	• 프로젝트 반복 실험 또는 추가 실험 • 보고서 작성을 위한 자료 수집	실험결과 정리, 표 또는 그래프로 바꾸기
17	• 보고서 작성 시작하기(중간보고서 참고) • 결과를 분석하여 필요한 경우 추가 실험	추가실험을 진행하면서 보고서 작성
18	• 보고서 초안 작성	결과 분석, 보고서 구성 요소
19	• 보고서 초안 보완 작성 • 보고서 초안 발표 및 상호 피드백	
20	• 최종 보고서 작성	보고서 구성 요소 및 순서
21	• 보고서 수정하기 • 팀에서 작성한 보고서 이해하기 • 프로젝트 보고서 요약(프레젠테이션)	보고서, 요약 내용
22	• 프로젝트 보고서 발표 및 활동 평가	

8) 프로젝트 활동 일정(timeline) 작성 양식(팀에서 작성)

번호	프로젝트 활동	책임자	수행 완료 기간
1	주제 검색		
2	가주제 선정		
3	교사와 협의		
4	가주제에 대한 자료 수집		
5	실험도구 및 측정도구 탐색		
6	최종 주제 선정		
7	교사와 협의		
8	최종 주제에 대한 자료 수집		
9	계획서 작성		
10	교사와 협의		
11	실험도구 및 측정도구 준비 및 구입		
12	가설 설정		
13	실험수행 실험수행 자료 누적관리		
14	주제관련 자료 수집		
15	교사와 협의		
16	반복실험/수정실험 실험수행 자료 누적관리		
17	교사와 협의		
18	중간보고서 작성		
19	교사와 협의		
20	중간보고서 발표 보고서 작성 방법 학습		

번호	프로젝트 활동	책임자	수행 완료 기간
21	최종실험 수행		
22	보고서 초안 작성		
23	교사와 협의		
24	보고서 수정 및 추가 작성		
25	교사와 협의		
26	최종 보고서 작성		
27	교사와 협의		
28	최종 보고서 인쇄 보고서 이해하기		
29	보고서 프레젠테이션 작성		
30	교사와 협의		
31	프레젠테이션 수정 및 보완		
32	최종 프레젠테이션 작성		
33	프레젠테이션 발표 연습		
34	보고서 발표		

제3절

팀 구성을 언제 그리고 어떻게 하는가?

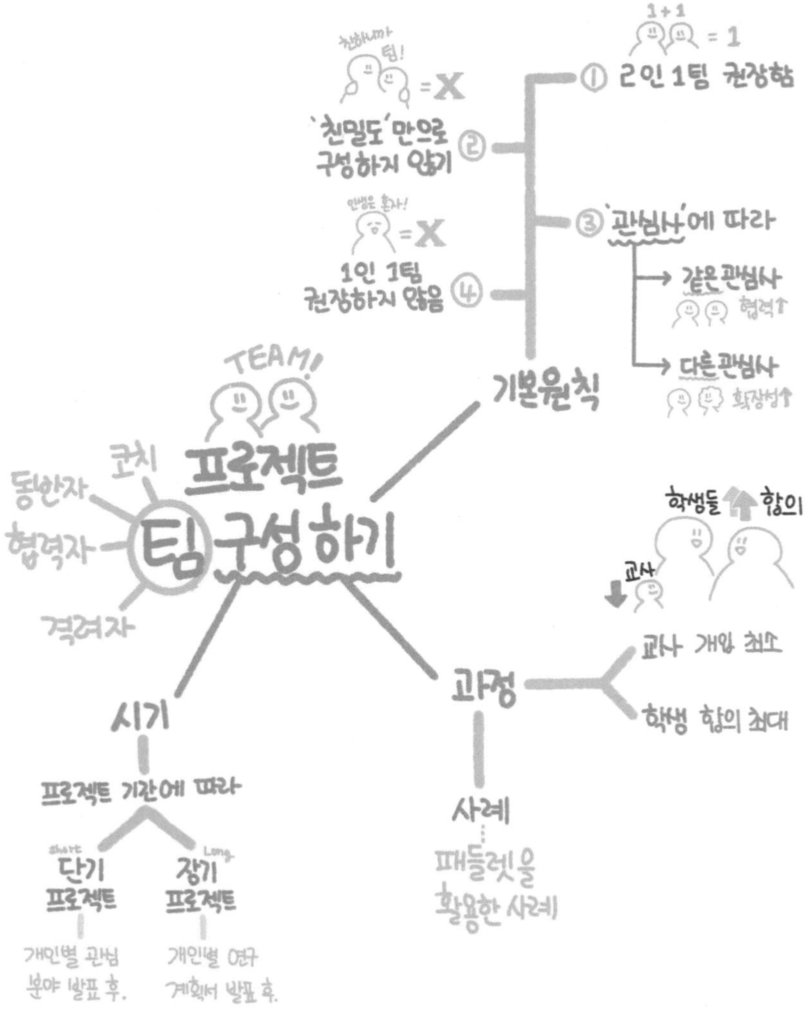

프로젝트 학습은 한 차시 단위로 진행되는 일반 수업과 비교할 때 학생끼리 훨씬 더 높은 수준의 상호의존도와 협력 및 소통이 요구된다. 이런 특성을 고려할 때 학생들이 프로젝트를 수행하면서 프로젝트가 완료될 때까지 팀원은 서로 동반자로서 때로는 협력자, 조언자, 코치, 격려자로서의 역할을 하기도 한다. 따라서 팀구성은 학생에게 중요한 과정이며 예민하게 생각되는 부분이기 때문에 교사의 개입을 최소화하여 프로젝트 운영과정에서 최대한 학생의 합의로 팀이 구성되도록 한다.

자료수집, 시행착오, 실행, 보고서 작성, 발표 그리고 때로는 전문가의 조언 구하기 등으로 이루어지는 프로젝트 학습에서 학생들은 팀원과 함께 주도성을 발휘하여 활동함으로써 교사로부터 배우는 것보다 팀원으로부터 배우는 것이 훨씬 더 많다. 교사는 학생들에게 이러한 배움이 서로 일어날 수 있도록 방법 안내, 시간 일정 확인 및 피드백과 같은 프로젝트 진행 환경을 만들어주고 조언하게 된다.

실제 프로젝트를 마친 후에 학생들의 소감을 들어보면 팀원이 단순한 친구로서보다 과제 수행의 동반자로서의 존재감을 훨씬 더 깊고 강하고 느끼며, 때로는 실험이 계획했던 것과 다르게 진행되거나 문제 해결과정에서 고민이 될 때 팀원의 말 한마디에 용기를 갖게 되어 다시 시작할 때 팀원의 존재감을 깊이 느낀다고 말한다.

학생들은 팀을 구성하는 과정에서 서로 친숙해진다. 또한 서로의 관심과 흥미 및 프로젝트 주제를 확인하면서 서로를 파악하게 되며 프로젝트 수행과정에서 갈등을 줄이고 협력의 효율성이 훨씬 높아지는 매우 유익한 시간이 된다.

가. 팀 구성 시기

팀을 구성하기 위해서는 서로 상대방을 파악할 수 있는 기회가 있어야 한다. 학생들은 프로젝트를 수행하고자 하는 분야에 대해서 대략 결정을 한 후 서로 소통하여 비슷한 주제나 영역끼리 또는 서로 다른 분야끼리 팀을 구성한다. 학생들끼리 서로의 프로젝트 영역을 알 수 있게 하는 방법으로서 [개인 프로젝트 계획서](이 책의 168쪽에 자세히 설명되어 있음)를 작성하도록 하여 발표 내용을 듣고 상대방의 분야를 확인한 후 학생들끼리 서로 소통하여 최적의 팀을 구성하게 한다. 팀을 구성하는 시기는 오리엔테이션 및 변인 학습, 선행연구 사례 분석하기 및 발표, 개인별 프로젝트 계획서 작성해보기 및 발표까지 진행한 후 팀별 주제 찾기에 들어가기 전에 진행하는 것이 좋다. 아래는 팀을 구성하기 전까지의 과정을 순서대로 제시한 것이다.

1) 단기 프로젝트에서 팀구성 시기

1. 오리엔테이션 및 변인 학습하기

↓

2. 개인별 관심분야 찾아보기(책, 인터넷 이용) 및 발표하기

↓

3. 팀 구성하기

↓

4. 팀별 주제 찾기 활동 시작하기

2) 장기 프로젝트에서 팀구성 시기

1. 오리엔테이션 및 변인 학습하기

↓

2. 선행 연구 사례(1-2개) 분석하기 및 발표하기

↓

3. 개인별 계획서 작성해보기 및 발표하기

↓

4. 팀 구성하기

↓

5. 팀별 주제 찾기

나. 팀 구성 과정

개인 연구계획서는 오리엔테이션 및 변인통제에 대해서 안내한 다음 개별적으로 프로젝트에 관해서 연구하고 싶은 것을 간단히 계획해보는 것이다. (이 책의 4장에 자세히 설명됨) 프로젝트 활동에서 자신의 관심과 연구 분야에 대한 주제를 중심으로 계획서를 작성하는 연습을 해보는 활동이다. 학생들은 이 개인 연구계획서 발표를 듣고 동료의 프로젝트 연구 분야를 파악하고 학생들끼리 팀을 구성하게 된다. 팀을 구성하는 단계는 아래와 같다.

1. 개인별 관심 분야 발표(단기 프로젝트), 개인 연구 계획서 발표(장기 프로젝트)

↓

2. 패들렛에 프로젝트를 수행하고 싶은 분야 또는 주제 쓰기

↓

3. 개인 계획서 내용과 프로젝트 분야를 보고 희망하는 팀원과 화살표로 연결

↓

4. 화살표로 연결된 팀원과 소통하기 및 팀 구성하기

다. 패들렛으로 팀 구성하기

패들렛의 [캔버스] 기능을 이용하여 아래와 같이 연결하여 팀을 구성한다.

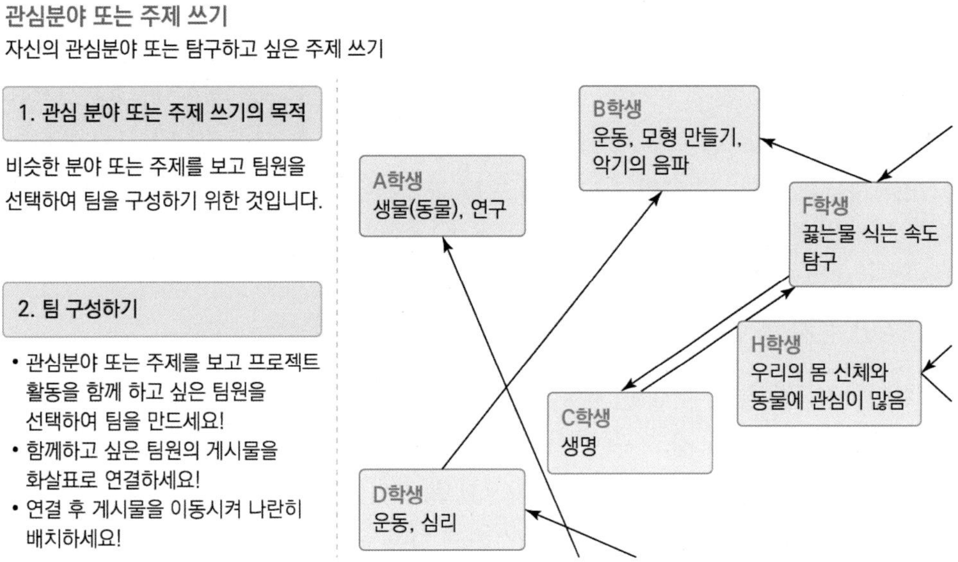

라. 팀 구성의 기본원칙

1) 2명으로 팀을 구성하는 것이 가장 효율적이다.

2명으로 팀이 구성되면 어떤 방식으로든 함께 프로젝트 활동에 참여하게 되어 무임승차를 가장 최소화할 수 있다. 비록 2명이 똑같은 양의 활동이 될 수 없어서 한 학생에게 과제량이 많고 적음이 있을 수 있다. 그러나 서로 협력과 의지를 할 수 있는 최적의 구성 인원수가 2명이다.

2) 친한 친구끼리 팀을 구성하는 것을 권장하지 않는다.

서로 친하면 프로젝트 수행하는 시간을 많이 가질 수 있지만, 서로의 관계가 좋지 않게 될 가능성이 있다. 왜냐하면 대부분 친한 친구들은 평소에 큰 어려움이 없이 분위기가 좋은 상태에서 맺어졌다. 그러나 프로젝트를 수행하는 과정에서 어려움이 있을 때 서로 자신의 어려운 일을 상대방에게 넘기면서 갈등이 생길 수 있다.

3) 비슷한 주제와 영역, 관심사를 가진 동료로 구성한다.

팀을 구성할 때 비슷한 주제와 영역, 관심사를 가진 학생끼리 구성하게 되면 서로 협력이 잘 이루어지게 된다. 그러나 비슷한 관심사를 가진 동료끼리 팀을 구성하면 프로젝트를 확장할 수 있는 가능성이 낮을 수도 있다. 서로 다른 관심사를 가진 팀끼리 구성하게 되면 시너지 효과를 가져올 수 있다. 예를 들면 (공학 분야+환경 분야)로 구성하면 환경 문제를 공학 분야 기술로 제작하여 문제를 더욱 효과적으로 해결할 수도 있다. 실제 저자가 경험사례로서 층간소음의 문제를 해결하기 위하여(환경) 아두이노를 이용하여 소음의 정도를 알려주는 알리미를 제작(공학)하는 프로젝트를 연구한 팀의 사례가 있다.

4) 1명이 혼자 프로젝트 활동을 하는 것은 권장하지 않는다.

학업성취도가 높고 성실한 학생도 다른 사람의 시각과 협력이 필요한 경우가 많다. 프로젝트는 기간이 길고 주제 찾기, 계획서 쓰기, 발표 등의 수행 과정에서 문제해결 방법이 일정하게 정해진 것이 없으므로 끊임없이 동료와 함께 새로운 문제해결 방법에 대해서 의견을 제시하고, 조정하고 다른 관점에서 생각할 수 있는 의견도 많이 필요하다. 따라서 1명으로 프로젝트 활동하는 것을 권장하지 않으며 최소한 2명 이상이 함께 하는 것을 권장한다.

마. 팀 구성에 대해 자주 하는 질문(FAQ)

1) 팀 구성 과정에서 1명이 남는 경우 어떻게 하는가?

이런 경우는 팀이 구성된 2명의 학생과 함께 할 수 있는지 서로 협의하여 3명으로 팀을 구성하도록 한다. 팀 구성이 잘 이루어지지 않으면 팀이 구성된 학생과 상담을 하여 학생들끼리 서로 합의가 이루어지도록 한다.

2) 팀장을 희망하는 학생을 먼저 선정한 후 팀을 구성하면 안 되나요?

팀장을 희망하는 학생을 먼저 선정하는 것도 좋은 방법이다. 저자들도 이렇게 하는 경우도 많다. 팀장을 원하는 학생을 선정한 후 그 팀장과 함께 프로젝트 진행을 원하는 학생이 선택하면 서로 협력이 잘 이루어진다.

3) 4명으로 팀을 구성해도 되는가?

팀 구성원의 수가 많을수록 무임승차의 가능성이 커지면서 의견 충돌과 갈등이 많이 발생할 수 있다. 따라서 4명 이상으로 팀을 구성하는 것은 권장하지 않는다.

프로젝트 활동은 학생이 역할을 수행하고 활동에 참여를 많이 하는 만큼 많이 배우게 되는데 학생들은 역할 수행 과정에서 과제를 해결해야 할 양이 많거나 시간이 많이 요구되는 것에 대해서 손해와 이익이라는 개념으로 생각한다.

팀을 구성할 때 역할을 많이 수행하는 것을 손해라고 생각하는 오개념을 갖지 않도록 한다. 장기적인 관점에서는 역할 수행으로 많은 활동을 하게 되면 더 많은 것을 배운다는 것을 인식하도록 한다.

제4절

프로젝트 활동 과정에서 발표는 왜 중요한가?

프로젝트 활동 과정에서 발표는 자신에게는 연구 결과를 되돌아보는 기회가 되며, 결과를 공유하고 피드백을 받고 공개적으로 평가를 받는 시간이 된다. 학생들은 긴시간 동안 프로젝트를 수행하게 되면 지루함을 가질 수 있다.

그러나 장기간의 진행 시간을 발표하는 기회를 4개의 단계로 구분하여 수행하게 되면 지루함을 감소시킬 수 있다. 4번의 발표에서 하나씩 발표를 준비하고 마치면서, 한 단계 한 단계의 수행 활동을 마치면서 만족감과 자신감을 갖고 성취동기를 얻게 된다.

아래 그림은 프로젝트가 진행되는 과정에서 수행활동과 발표의 단계를 제시하고 있다. 여기서 프로젝트 발표 시간을 갖는 것은 단계마다 수행한 결과를 종합하고 정리해보는 수렴적 활동을 의미한다. 프로젝트 수행 활동 중간에 이와 같은 활동 결과의 수렴과정을 거치면서 내용이 탄탄하고 충실하게 된다. 발표는 발산적으로 활동한 내용을 모으는 수렴적 활동이라고 말할 수 있다. 이와 같은 발산적 활동과 수렴적 활동을 반복함으로써 프로젝트 활동과 내용이 향상되고 발전하게 된다.

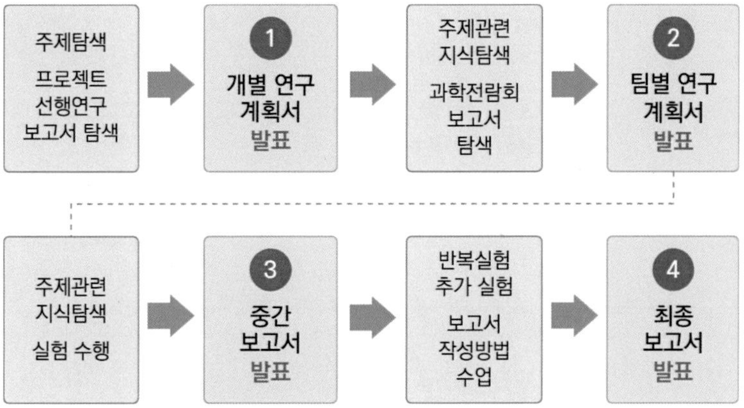

가. 단계별 발표 내용

1) 개별 연구계획서

개별 연구계획서는 이전 학년도에 산출된 주제선택 활동 보고서, 주제중심수업 보고서, 영재반 산출물 등 각종 선행연구 보고서 탐색 및 인터넷을 검색하여 자신의 관심사나 흥미가 있는 것을 선택하여 계획서를 작성한다. 개별 연구계획서를 작성하는 목적은 아래와 같다.

- 우선적인 목적은 개별적으로 계획서를 대략 작성해보는 연습을 하는 것이다.
- 프로젝트에 참여하는 학생들이 팀을 구성하기 위해서 비슷한 연구영역과 관심사를 가진 팀원을 찾기 위해서이다. 비슷한 연구영역과 관심사를 가진 팀원끼리 팀을 구성함으로써 프로젝트를 수행하는 데 매우 중요한 추진력을 제공하게 된다.
- 학생들은 자신의 계획서를 발표하면서 동시에 다른 동료의 발표를 듣게 된다. 이 과정에서 다른 동료의 관심사와 흥미를 파악하고 프로젝트를 함께 수행할 팀원을 찾을 수 있다.

2) 팀별 프로젝트 연구계획서 발표

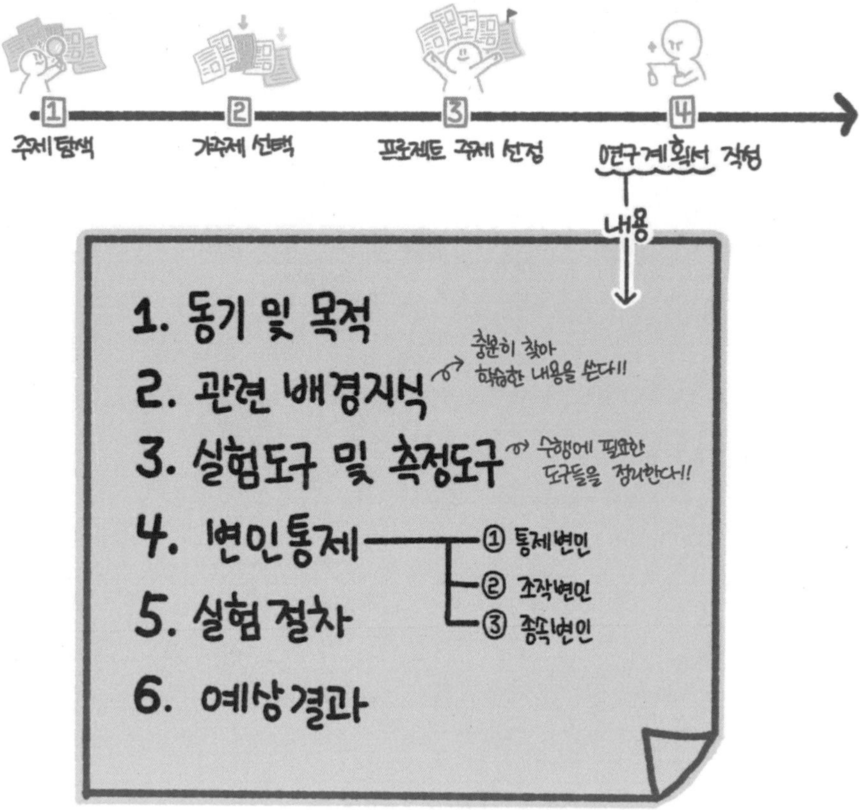

팀별 프로젝트 연구계획서는 주제를 탐색한 후 2~3개의 가주제를 선택하게 된다. 그중에서 최종적으로 하나의 프로젝트 주제를 선정하여 자세한 계획서를 작성하는 것이다. 이 계획서에 포함되어야 하는 내용은 아래와 같다.

- 주제를 선택한 동기와 목적
- 프로젝트를 수행하는 팀원들이 주제에 대한 관련 배경지식을 충분히 찾아 학습한 내용
- 프로젝트 수행에서 요구되는 실험 도구 및 측정 도구 제시
- 변인 통제: 통제변인, 조작변인, 종속변인
- 실험 절차
- 예상되는 결과

팀별 프로젝트 연구계획서 발표는 다른 동료의 프로젝트 내용에 대해서 알 수 있는 중요한 기회가 된다.

3) 중간 보고서 발표

중간 보고서 작성의 가장 중요한 목적은 학생들의 프로젝트 진행 속도를 점검하는 것이다. 중간 보고서는 작성한 계획서를 바탕으로 실험을 수행한 결과를 정리하여 발표하게 된다. 이 과정에서 다른 동료의 실험 과정에서의 성공사례, 실수와 실패 사례, 실험수행 절차를 듣고 자신의 프로젝트 수행과정을 되돌아보고 새로운 방법과 지식을 얻게 된다. 또한, 자신의 수행과정 점검을 통하여 부족한 부분을 보완하기도 하고 진행된 내용이 주제와 관련이 없는 경우에는 진행된 내용에 맞게 주제를 바꾸기도 한다. 이러한 중간 보고서 작성과 발표는 방향성을 점검할 수 있는 계기가 될 수 있다.

4) 최종 보고서 발표

최종 보고서 발표는 모든 프로젝트 수행 활동의 결과를 종합하여 발표하게 된다. 자신이 연구한 결과를 정리하여 발표하는 과정을 통하여 활동 전체를 되돌아보는 계기가 될 수 있다.

나. 프로젝트 발표의 교육적 의미

1) 발표는 학생이 프로젝트 활동에 몰입 및 주도적 활동을 촉진하는 역할을 한다.
   - 발표를 한다는 것은 프로젝트를 수행한 활동 내용을 공개적으로 보여주고 피드백을 받는 과정이다. 따라서 학생들은 자신들의 활동 과정을 최대한 보여주려고 하는 과정에서 프로젝트를 주도적으로 수행하고 집중하게 된다.

2) 프로젝트 진행 단계에 따라 발표를 함으로써 활동 내용을 수렴하여 정리하는 계기가 된다.
   - 1년 단위 장기 프로젝트의 경우 최소 4회의 발표 기회를 갖게 된다. 단기 프로젝트의 경우 그 횟수가 적을 수 있다. 그러나 단계마다 그동안의 프로젝트 발표를 위해 활동 내용을 정리하고 요약하는 과정에서 수행하는 목적, 내용, 절차 등의 전체적인 맥락을 파악하게 되어 새로운 관점에서 프로젝트의 수행 방향을 바라보는 기회가 된다.

3) 발표 내용에 대한 피드백 제공으로 프로젝트 활동이 내실화된다.

- 프로젝트 발표에서 프로젝트 내용, 실험수행 절차, 결과에 대해 교사, 동료들의 상호 피드백을 받게 되어 프로젝트의 모든 내용에 대해서 새로운 아이디어를 얻을 수 있다.

4) 활동 단계에 따라 발표함으로써 과정과 배움 중심의 프로젝트 활동이 된다.

- 프로젝트 활동을 모두 마친 후에 최종 보고서 발표만 하게 되면 학생들은 중간단계의 발표과정에서 얻을 수 있는 배움을 얻지 못하게 된다. 따라서 지속적으로 발표의 기회를 제공함으로써 학생들은 계획서 작성과 보고서 작성 능력이 향상되며 발표를 통하여 자신들의 프로젝트 활동 내용을 동료에게 설득시키는 능력이 향상된다.

5) 발표는 프로젝트를 수행하는 학생들에게 책임감을 높여준다.

- 일반적으로 프로젝트 연구 활동은 장기간 진행되기 때문에 프로젝트를 수행하다보면 연구에 대한 몰입도와 적극성이 낮아질 수 있다. 이러한 것을 극복하기 위해서는 수행 활동에 대한 적절한 자극이 필요하게 된다. 이러한 자극을 주는 하나의 방법으로서 프로젝트 활동 단계마다 발표의 기회를 갖도록 하면 발표에 따른 책임감을 갖고 노력하고 수행활동에 몰입하게 된다.

6) 학생들은 프로젝트를 발표한 후에 자신들의 활동에 대해 만족감과 자신감을 갖게 된다.

- 학생들은 프로젝트 발표에 대비하여 많은 노력을 하고 팀원 간 협력이 적극적으로 이루어진다. 발표를 하기 위해서는 계획서 또는 보고서를 작성하면서 실험의 정확성과 신뢰도를 높이기 위해 반복 실험, 수정 실험, 추가 실험을 하게 된다. 이와 같은 노력을 기울여서 발표하고 난 후에는 자신들이 하나하나의 단계마다 발표해냈다는 자부심과 자신감을 갖고 대부분 만족감을 갖고 새로운 방향 전환의 계기를 갖기도 한다.

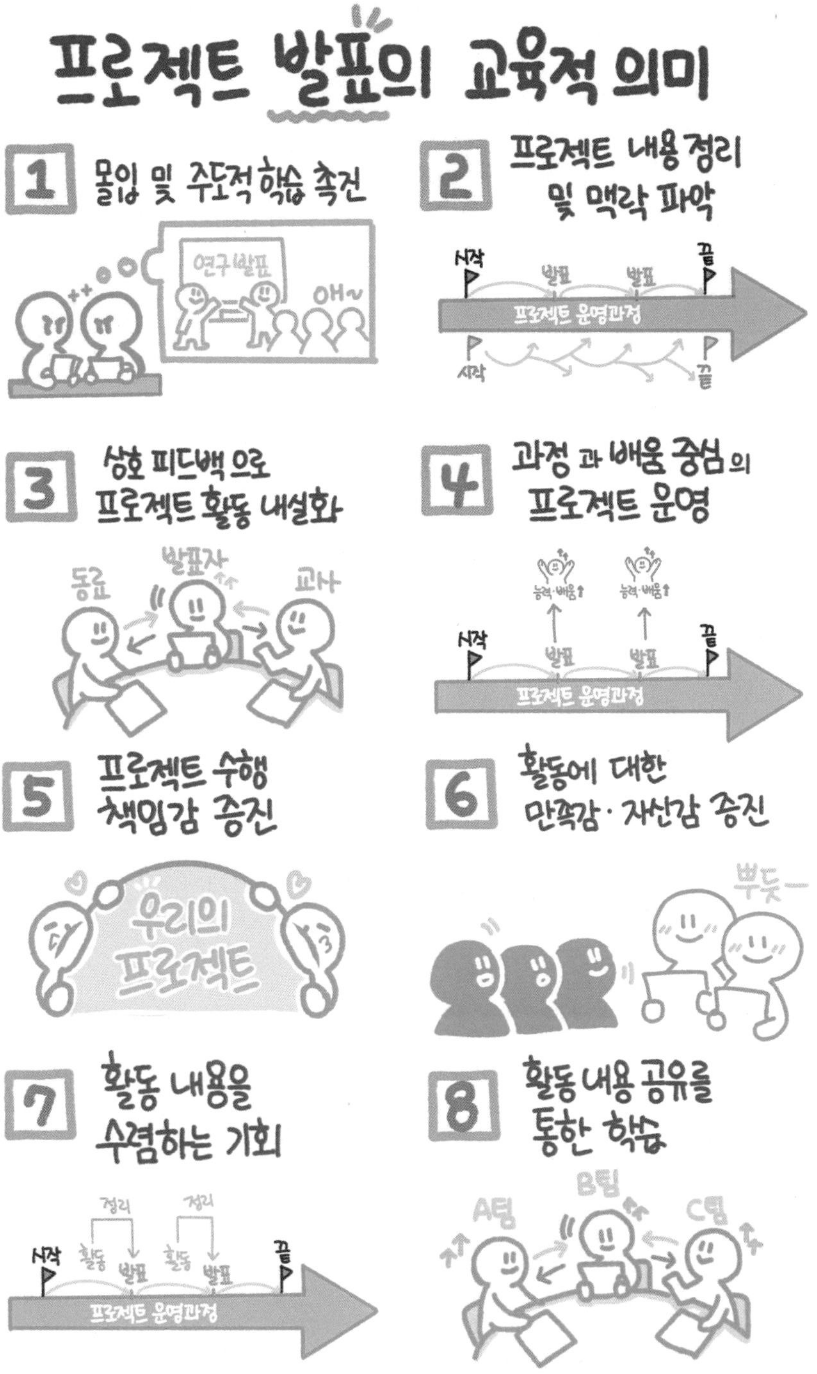
프로젝트 발표의 교육적 의미
1 몰입 및 주도적 학습 촉진
연구발표
OH~
2 프로젝트 내용 정리 및 맥락 파악
시작
발표
발표
끝
프로젝트 운영과정
시작
끝
3 상호 피드백으로 프로젝트 활동 내실화
동료
발표자
교사
4 과정과 배움 중심의 프로젝트 운영
능력·배움↑
능력·배움↑
시작
발표
발표
끝
프로젝트 운영과정
5 프로젝트 수행 책임감 증진
우리의 프로젝트
6 활동에 대한 만족감·자신감 증진
뿌듯—
7 활동 내용을 수렴하는 기회
정리
정리
시작
활동
발표
활동
발표
끝
프로젝트 운영과정
8 활동 내용 공유를 통한 학습
A팀
B팀
C팀

제5절

차시별 프로젝트 학습은 어떤 과정으로 진행되는가?

정규수업시간에 프로젝트 활동이 진행되기 위해서는 수업시간이 최소 2시간 이상으로 편성되어야 효율적으로 사용할 수 있다. 초등학교나 중학교의 경우 주제선택활동이나 영재학급에서 일반적으로 2시간 단위로 프로젝트가 진행된다. 고등학교의 과제연구활동에서도 2시간단위로 편성되는 경우가 많다.

가. 차시별 프로젝트 수업 진행 원칙

차시별 수업 활동을 아래와 같이 실행 계획 발표, 실행하기, 실행 결과 및 다음 차시 활동계획 발표의 3단계로 구분하여 진행한다.

1) 실행 계획 발표

수업 시간에 실행 계획 발표는 이전 시간에 플랫폼에 기록한 프로젝트 결과를 읽어 보면서 당일 프로젝트 활동에서 수행할 내용을 발표하는 것이다. 즉, 팀원끼리 당일 활동에서 목표를 설정해서 프로젝트를 수행하는 것이다. 이렇게 함으로써 매일의 프로젝트 활동이 목표를 향해서 적극적이고 학생 주도적으로 진행된다.

2) 실행하기

팀별로 발표한 실행 계획을 바탕으로 프로젝트를 수행한다. 프로젝트 실행 과정에서 발견한 내용을 모두 기록하고 사진, 동영상을 촬영하여 보고서 작성에 활용할 수 있도록 한다.

3) 실행 결과 및 다음 차시 활동 계획 발표

- 발표한 실행 계획에 의해 수행한 프로젝트 활동 내용을 발표하도록 한다.
- 발표한 내용에 대해 동료 팀원들이 피드백 및 질문하여 부족한 점을 보완한다.
- 다음 차시에 수행할 프로젝트 활동 내용을 발표하게 함으로써 당일 활동한 내용을 다음 차시에 연계하여 연속성이 유지되도록 한다.
- 프로젝트 활동 과정에서 더 요구되는 재료, 도구를 요청한다.

나. 3단계로 구분하여 수업을 진행하는 교육적 효과

1) 프로젝트 수업을 시작할 때 당일 실행 계획을 발표하게 함으로써 프로젝트에 활동에서 분명한 목적과 주도성을 가지고 수행하게 한다.
2) 당일 프로젝트 수업의 마무리 단계에서 수행한 결과를 발표하게 함으로써 프로젝트 실행하기에서의 활동을 충실하게 하는 효과를 가져오며 다음 차시에 해야 할 내용을 연계하여 실행할 수 있다.
3) 학생들은 자신들의 프로젝트 연구 활동에 대해서 정확하고 신뢰성있게 실험을 수행했는지 확신하지 못하는 경우가 많다. 발표를 통해서 교사와 동료 팀원들로부터 피드백을 받음으로써 프로젝트 활동에 대해 자신감을 갖게 한다.

다. 2시간의 프로젝트 활동과 5시간의 프로젝트 활동을 진행 과정

1) 프로젝트 활동 시간이 2시간인 경우

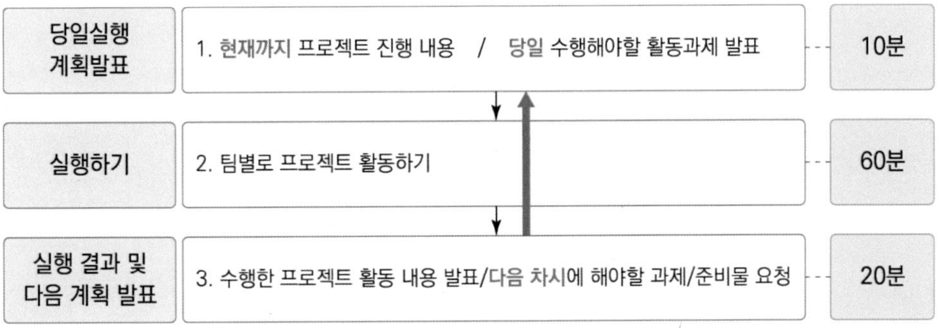

2) 프로젝트 활동 시간이 5시간인 경우

당일실행 계획발표	1. 현재까지 프로젝트 진행 내용 / 당일 수행해야할 활동과제 발표	20분
실행하기	2. 팀별로 프로젝트 활동하기	3시간
실행 결과 및 다음 계획 발표	3. 수행한 프로젝트 활동 내용 발표/다음 차시에 해야할 과제/준비물 요청	40분

제6절

프로젝트 수행 활동 누적 관리를 위한 플랫폼은 어떻게 구축할까?

프로젝트 활동은 비교적 긴 시간 동안에 수행하는 학습활동이다. 프로젝트 연구 수행과정에서 사용하는 도구, 재료와 결과 및 실험 수행과정 등 많은 기록물이 나오게 된다. 프로젝트 수행과정에서 나온 모든 것이 최종 보고서에 포함되어 프로젝트 연구실행을 보여줄 수 있어야 한다.

이러한 관점에서 볼 때 학생들에게는 프로젝트 수행과정에서 산출되는 결과물들을 누적 관리에 대한 필요성이 요구된다. 그러나 학생들은 탐구 노트에 기록하거나 개별적으로 분석 파일에 기록하여 관리하는 것에 미숙하거나 습관화되어 있지 않다. 따라서 이러한 누적 관리 방법에 대해 교사가 안내하여 학생들이 누적 관리할 수 있도록 해야 한다.

기록물의 누적 관리하는 방법으로서 패들렛, 구글 사이트 도구, 구글 슬라이드와 같이 웹앱을 이용하여 플랫폼을 구축하여 실시간으로 같은 팀원, 다른 팀원 동료, 교사가 함께 공유할 수 있어야 서로 피드백을 줄 수 있으며 소통할 수 있게 된다. 누적 관리하는 플랫폼 구축은 아래와 같이 세 영역으로 나눌 수 있다.

- 주제 탐색 활동 누적 관리를 위한 플랫폼 구축 활용하기: 주제 탐색부터 계획서 작성 전까지 패들렛을 이용하여 플랫폼을 구축하여 기록하도록 한다.
- 프로젝트 연구실행 누적 관리를 위한 플랫폼 구축 활동: 구글 사이트를 구축하여 프로젝트 수행 계획서부터 보고서 작성 이전까지 프로젝트 실행 과정에서 산출된 내용을 탑재한다.
- 보고서 작성 활동 누적 관리를 위한 플랫폼 구축 활용: 프로젝트 연구실행 완료 후 보고서 작성 완료까지는 패들렛을 이용하여 플랫폼을 구축하여 탑재한다.

가. 주제 탐색 활동 누적 관리를 위한 플랫폼 구축 활용하기

프로젝트 연구 수행을 처음 시작할 때 가장 먼저 주제 탐색 활동을 하게 된다. 매시간 주제를 탐색한 내용을 플랫폼에 기록하여 자신들이 찾은 내용을 요약 정리하도록 한다. 플랫폼에 기록하는 내용은 아래와 같다.

- 주제를 탐색한 내용을 요약하여 탑재하기
- 주제 탐색 과정에서 배운 것 쓰기
- 탐색 과정에서 어려웠던 것 쓰기

나. 프로젝트 연구실행 누적 관리를 위한 플랫폼 구축 활동

많은 학생은 보고서 작성을 쉽게 생각하고 있다. 단순히 프로젝트에서 수행한 내용을 모아서 쓰는 것으로 생각하고 있다. 그러나 실제로 보고서의 구성요소에 맞게 자료를 변환하고 보고서의 체계와 형식에 맞게 쓰는 것을 알게 되면 보고서 작성 과정이 간단하지 않음을 알게 된다.

보고서에서 요구되는 자료들을 평소에 모아 놓으면 보고서 작성에 많은 도움이 된다. 교사에게는 학생들이 평소에 지속적인 프로젝트 수행과정에서 생산된 자료들을 누적 관리할 수 있도록 플랫폼을 구축하여 지원하는 것이 요구된다.

프로젝트 실행 결과물은 텍스트, 사진, 동영상 등 다양하게 나오게 된다. 따라서 패들렛이나 구글 슬라이드와 같은 앱에서는 많은 자료를 탑재하기 어렵다. 이러한 자료를 탑재할 수 있는 웹앱으로서 구글 사이트 도구를 활용한다. 학생들에게 공유권한을 부여하여 팀별로 기록할 수 있도록 한다.

1) 사이트에 게시된 팀별 프로젝트 활동 내용 들어가기 게시판

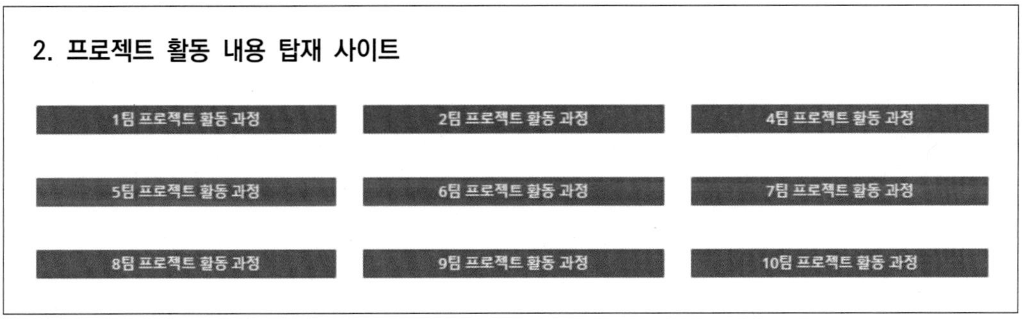

2) 팀에서 프로젝트 활동 내용을 기록하여 탑재한 사례

연구(실험)과정2_마늘, 치커리, 솔잎으로 천연향균물질 제작(7/10)

(1) 마늘, 치커리, 솔잎을 손질하고 잘 씻는다.
(2) 키친타올을 사용해 모두 물기를 제거한다.
(3) 각각의 재료를 끓는물로 소독한 막자사발에 넣고 잘게 빻는다. (솔잎을 막자사발에 넣고 빻을 때 증류수 20mL 추가)
(4) 재료를 모두 빻은 후 끓는 물로 소독한 비커에 거즈를 올려두고 장갑을 낀 후 즙을 짜낸다.
(5) 끓는물로 소독한 작은 공병에 각각의 이름을 적은 라벨지를 붙이고 각각의 재료를 공병에 붓는다. (마늘즙, 치커리즙, 솔잎즙, 끓인물, 알코올, 대조군)
(6) 공병의 고무마개를 닫고 냉장고에 보관한다.

세척	재료손질	마늘	치커리	솔잎
	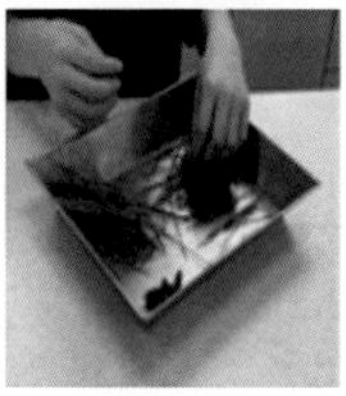			

구글사이트 플랫폼에 누적 관리된 자료

다. 보고서 작성 활동 누적 관리를 위한 플랫폼 구축 활용

보고서는 작성 방법 안내, 보고서 초안 작성, 피드백 받기, 최종 보고서 작성의 과정으로 완성된다. 이러한 일련의 활동 과정에 대한 결과물을 종합적으로 관리할 수 있도록 보고서 작성을 위한 별도의 공유 플랫폼 구축이 요구된다.

본 저자들은 구글 사이트 도구를 활용하여 사이트를 구축하고 패들렛에 프로젝트를 수행하는 각각의 팀이 자료를 탑재할 수 있도록 링크하여 아래와 같이 활용하였다.

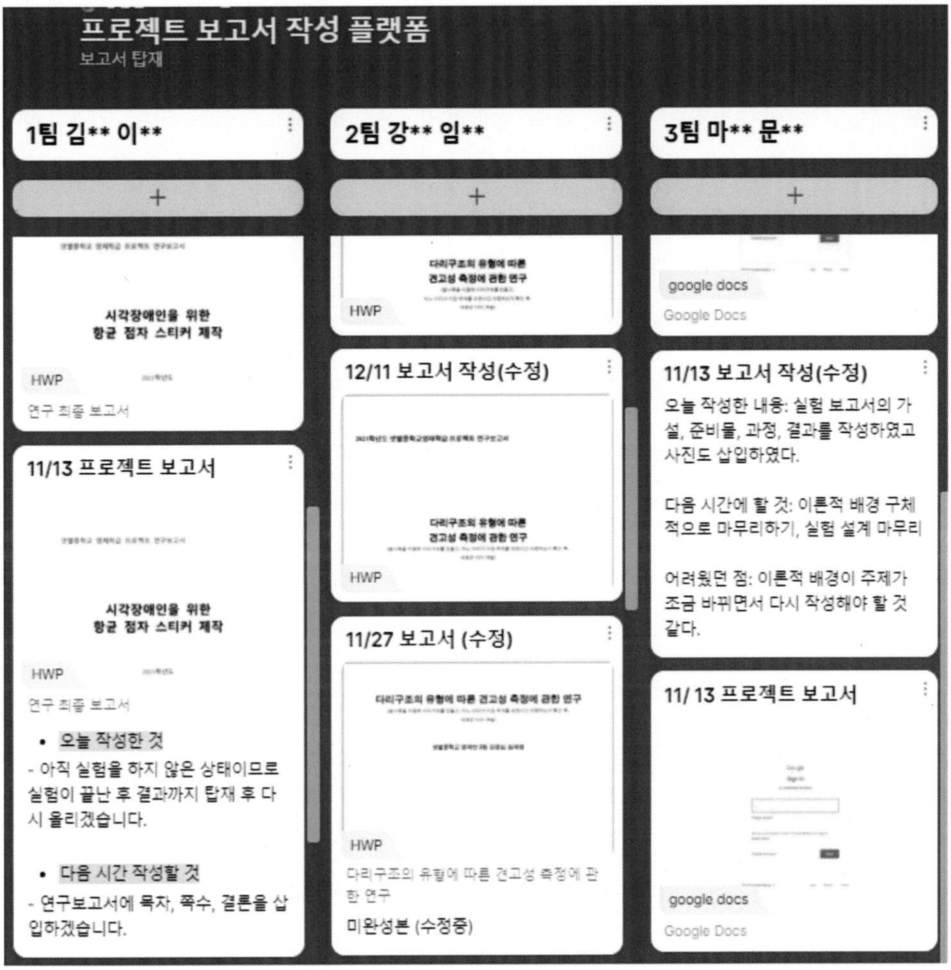

라. 공유 플랫폼 구축의 교육적 효과

1) 프로젝트를 수행하는 과정에서 만들어진 많은 자료를 평소에 모아 놓음으로써 보고서 작성에서 요구되는 구성 요소들을 쉽게 찾아서 사용할 수 있다.
2) 학생들이 플랫폼에 활동 내용을 자기 생각으로 정리하여 쓰는 것은 보고서를 작성하는 연습의 효과를 가져온다.
3) 플랫폼에 기록하고 탑재한 자료들을 시각적으로 보면서 프로젝트 수행과정을 되돌아보고 부족한 것, 더 준비해야 할 것, 보완해야 할 것 등 다양한 아이디어와 문제해결 방법을 얻게 된다.
4) 플랫폼에 탑재한 기록물과 자료들을 보고 팀원 간, 동료 간, 학부모 및 교사와 소통할 수 있는 공유공간이 된다. 특히 플랫폼은 교사에게 프로젝트 진행 과정, 상황을 파악할 수 있는 유익한 정보를 제공해준다.
5) 프로젝트 활동을 한 후에 플랫폼에 내용이나 자료를 탑재함으로써 학생들은 탑재할 내용을 만들어 내기 위해 프로젝트 활동에 집중할 수밖에 없다. 따라서 프로젝트 활동을 내실이 있고 시간 낭비를 하지 않는 활동이 되게 한다.

제7절

프로젝트 활동에서 과학실 투어는 왜 필요할까?

가. 과학실 투어란 무엇일까?

프로젝트는 학생이 문제를 발견하고 계획을 세워서 연구를 수행하는 주도성이 요구되는 활동이다. 프로젝트 연구에서 주제선정과 연구 수행과정에서 실험 도구와 결과 측정용 도구가 필요하게 된다.

초중등학교의 모든 학교에는 과학실이 있다. 지금까지의 과학실 사용은 교사의 권한 영역으로 알고 있어, 과학실의 각종 실험 도구 및 시약, 재료들의 사용을 학생들에게 매우 엄격하게 제한하고 있다.

프로젝트 학습에서는 과학실 사용이 학생들에게 개방적으로 허용됨으로써 수행활동이 자유롭게 진행된다. 실제로 프로젝트를 운영하게 되면 과학실 사용의 모든 것을 교사가 관여하기 어렵다. 특히 학생들이 개별 또는 모둠별로 프로젝트를 연구하는 상황에서는 그들 각자의 활동 과정에서 요구되는 각종 실험도구와 재료들을 교사가 모든 것을 준비해줄 수 없다. 각자의 연구 주제를 수행하는 과정에서 자유롭게 실험도구와 재료를 사용할 수 있어야 한다.

이러한 맥락에서 볼 때 과학실에 비치된 모든 도구와 재료들을 학생들에게 공개하고 그들이 사용할 수 있어야 한다. 즉, 학생들이 주도적으로 실험 도구들을 사용할 수 있게 하려면 과학실에 갖춰져 있는 것들을 교사가 소개하고 안내하여 손쉽게 찾아 사용할 수 있도록 하려면 과학실을 공개하는 시간이 필요하다. 이것을 과학실 투어라고 한다.

나. 과학실 투어에서 학생들은 무엇을 하도록 해야 할까?

1) 재료 및 도구의 위치

재료 및 도구가 있는 곳을 대략 알아두는 것이 매우 중요하다. 프로젝트 진행 과정에서 필요한 준비물을 필요한 시기에 찾아서 활용함으로써 연구실행이 지연되지 않으며 적극적으로 연구를 진행할 수 있다.

2) 재료 및 측정 도구, 실험도구가 구체적으로 사용되는 분야

실험도구 보관함에 있는 모든 도구를 설명하기에는 많은 시간이 요구된다. 따라서 투어 과정에서 관찰한 도구들을 보면서 활용 방법을 생각하고 추가로 알고 싶은 것은 교사에게 질문하도록 한다.

3) 도구의 이름-모양-용도를 매칭시켜 알도록 한다.

예시 1 둥근 바닥 플라스크

예시 2 (메스+명칭)은 눈금이 매겨진 도구

예시 3 (막자사발) 막자를 사용하는 사발

예시 4 스탠드는 지지대, 지주, 클램프, 홀더, 링을 조립해보기

4) 도구 이동 시에는 반드시 바구니에 담아서 이동시키도록 한다.

5) 실험 도구의 크기에 유의하여 관찰하도록 한다.

예시 1 비커 50mL, 100mL, 200mL, 500mL, 1L 크기별로 구분하여 관찰하도록 한다.

예시 2 대형, 중형, 소형, 초소형별로 구분하여 관찰하도록 한다.

6) 깨지는 도구, 뾰족한 도구, 무거운 도구 등은 자신이나 동료의 안전에 유의하도록 한다.

- 비커, 플라스크 등 깨지기 쉬운 유리 도구
- 피펫, 날카로운 도구
- 망원경 균형추, 스탠드 지지대, 현미경 등 무거운 도구

7) 도구 사용 후 원래 위치에 갖다 놓기

비커, 플라스크, 샬레, 해부 접시, 해부 가위, 막자사발 및 막자 등은 사용 후 물로 씻거나 물티슈로 닦아서 적당한 시간 동안 건조한 후 원래 위치로 갖다 놓도록 한다.

8) 스탠드와 같이 조립하여 사용하는 도구는 다시 분해하여 반납하기

9) 프로젝트 과정에서 한번 사용한 건전지는 사용 후 폐기물 보관함에 넣기

다. 과학실 투어 진행 순서

1) 4명씩 모둠 편성
2) 모둠별로 재료 및 도구 탐색(30분): 만져보기, 조립해보기, 작동시켜보기
3) 교사의 안내에 따라 주요 실험 도구의 구체적인 사용 방법 설명 듣기
4) 질의응답 시간이 주어진다면 학생들이 흥미를 갖는 도구들의 사용처와 사용법을 찾아서 적도록 안내한다. 이는 도구를 보고 주제를 선정하는 예도 있기 때문이다.

예시 항온기를 보고 일정한 온도로 유지하면서 실험을 할 수 있는 소재로 주제와 연결하는 경우도 있다. 미생물은 37도 정도에서 잘 자라므로 미생물 실험을 하는데, 항균 실험으로 할 수 있다.

라. 시약은 과학실 투어에서 제외하도록 한다.

시약은 반드시 학생이 필요한 양과 이유를 교사에게 제시하면 교사가 그 연구에 맞는지 확인하고 직접 꺼내서 학생에게 제시하고 실험 과정을 관찰하도록 한다. 시약을 사용한 후에는 반드시 시약 폐기물 통에 넣어 보관함에 보관한다.

PART

03

프로젝트의 종류 및 영역

제 1 절

프로젝트 활동 형태는 어떻게 분류되는가?

수많은 다양한 가능성이 있는 프로젝트 주제 중에서 어느 하나를 선정한다는 것은 프로젝트 수행과정에서 가장 어려운 일이다. 왜냐하면 프로젝트 주제를 선정하는 데에는 여러 가지 요소들이 작용하기 때문이다. 우선 고려해야 할 것은 프로젝트를 수행하는 학생 즉, 연구자의 관심과 흥미이다. 학생들이 좋아하는 관심 분야를 선택함으로써 수행동기와 열정이 생기기 때문이다. 그러나 자신의 관심 분야에서 문제점을 찾는다는 것은 때로는 오랜 시간이 걸리기도 한다.

주제를 찾기 위해서 여러 가지 방법이 있을 수 있다. 프로젝트의 주제에 대한 지식기반을 갖추는 좋은 방법 중의 하나가 선행 연구사례를 탐색해보는 일이다. 과학전람회 출품작, 발명품 경진대회, 국회 전자도서관, 네이버 논문 검색 서비스 RISS 등을 이용하는 것이다.

선행연구를 검색하여 주제를 탐색할 때 프로젝트의 수행 형태의 분류를 알고 검색하게 되면 프로젝트를 수행하는 학생 즉, 연구자가 프로젝트를 수행하는 방향을 어느 정도 알 수 있게 된다. 아래는 프로젝트를 수행하는 형태에 따라 네 가지로 분류하여 제시하고 있다. 선행연구 사례와 프로젝트의 주제를 선정하는 데 도움이 될 수 있는 가능한 주제의 방향을 제시하고 있다.

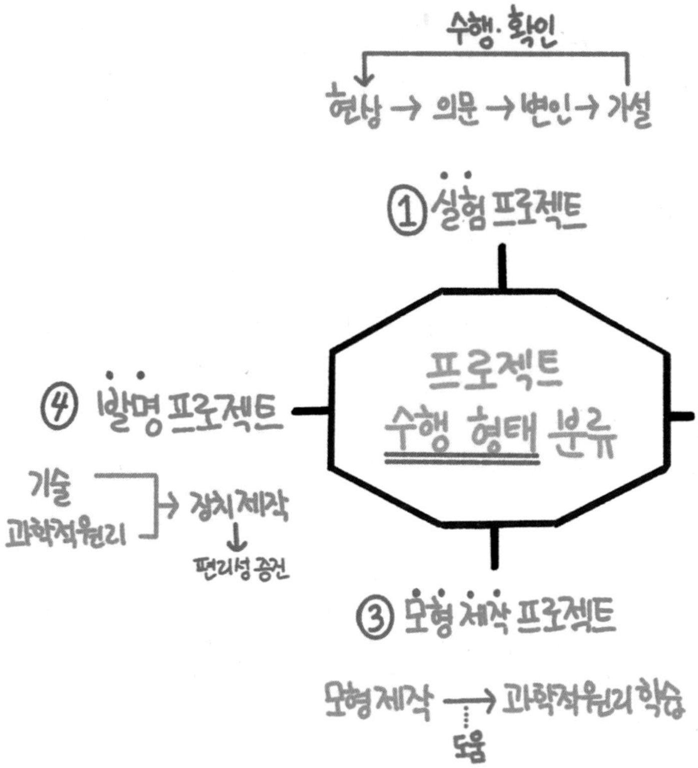

제시된 프로젝트 수행 형태는 반드시 해당 형태에만 국한되지 않고 다른 형태와 융합 또는 관련지어 함께 수행할 수 있다. 최근의 프로젝트 연구는 다양한 수행 형태가 서로 융합 및 연결되어 복합적인 프로젝트 주제를 중심으로 수행하는 경향이 높아지고 있다. 실제로 프로젝트 연구를 수행하게 되면 자연스럽게 복합적인 형태의 주제를 중심으로 연구가 진행되는 경우가 많다.

가. 실험 프로젝트

생활 속에서 사실이나 현상을 관찰하기, 주변 사람들로부터 이야기를 듣고 문제점을 찾거나, 선행 연구사례를 조사하여 문제점을 찾아 독립변인과 종속변인을 선정하여 가설과 실험설계를 세워서 프로젝트를 수행하는 것이다. 실험 프로젝트에서는 재료와 실험도구 및 측정도구를 사용하여 가설이 맞는지 확인하는 실험을 하게 된다.

1) 프로젝트가 가능한 주제 예시

- 식물잎 추출물의 항균 효과 연구
- 나뭇잎이나 풀의 표백 효과 탐구
- 꽃잎의 각도와 수에 따른 부력 연구
- 흑운모의 성분에 따른 단열 효과 분석
- 비늘이 물고기의 유영과 생활에 미치는 영향 탐구
- 얼음이 어는 속도와 질량 변화에 영향을 주는 요소 찾기
- 주변 환경의 소음 감소에 영향을 주는 요소에 관한 연구
- 지진파의 흡수에 영향을 미치는 면진구조와 재질에 관한 연구

2) 실험 프로젝트와 관련하여 연구한 사례

- 영양소가 스킨답서스의 성장에 주는 효과
- 패드의 재질과 디자인에 따른 미끄럼 방지에 관한 연구
- 콩가루 첨가가 쿠키 조직감에 미치는 영향 탐구(2015, 경기도과학전람회)

나. 조사연구 프로젝트

자신의 흥미 또는 관심이 있거나, 뉴스 또는 책을 읽고 궁금하거나 더 알고 싶은 것을 주제로 선정하여 인터넷 검색, 과학 잡지 탐구, 전문가와 인터뷰, 과학관 또는 박물관을 방문하여 조사하고 실험해보면서 자세한 내용을 알아보는 프로젝트이다. 이 프로젝트는 독립변인과 통제변인으로 가설을 설정하여 연구하는 것이 아니라 심층적인 내용을 더 알고 싶은 경우 수행하는 것이다. 결과물은 주로 조사연구 후에 주로 보고서를 작성하게 된다. 조사연구 프로젝트는 주제에 따라서 모형 제작 프로젝트나 실험 프로젝트를 포함하여 진행하기도 한다.

1) 프로젝트 가능한 주제 예시

- 벌집의 기하학적 형태 분석
- 물고기 크기와 비늘의 역할 비교
- 곤충 등껍질의 단단한 정도 비교
- 바람에 날아다니는 씨앗들의 특징
- 여러 가지 새의 둥지 구조와 역학 구조
- 컴퓨터 마우스의 변화와 인체공학적 탐구
- 비늘이 물고기의 유영과 생활에 미치는 영향
- 소리 분석 앱으로 친구들의 목소리 파형 탐구
- 날아다니는 새와 날지 않는 조류의 뼈 구조 비교

2) 선행연구 사례

- 화강암의 두께에 따른 진동수의 변화 탐구
- 깨진 화강암을 재접착하여 파형 비교하기
- 백합, 안개꽃, 국화의 염색 효과성에 관한 탐구
- 돌다리도 왜 두드려보고 건너야 할까?(2021, 과학전람회)
- 안전한 위생 지킴이 귤껍질의 비밀(2021, 전국과학전람회)
- 성공적인 공중제비 물병 세우기에 대한 페트병의 종류, 내용물의 양, 던지는 각도에 관한 연구

다. 모형 제작 프로젝트

사실, 현상, 원리, 법칙 등은 과학자들이 이미 연구하여 사람들에게 잘 알려져 있다. 그러나 그러한 내용을 이해하기란 쉽지 않은 경우가 많다. 이러한 내용을 더 잘 이해하기 쉽게 보여주는 방법들이 많다. 특히 세포, DNA, 원소와 같이 크기가 작아 눈에 잘 보이지 않는 것들이 있다. 지구의 판 구조, 은하의 모습, 지구 대기의 구조와 같이 규모가 커서 그 전체를 볼 수 없는 경우도 있다. 또한 각종 원리와 법칙들도 이해의 과정이 복잡한 경우도 있다. 이러한 것들을 유치원생, 초등학생을 포함하여 이해하기 쉽게 크기를 크게 또는 작게 하여 누구나 이해하기 쉽게 만드는 프로젝트를 수행하는 것이다.

이 프로젝트는 내용을 설명하는 모형을 제작하거나 소프트웨어 개발, 동영상 제작 등 다양한 결과물을 만들게 된다.

1) 프로젝트 가능한 주제 예시

- 독도 주변의 해저지형 모형 제작
- 뇌의 신경세포 분포와 구조 모형 제작
- 일식과 월식의 과정을 보여주는 모형 제작
- 아두이노를 이용한 암석의 순환과정 모형 제작
- 시각장애인을 위한 세포의 구조 모형 교구 제작
- 로켓의 모형 제작과 단계별 비행 과정 동영상 제작
- 광합성과 호흡의 과정을 보여주는 잎의 구조 모형 제작

2) 선행연구 사례

- 스티로폼을 이용한 원자구조 모형 제작
- 동물 귓바퀴 모양에 따른 소리 응집력에 관한 탐구
- 상자, 종이, 공을 이용하여 동물세포와 식물세포 모형 제작
- Semi-Lunar 구조 모형 제작을 통한 메뚜기 다리 근육의 장력 분석(2021, 전국과학전람회)

라. 발명 프로젝트

생활의 편리성을 해결하기 위하여 다양한 기술을 이용하여 장치나 기기를 제작하는 것이다. 또한 과학적 현상, 원리, 법칙을 적용하여 장치나 도구를 제작하기도 한다. 다른 프로젝트도 마찬가지이지만 발명 프로젝트는 제작하는 과정에 많은 시행착오를 수정하고 변경하면서 비용과 시간이 많이 요구하게 된다.

1) 프로젝트 가능한 주제 예시

- 생활용품 관련 발명품 제작
- 과학원리와 법칙을 이용한 발명품 제작
- 폐자원을 활용한 재생에너지 및 생산물 제작
- 아두이노, 3D, 인공지능을 이용한 발명품 제작
- 자연현상의 구조와 원리를 이용한 발명품 제작
- 학습 도구 및 과학 실험 도구 관련 발명품 제작
- 동물이나 식물의 관리 및 편리성 관련 발명품 제작
- 공공시설물 및 생활의 편리성을 도와주는 장치 개발

2) 선행 연구사례

- 회전판을 이용한 색맹 검사표 제작
- 내진 설계를 위한 효과적인 면진 구조 베어링 제작
- 거미줄 구조를 모방한 추락 방지 그물 제작 및 분석(2020, 전국과학전람회)
- 아두이노를 이용한 실시간 줄넘기 카운터의 개발 및 적용(2021, 전국과학전람회)

제2절

프로젝트 학습 영역은 어떻게 분류되는가?

프로젝트 영역은 다양하게 나눌 수 있다. 실제로 연구기반 프로젝트를 하다 보면 어느 하나의 영역으로 나누는 것은 어렵지만, 그래도 자신의 관심과 흥미에 가장 가장 비슷한 영역에서 프로젝트 주제를 선택할 수 있다. 아래에는 물리, 화학, 생물, 지구 및 환경, 산업 및 에너지, 산업 및 에너지, IT, 보건 의학 등 8개 영역으로 구분할 수 있다.

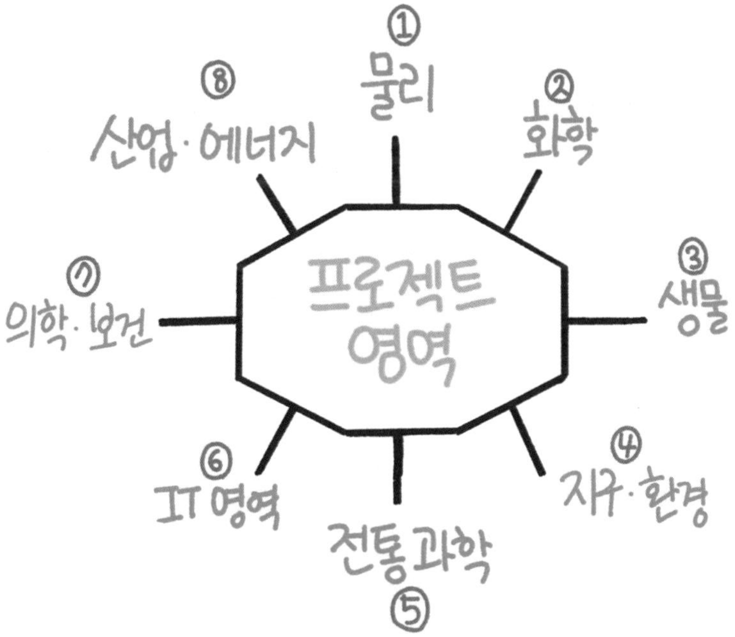

가. 물리 영역 프로젝트

주로 물리적 이론을 기본으로 연구한 프로젝트 주제이다.

- 무게중심, 기구나 기계의 작동 원리, 과정과 관련된 영역
- 힘의 작용 관련 연구: 마찰력, 중력, 탄성력, 부력, 표면장력, 압력, 무게, 무게중심, 수직항력, 저항력 등과 관련된 영역
- 움직임 및 운동과 속도 변화, 충격량, 진동, 강도 측정, 모양과 형태 관련 영역
- 진동, 회절격자, 진공, 압전소자 등과 관련된 영역
- 소용돌이, 소리, 빛, 금속, 파동, 전반사, 원운동, 유체운동 등과 관련된 원리와 법칙 발견 영역

선행연구 사례

- 음지에 빛을 더 효과적으로 드리우는 방법 탐구
- 지붕의 형태에 따른 강하시간과 가속도 비교
- 거미줄 모양에 따른 장력과 탄성력, 충격완화 탐구
- 무게중심 변화에 따른 종이비행기의 궤적변화 탐구
- 빗면 강하체의 내부 형태의 특성에 따른 빗면 하강 속도 변화 패턴 연구
- 압전소자를 활용한 바람 저항성 가로등의 개발(2020, 전국과학전람회)
- 어떻게 하면 물을 빨리 얼릴 수 있을까? ['얼음 틀'에 대한 탐구] (2020, 전국과학전람회)
- 사람마다 그네를 다르게 타는 이유는? 무게중심 위치에 따른 최적의 그네타기 전략 탐구(2021, 전국과학전람회)

나. 화학 영역 프로젝트

주로 화학적 원리나 현상을 이용한 프로젝트 주제이다.

- 영양소, 박테리아, 식물성 및 동물성 섬유와 관련된 영역
- 기체 상수, 아보가드로수 등 화학적 개념과 관련된 장치 개발 영역
- 음식, 과일 또는 과일 껍질, 나뭇잎 등의 부패과정, 원리와 관련된 영역
- 제습 효과, 소금의 효능, 소수성 식물의 효과, 중금속 흡착 효과와 관련된 영역
- 도자기, 조개 또는 게 껍데기, 돌가루, 과일 껍질, 금속의 성분 분석과 이용 방법과 관련된 영역
- 식물의 뿌리, 잎, 껍질 추출물의 성분 분석과 항균, 살균 등 건강 관련 활용 방법과 관련된 영역
- 가수분해 원리, 모세관 현상, 삼투압, 계면 활성 현상, 동결 건조, 증발의 원리 발견 및 이용 방법

선행연구 사례

- 커피찌꺼기의 다공성 강화 최적의 조건 탐구
- 탄산나트륨을 이용한 이산화탄소 포집에 대한 효율성 탐구
- 표면장력에 의한 부유물의 역류를 이용한 새로운 물질 분리 방법 탐구
- 전해질 원리를 이용한 싱크대 누수탐지기 제작 및 탐구(2021, 전국과학전람회)
- 깻잎 추출물을 이용한 항균 효과 및 활용 방안 탐구 (2021, 전국과학전람회)
- 과일 껍질을 이용한 친환경 녹 제거제 – 깨끗한 수돗물 공급을 위한 노후 상수도관 관리용 무해한 녹 제거제 개발 (2020, 전국과학전람회)

다. 생물 영역 프로젝트

식물과 동물, 미생물 등 생물을 이용한 프로젝트 주제이다.

- 동물과 식물의 생활 형태, 이동성과 운동성, 자극에 대한 반응 정도에 관련된 영역
- 천연 재료, 발효, 박테리아, 세균, 곰팡이 등을 이용한 치료 방법 및 효과와 관련된 영역
- 꽃의 모양, 꽃잎의 구조, 가지의 형태, 가지치기의 모양, 나이테, 식물의 줄기 등 관련된 과학적 원리 분석과 활용 영역
- 미세먼지, 형광물질, 빛의 파장, 기생충, 소음, 플라스마의 영향으로 동식물의 생태학적 변화와 관련된 영역
- 마스크 착용 및 재활용, 마스크 제작에 필요한 물질, 마스크의 구조 등이 사람에게 주는 영향과 관련된 영역
- 갯벌, 학교 주변, 산림지역, 늪 등의 분포와 서식하는 동식물의 생태 특징과 관련된 영역

선행연구 사례

- 식용 달팽이의 성장 증진에 관한 연구
- 녹차 카테킨의 절화보존제 활용방안 탐구
- 원유 분해 미생물을 이용한 원유 분해 가능성 탐구
- 탄닌을 이용한 가습기메이트 및 손소독제 제작 연구
- 선인장의 효능을 이용한 자외선 차단 효과 증대 방안 탐구
- 캡사이신과 쑥의 타감작용을 이용한 제초제 활용방안 탐구
- 트리밴딩을 통한 교내 느티나무의 성장과 기후의 관계에 대한 탐구
- 미세먼지가 식물의 성장에 미치는 영향(2020, 전국과학전람회)
- 둥지 안에 쿠션이 있다고! 그 속에 숨겨진 부화의 비밀은?(2021, 전국과학전람회)

라. 지구 및 환경 프로젝트

지구와 우주, 지구를 살리는 환경 등에 관련된 프로젝트 주제이다.

- 폐자원을 활용한 친환경 소재 제작과 관련된 영역
- 지역 또는 장소에 따라 풍속, 습도, 온도 변화와 관련된 영역
- 나무, 풀, 숯, 달걀껍데기, 수질오염을 감소시키는 효과와 관련된 영역
- 친환경 생활 기구 및 용품 개발, 환경오염, 폐기물 처리 해결 방법과 관련된 영역
- 열매껍질, 나뭇잎, 뿌리, 풀 등을 이용하여 친환경 소재 개발 및 활용과 관련된 영역
- 세정제, 생체흡착제, 생활 도구, 토양, 박테리아 같은 친환경 소재로 환경오염 감소 효과 관련 영역
- 태양복사 에너지 측정, 달의 모양 관측, 지구의 자전 속도 등과 관련하여 변화 관찰 및 이해를 돕는 기구 제작 또는 소프트웨어 프로그램 제작과 관련된 영역

선행연구 사례

- 자원재활용을 이용한 단열재에 관한 연구
- 생태계 사이클을 이용한 녹조 제거 방안 탐구
- 염생식물을 이용한 음식물 쓰레기의 처리 및 활용방안 탐구
- 새의 유리충돌! 우리가 막아줄게(2021, 전국과학전람회)
- 미생물의 원유 분해 능력을 이용한 원유 유출 대비 방안 모색
- 생활 속 세제의 수질오염에 대한 탐구(2020, 전국과학전람회)
- 미세먼지를 막아 줄 창문 필터에 대한 탐구(2021, 전국과학전람회)
- 생활 속 세제의 수질오염에 대한 탐구(2020, 전국과학전람회)
- 플라스틱 빨대를 대신할 친환경 빨대는 없을까?(2020, 전국과학전람회)
- 친환경 식물 세정제를 활용한 분홍빛 물때 제거에 관한 연구(2020, 전국과학전람회)

마. 전통과학 프로젝트

우리의 전통적인 의식주에 관련된 과학적 현상을 이용한 프로젝트 주제이다.

- 전통 화살, 도자기, 의류, 황토, 식기, 수저 등의 과학적 원리 분석과 활용과 관련된 영역
- 전통적으로 식물, 나뭇잎, 씨앗, 볏짚, 열매껍질, 식물 추출물 등을 생활에 사용하는 원리 및 새로운 활용과 관련된 영역
- 전통가옥 구조, 전통 농기구, 전통 치료법, 기와, 전통 기구 등의 과학적 원리 분석 및 새로운 활용과 관련된 영역
- 전통적으로 내려오는 민담, TV 진품 명품 이야기, 조부모로부터의 이야기를 듣고 인터넷에서 검색하여 관심이 있는 것과 관련된 영역

선행연구 사례

- 조상들은 전통 화살을 왜 복숭아나무 껍질로 감쌌을까?(2021, 전국과학전람회)
- 조갯가루를 이용한 천연염색에 깃든 조상들의 슬기 탐구(2021, 전국과학전람회)
- 선조들의 지혜! 밤나무 잎을 이용한 김치냉장고(2021, 전국과학전람회)

바. IT(Information Technology, 정보 기술) 영역 프로젝트

과학 기술의 발전에 따라 컴퓨터 프로그래밍이나 아두이노, 첨단기술 등을 활용하거나 제작하는 프로젝트 주제이다.

- IT, 3D프린터, 아두이노 등을 이용한 기기 제작 및 과학적 원리 설명과 관련된 영역
- 딥러닝, 인공지능, 머신러닝 등을 활용한 분석 도구 및 프로그래밍 개발

선행연구 사례

- 시각장애인들이 사용할 수 있는 시각 보조장치 제작
- 이륜 자가 균형 로봇 알고리즘 분석 및 최적화 연구
- 아두이노를 이용한 효율적인 무선 충전 방안(2021, 전국과학전람회)
- 3D프린터 내부 채움 패턴에 따른 출력물의 강도(2021, 전국과학전람회)
- 청각장애인의 말소리 크기 인식 향상 방안에 관한 연구(2015, 전국과학전람회)
- 인공지능 영상처리 기술을 활용한 불량 생두 제거 시스템 제작과 활용에 관한 연구(2021, 전국과학전람회)

사. 의학, 보건 프로젝트

인간이나 반려동물에게 도움이 되기 위한 프로젝트 주제이다.

- 위, 대장, 호흡, 피부, 뼈, 치아, 비듬 등 인체에 영향을 주는 식물의 성분 분석 및 효능과 관련된 영역
- 항생제, 비타민 등의 약품이 동물 또는 사람에게 미치는 영향과 관련된 영역

선행연구 사례

- 시각장애인을 위한 시각 보조장치 개발 및 성능 탐구
- 작두콩 커피찌꺼기를 활용한 비듬 치료 제품 제작(2019, 전국과학전람회)
- 췌장암 세포의 미세환경 스트레스를 저해하는 천연물 유래 항암 활성물질 탐색(2019, 전국과학전람회)
- 반려동물 털 알레르기 감소를 위한 털의 섬유 부착 원리 및 제거 방법 탐구(2019, 전국과학전람회)

아. 산업 및 에너지 영역 프로젝트

에너지를 만들거나 산업에 도움이 되는 프로젝트 주제이다.

- 산업에 활용할 수 있는 분야
- 에너지 발전 및 단열재에 관한 연구

선행연구

- 한약재 찌꺼기를 이용한 펠릿의 효율 탐구
- 거울을 이용한 태양전지의 효율 증대 방안 탐구
- 환풍기 날개 모양에 따른 환기 성능 비교 탐구
- 코끼리 털의 원리를 이용한 효과적인 쿨링시스템 제안
- 미세먼지 차단 창호한지 개발에 관한 연구(2019, 전국과학전람회)
- 날개 개수와 풍속에 따른 효과적인 소형 풍력발전기의 형태 연구
- 화재에 대한 취약점을 개선한 다중구조 단열재 연구(2021, 전국과학전람회)
- 감자야! 지구를 부탁해(천연 아이스팩 제조를 중심으로)(2020, 전국과학전람회)
- 버려지는 황태 껍질을 이용한 가식성 식품 포장 필름 제작 및 특성에 관한 연구(2019, 전국과학전람회)
- 꽃 생체 모방 기술을 이용한 효율적인 휴대용 선풍기 날개 구조 탐구(2019, 전국과학전람회)

PART

04

프로젝트 계획하기

앞 장(章)에서 설명한 대로 학생들은 많은 시간 동안 주제 관련 내용을 탐색하여 수행할 프로젝트 주제를 선정하였다. 주제를 선정한 후에는 프로젝트 수행을 위한 계획으로써 실험설계를 하게 된다.

프로젝트를 수행하는 학생들은 마치 조리과정이 제시된 요리책처럼 미리 실험 절차가 안내된 실험을 많이 경험했으나 실제 실험 절차를 구성하여 실험한 경우는 많지 않다. 따라서 학생들이 프로젝트를 수행하기 위해 실험 과정 즉, 절차와 필요한 준비물을 준비하는 것에 익숙하지 않으나 실험 설계과정을 자세히 안내하면 스스로 실험을 준비하여 실행할 수 있다.

여러 가지 프로젝트 형태 중에서 실험 프로젝트를 수행하는 경우 실험의 결과를 예측하고 그 예측된 결과가 맞는지 확인하는 실험을 하게 된다. 이러한 일련의 과정을 '가설을 이용한 검증 실험'이라고 한다. 여기서 가설을 설정하기 위해서는 실험의 변인을 찾아야 한다.

실험설계는 변인을 찾아 가설을 설정한 후 실험에 필요한 준비물을 목록으로 만들고 실험 절차를 쓰는 것이다. 실험의 결과를 예측하고 그 결과의 변화를 가져오는 원인을 중심으로 실험하게 된다. 여기서 실험의 결과를 '종속변인'이라고 하며 결과의 변화를 가져온 원인을 '독립변인'이라고 한다. 이 장에서는 변인을 찾아 가설을 설정하여 실험을 설계하는 과정을 설명하게 된다.

제 1 절

변인이란 무엇인가?

가. 변인이란?

실험 프로젝트 활동은 변인으로 시작해서 변인으로 끝난다고 말할 수 있다. 그러면 변인이란 무엇일까? 변인은 성질이나 모습이 변화하는 원인이라는 뜻이다. 즉, 실험 프로젝트에서는 연구자가 실험 대상에 대해서 영향을 줄 수 있는 요인을 찾아 의도적으로 변화시킨 후 그 결과의 변화를 알아보는 과정이다. 여기서 변인은 두 가지가 있을 수 있다. 하나는 결과에 영향을 주는 변인이다. 이것을 독립변인이라고 한다. 또 하나는 독립변인에 의해 변하는 결과에 대한 변인이다. 이것을 종속변인이라고 한다.

독립변인	실험에서 결과에 영향을 주는 모든 요인을 말한다.
	조작변인
	연구자가 실험에서 변화시키는 오로지 하나의 변인이다. • 실험에서 값을 변화시키는 변인이다. • 실험 결과에 영향을 미치는 변인이다. • 독립변인 중에서 오직 **하나만 선택**한 변인이다. • 실험자가 **의도적으로 변화**시키는 변인이다.
	통제변인
	연구자가 실험 조건을 똑같은 상태로 일정하게 유지시키는 것이다. 독립변인 중에서 조작변인을 제외한 모든 독립변인을 말한다. • 독립변인 중에서 **조작변인을 제외한** 실험에 영향을 주는 변인이다. • 실험하는 동안 값을 변화시키지 않고 **일정하게 유지**하는 변인이다. • 통제 변인을 일정하게 해야 **정확한 실험 결과**를 얻을 수 있다.
종속변인	실험 결과로서 연구자가 측정 또는 관찰하는 것이다. • 관찰자에 의해서 관찰되고 측정 및 기술되는 것이다. • 조작변인에 의해 영향을 받아서 값이 변하는 변인이다. • 조작변인의 결과이다. 즉, 실험의 결과이다.

그러나 실제 실험에서는 독립변인을 변화시켜 실험의 결과인 종속변인을 알아보기 위해서는 독립변인과 종속변인을 각각 하나만 선택하게 된다. 만약에 실험에 영향을 주는 독립변인을 모두 변화시켜 결과를 얻었다면 어떤 변인에 의해 종속변인에 영향을 주었는지 알 수 없다.

예를 들어 설명하면 콩나물의 길이 성장을 알아보기 위해 햇빛의 양과 물의 양을 동시에 변화시키면 햇빛이 길이 성장에 영향을 주었는지 아니면 물이 길이 성장에 영향을 주었는지 판단할 수 없다.

따라서 실제 실험에서는 독립변인 중에서 하나만 선택하여 하나의 종속변인 즉, 실험 결과를 알아보게 된다. 이때 많은 독립변인 중에서 실험에서 선택한 하나의 변인을 조작변인이라고 한다. 바로 이 조작변인을 변화시켜 실험의 결과인 종속변인의 변화를 알아보게 된다. 따라서 실험 프로젝트는 조작변인으로 종속변인을 알아보는 과정이라고 말할 수 있다. 조작변인을 제외한 모든 독립변인을 일정하게 유지시키는 것을 통제변인이라고 한다.

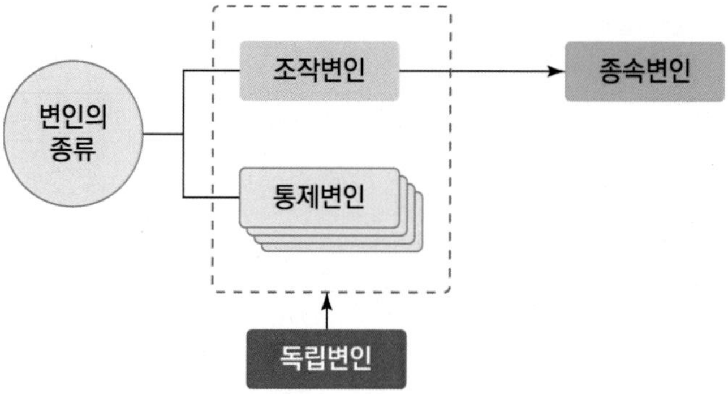

▲ [그림] 독립변인(조작변인과 통제변인)과 종속변인의 관계

위의 그림에서 보듯이 통제변인이 많을수록 종속변인 즉, 정확한 실험 결과를 얻게 된다. 따라서 독립변인을 최대한 찾기 위해서는 배경지식을 많이 공부하고 정보를 찾고 상상력이 풍부해야 한다. 프로젝트를 학습하게 되면 상상력과 창의력이 향상되어 다양하고 기발한 생각을 하는 능력을 개발할 수 있다.

다. 그림을 이용한 변인 설명

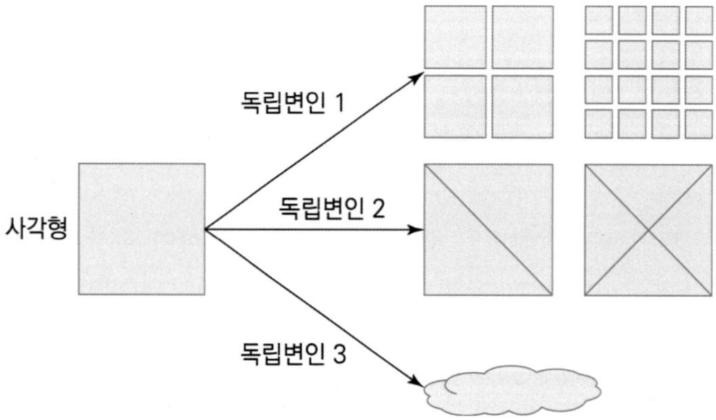

위의 그림에서 왼쪽에 사각형 모양이 있다. 이 사각형이 오른쪽의 그림처럼 모양이 변하였다. 여기서 독립변인과 종속변인을 설명하면 아래와 같다.

번호	독립변인	종속변인
1	가위로 오리면	4개의 사각형이 될 것이다. 16개의 사각형이 될 것이다.
2	연필로 표시하면	2개의 삼각형이 될 것이다. 4개의 삼각형이 될 것이다.
3	위아래로 힘을 주게 되면	모양이 납작해질 것이다.

위의 그림과 같이 사각형의 모양을 변화시키는 요인 즉, 독립변인은 3가지가 있으며, 종속변인은 5가지가 있다.

만약에 [가위로 오리면 4개의 사각형이 될 것이다]로 실험을 한다면 3가지의 독립변인 중에서 [가위로 오리면]은 사각형에 변화를 주는 되는 조작변인이 된다. 그러면 다른 2개의 독립변인 즉 [연필로 표시하면]과 [위아래로 힘을 주게 되면]은 어떤 행동도 해서는 안 된다. 이것을 통제변인이라고 한다.

위 그림의 종속변인을 자세히 관찰해보면 사각형은 4개 또는 16개이며, 삼각형은 2개 또는 4개가 된다. 그러나 나머지 하나는 사각형이 개수로 변하는 것이 아니고 모양이 변하게 된다. 즉 종속변인이 양으로 셀 수 있는 것과 셀 수 없는 것의 두 가지 특성이 있다. 따라서 종속변인의 양이 변하는 것은 세어서 나타내고, 셀 수 없는 것은 모양이나 특징을 관찰하게 된다. 따라서 실험의 결과인 종속변인은 양을 측정하기, 특징을 관찰하기와 같이 2가지로 알아보게 된다.

이것은 독립변인에서도 마찬가지로 적용된다. 결과에 영향을 주는 것도 양(量)으로 변화시키는 방법, 조건으로 변화시키는 방법 두 가지가 있다. 위 그림을 예를 들어 설명해보면

양(量)으로 영향을 주는 있는 독립변인	조건으로 영향을 주는 독립변인
가위를 1번 사용하여 가위를 2번 사용하여 가위를 4번 사용하여	사각형을 눌러서 사각형을 접어서 사각형을 구부려서

이와 같이 독립변수와 종속변수는 셀 수 있는 양(量)과 셀 수 없는 조건으로 구분된다. 따라서 종속변인의 경우 양으로 셀 수 있는 것은 사람의 눈으로 세거나 측정도구로 측정을 하며 셀 수 없는 조건은 눈으로 변화를 관찰하거나 사진 또는 동영상으로 촬영하여 변화를 알아본다.

1. 통제변인은 실험에서 어떤 역할을 할까?

조작변인을 제외한 독립변인을 일정하게 유지하므로 반복실험을 해도 비슷한 결과 즉, 종속변인의 변화를 알게 해준다.

2. 실험에서 조작변인을 사용할 때 주의해야 할 것은 무엇일까?

실험에서 독립변인 중 오로지 하나만 선택하여 조작변인으로 사용해야 한다.

3. 종속변인을 측정하거나 관찰할 때 주의할 것은?

결과를 측정할 때는 정확한 양을 측정하도록 한다. 측정도구를 사용하면 정확한 양을 측정할 수 있다. 또한 관찰할 때는 사람의 눈으로 관찰하기 때문에 신뢰성을 높이기 위해 노력한다.

라. 설탕을 물에 녹이는 실험으로 변인 이해하기

물에 설탕이 녹는 것을 이용하여 독립변인과 종속변인을 찾아보자.

독립변인	종속변인
설탕을 녹이는 데 영향을 주는 것들은?	어떤 변화를 알 수 있을까?
• 물의 양 • 물의 온도 • 설탕의 종류 • 설탕의 양 • 유리 막대로 물을 젓는 횟수	• 물에 설탕이 녹는 양 • 설탕이 녹는 데 걸리는 시간 • 설탕이 녹은 물의 색 또는 투명도

위 표에서 왼쪽에 제시된 독립변인 중에서 어떤 하나를 선택해서 실험하게 되면 오른쪽에 제시된 종속변인이 변하게 될 것이라는 예측을 한 것이다. 위에 제시된 변인을 이용해서 여러가지 프로젝트 실험을 수행할 수 있다. 예를 들면 아래와 같다.

예시 1 설탕의 양에 따라 설탕이 물에 녹는데 걸리는 시간이 변하게 될 것이라는 실험 예측을 할 수 있다.

예시 2 유리 막대로 물을 젓는 횟수에 따라 설탕이 녹는 데 걸리는 시간이 변하게 될 것이라는 실험 예측을 할 수 있다.

위와 같이 변인을 찾게 되면 여러가지 프로젝트 실험을 수행하는 데 매우 편리하다. 여기서 변인을 최대한 많이 찾게 되면 매우 다양한 프로젝트 실험을 할 수 있다. 특히 독립변인을 최대한 많이 찾아 하나를 선택한 후 나머지 변인을 통제변인으로 하여 실험을 하게 된다. 따라서 실험에 영향을 주는 독립변인을 많이 찾은 후 하나의 조작변인 외의 나머지를 통제변인으로 하면 실험의 정확성을 높일 수 있으며, 결국 프로젝트의 신뢰도가 높아져 프로젝트 결과 보고서를 읽는 독자나 발표를 듣는 청중들에게 신뢰성을 높이게 된다.

마. 나무를 성장시키는 것을 이용하여 변인 이해하기

구분	질문	독립변인
독립변인 찾기	나무의 성장에 영향을 주는 것은 무엇이 있을까?	1) 토양의 양분 2) 햇빛의 양 3) 물의 양 4) 습도
종속변인 찾기	나무가 성장한다는 것을 무엇으로 알 수 있을까?	1) 나무의 키(높이) 2) 줄기의 두께 3) 잎의 크기 4) 가지의 개수 5) 열매의 개수 등

바. 변인 설정

1) 변인 설정 예시

조작변인	토양의 양분	질소 비료
종속변인	나무의 키(높이)	
통제 변인	햇빛의 양	햇빛을 몇 시간 동안 비출 것인가?
	물의 양	물을 얼마나 줄 것인가?
	습도	습도를 얼마로 할 것인가?

2) 변인 설정 연습

조작변인		
종속변인		
통제 변인		

제2절

가설은 어떻게 설정하는가?

어느날, 친구와 같이 구입한 식물이 시들어 가고 있는 것을 보았다.

식물의 종류도 같고 물도 같이 주었다. 그런데 왜 내 책상 위의 식물만 시들까?

이에 대해 나는 잠정적인 답(가설)을 정했다.

두 식물의 생장 정도가 다른 원인을 찾고자, 생장에 영향을 주는 요인을 방에서 찾았다.

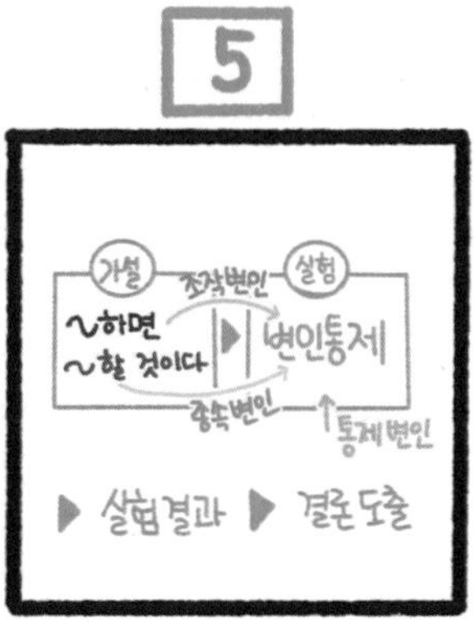

본격적으로 이를 확인하기 위해서 실험을 설계하였고 결과 및 결론을 도출하였다.

결과를 바탕으로 나는 가설을 확인했다.

가. 가설이란 무엇인가?

여러가지 프로젝트 형태 중에서 실험 프로젝트를 수행하기 위해서는 가설이 요구된다. 가설이란 연구자가 실험을 수행하기 전에 배경지식과 정보에 근거해서 실험 후의 결과를 예측(prediction)한 잠정적인 결론을 제시한 진술문이다. 따라서 실험 프로젝트는 연구자가 설정한 가설이 맞는지 확인하는 과정이라고 말할 수 있다. 실험 후에 가설이 예측한 대로 맞을 확률이 높지만 맞지 않을 가능성도 있다.

나. 가설 진술 방법

독립변인, 종속변인, 통제변인에 대해서 앞에서 언급하였다. 실험 프로젝트에서는 독립변인 중에서 오로지 하나만 선택한 조작변인을 변화시켜 종속변인의 변화를 알아보는 과정이라고 말할 수 있다. 가설은 아래 같이 두 가지 방법으로 진술할 수 있다. 또한 가설은 아직 실험하기 전이기 때문에 미래시제로 진술한다.

1) 방향성 있는 가설

독립변인에 의해 종속변인이 완화/강화, 감소/증가, 낮춤/높임, 억제/증가, 긍정적/부정적과 같이 구체적인 변화로 표현된 가설

예시 1 쑥부쟁이 뿌리 즙이 곰팡이 증식을 억제할 것이다.

예시 2 곤충의 분변토를 활용한 비료가 식물의 성장에 긍정적인 효과를 줄 것이다.

2) 방향성이 없는 가설

독립변인에 의해 종속변인의 영향, 효과, 변화만으로 표현된 가설이다.

예시 1 쑥부쟁이 뿌리즙이 곰팡이 증식에 영향을 줄 것이다.

예시 2 곤충의 분변토를 활용한 비료가 식물의 성장에 효과가 있을 것이다.

(독립변인)을 변화시키면 (종속변인)이 변화할 것이다. (방향성이 없는 가설)
(독립변인)을 증가/감소시키면 (종속변인)이 증가/감소할 것이다. (방향성이 있는 가설)

예시 1 위에서 사각형의 변인 찾기 사례

- 사각형 모양을 가위로 2번 자르면 사각형이 4개가 될 것이다. (방향성 있음)
- 사각형 모양을 가위로 변화시키면 사각형의 개수가 변화할 것이다. (방향성 없음)

예시 2 설탕이 녹는 변인 찾기 사례

- 물의 온도가 높을수록 설탕이 녹는 시간이 감소할 것이다. (방향성 있음)
- 물의 온도가 변화하면 설탕이 녹은 시간이 달라질 것이다. (방향성 없음)

예시 3 나무의 성장에서 변인 찾기 사례

- 나무에 칼륨 영양소를 증가시키면 나무의 키가 더 클 것이다. (방향성 있음)
- 나무에 칼륨 영양소를 변화시키면 나무의 키가 변화할 것이다. (방향성 없음)

- 프로젝트 변인찾기 실험 사례 -

1 지구표면에 들어오는 태양에너지 양 측정

2 추(진자)의 운동

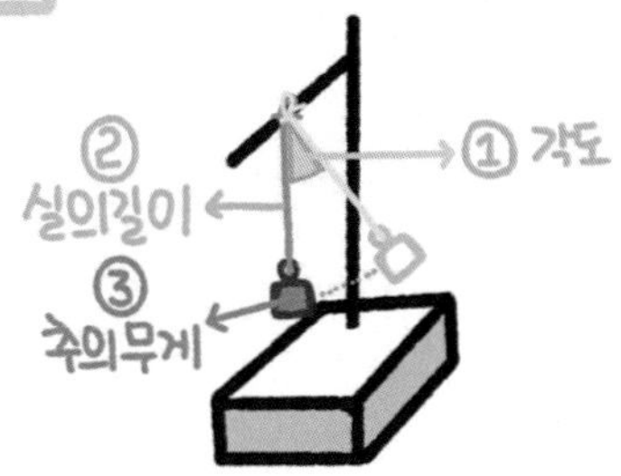

3 제주도를 지켜라!

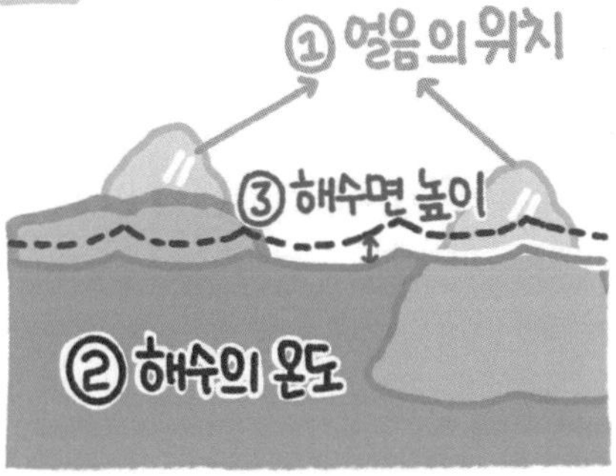

4 효소를 찾아라

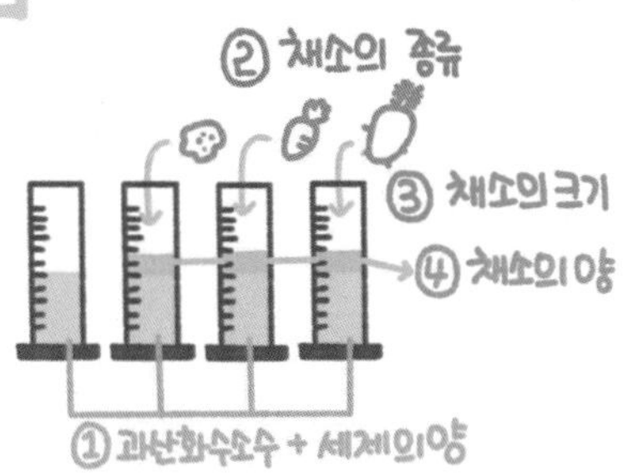

제3절

예시1 태양 복사 에너지 양 측정 실험에서 변인을 어떻게 찾을 수 있을까?

최근 온실효과로 인해 지구의 온도가 상승하여 극지방의 빙하가 녹으면서 해수면이 높아지고 기후변화가 심각해지고 있다. 온실효과는 지구 대기의 온실기체에 의해 태양 복사 에너지가 지구대기 밖으로 방출되지 못하고 지구 표면과 대기권에 에너지가 점점 축적되어 지구의 온도가 점차 상승하는 것이다.

태양으로부터 지구에 들어오는 에너지양은 거의 변함이 없이 일정하게 입사되고 있다. 그러나 온실기체에 의해 점점 증가하면서 태양 복사 에너지를 흡수하는 양이 많아지고 있어 온실효과가 증가하고 있다.

그러면 지구에 들어오는 태양 복사 에너지는 얼마나 될까? 이 실험을 통하여 지구에 들어오는 에너지양을 측정하는 실험 방법을 익힌 후에 실제 지구에 들어오는 에너지양 즉, 태양상수[1])를 측정하고자 한다.

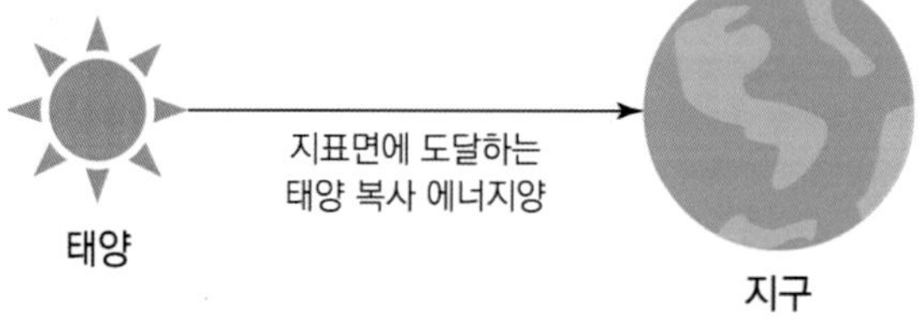

1) 태양상수: 지구 대기 밖에서 1㎠의 면적에 1분 동안 지구가 받는 태양에너지 양

1. 태양복사 에너지양 측정장치를 이용한 단위면적[2)]당 받는 에너지양 측정 실험

가. 준비물: 태양 복사 에너지양 측정기[3)], 전등, 자, 물

나. 변인 찾기

독립변인(종속변인에 영향을 주는 것)	종속변인
• 빛을 받는 면적 • 전등과 측정기 사이의 거리 • 전등을 비추는 시간 • 측정기의 각도 • 전등에서 나오는 빛의 세기 • 물의 양	• 물의 온도 변화 • 단위 면적당 받는 에너지

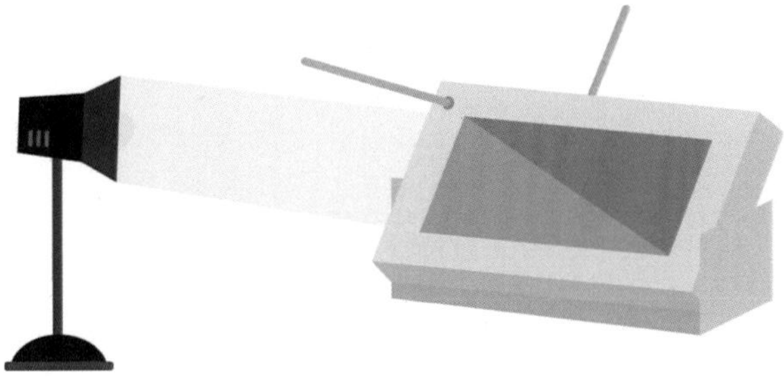

태양복사에너지 양 측정기

2) 단위면적: 1㎠의 면적
3) 태양에너지 측정기: 검은색 구리로 만들어진 물통

2. 전등을 비추는 각도와 에너지양

가. 가설: 전등에서 나오는 빛과 측정기 사이의 각도가 클수록 단위면적당 에너지양이 많을 것이다.

나. 변인 통제

독립변인			종속변인
통제 변인	통제 수준	조작변인	
전등과 측정기 사이의 거리	30cm	측정기의 각도 • 90° • 60° • 30°	단위 면적당 받는 에너지
측정기의 면적	$100cm^2$		
전등의 세기	60W		
전등을 비추는 시간	10분		
물의 양	100g		

다. 실험 과정

1) 측정기에 물을 20g 넣는다.
2) 전등을 측정기로부터 30cm 거리에 설치한다.
3) 측정기의 각도를 90°로 한다.
4) 온도계를 관찰하고 처음 온도를 아래 표에 기록한다.
5) 전등을 켜고 10분 후 온도를 측정한다.
6) 측정기의 각도를 60°, 30°로 한 후 1번~5번의 과정을 반복한다.

측정기의 각도	처음 온도	나중 온도	온도 변화(△t)
90°			
60°			
30°			

7) 아래의 계산 방법으로 단위 면적당 에너지를 산출

단위 면적당 받는 에너지 계산 방법 IAt = cm△t		참고내용
I 태양상수 A 구리 통이 햇빛을 받는 면적 t 햇빛을 받는 시간	c 물의 비열 m 물의 질량 △t 온도 변화	물의 비열 c=1 cal/g · ℃

8) 실험 결과를 그래프로 나타내보자.

9) 위 그래프를 설명하고 결론을 써보자.

변인 통제 보충 설명

위 실험에서 실험 결과 즉, 종속변인에 영향을 주는 요인을 아래와 같이 6가지를 제시하고 있다.

- 빛을 받는 면적
- 전등과 측정기 사이의 거리
- 전등을 비추는 시간
- 측정기의 각도
- 전등에서 나오는 빛의 세기
- 물의 양

독립변인은 변인 중 실험에 영향을 줄 수 있는 모든 요인을 말한다.
실험설계에서 과정에서는 독립변인 6가지 중에서 측정기의 각도를 조작변인으로 설정하게 됨으로써 나머지 실험 요인 5가지는 실험의 신뢰도를 높이기 위해 통제변인으로 설정하고 있다. 따라서 독립변인은 종속변인에 영향을 주는 모든 요소를 말하며 독립변인 중에서 어떤 하나를 조작변인으로 선택하면 나머지 변인은 통제변인으로 설정하게 된다.

제4절

예시2 추의 운동에서 변인을 어떻게 찾을 수 있을까?

변인 분석과 가설을 쉽게 이해할 수 있게 해주는 실험으로 '추의 운동'이 있다. 이 실험이 주변에 볼 수 있는 놀이 기구가 진자의 운동이라는 것을 알고 학생들이 친숙하게 느낄 수 있으며, 다양한 조작변인을 설정하여 실험을 할 수 있다.

---

1. 문제 상황

놀이공원에 가면 반드시 타봐야 할 놀이 기구 중에 바이킹이 있다. 바이킹을 타면 어디에 타느냐와 바이킹이 어느 지점을 통과하느냐에 따라 속력이 달라지는 긴장감을 즐기게 된다. 어떻게 하면 바이킹이 왔다갔다하는 시간(주기)이 빨라지거나 느려지게 될까? 여기서 바이킹의 운동시간을 알아보기 위해 추를 이용하여 추가 왕복운동하는 시간에 영향을 주는 실험을 한다.

2. 추의 주기와 실의 길이

가. 주기

추(진자)가 한번 왕복운동하는 데 걸리는 시간을 말한다. 아래 그림에서 최고점 A에서부터 중심점 B를 지나 다음 최고점 C까지 이동후 다시 A점으로 돌아오는 데 걸리는 시간이다. 즉, 추가 A → B → C → B → A의 경로를 이동하는 시간을 말한다.

나. 실의 길이

실의 고정점에서 추의 중심까지의 길이를 말한다.

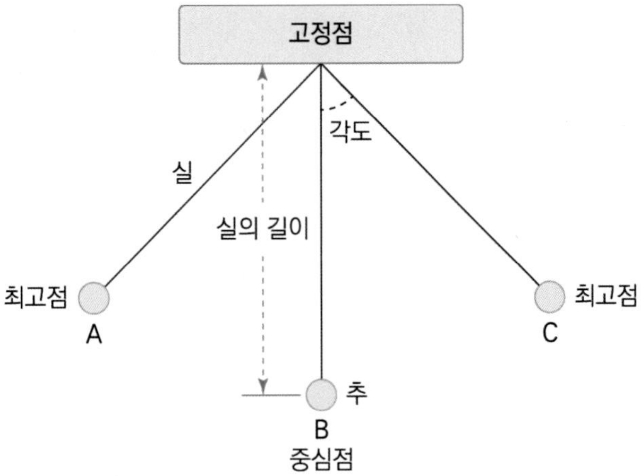

3. 변인 분석을 위한 실험하기 1

가. 준비물

□ 스탠드	□ 초시계 (휴대폰 사용 가능)	□ 각도기
□ 실(30cm, 40cm, 50cm)	□ 추(대, 중, 소) 또는 (500g, 100g, 50g) 등	□ 30cm 자

나. 실험 과정

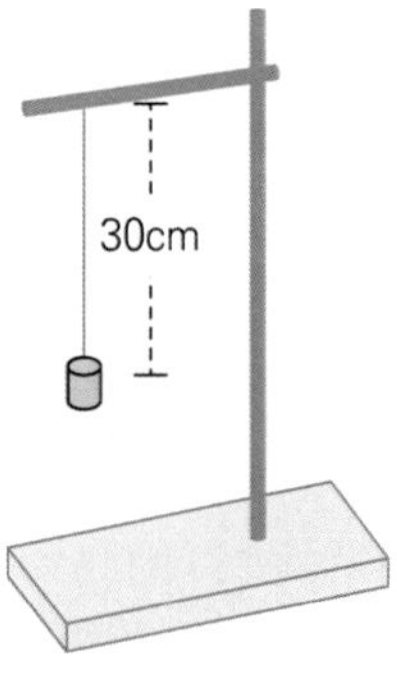

1) 튼튼한 실(명주실이 적당)을 스탠드 고리에 연결하여 30cm가 되도록 고정한다.
2) 추를 그림과 같이 실에 연결한다. 추의 질량은 일정하게 한다.(500g, 100g, 50g에서 선택)
3) 중심점에서 최고점 사이의 각도가 45°가 되도록 한다.
4) 추의 운동을 시작하여 10회 왕복하는 데 걸리는 시간을 측정하여 아래 표에 기록한다.
5) 4)의 값을 10으로 나누어 주기를 구한다.

6) 실의 길이를 다르게 하여 위 실험을 반복한다. (40cm, 50cm)

참고 1

추가 한번 왕복 운동하는 시간이 주기이다. 여기서 10회 황복 운동 시간을 측정하는 이유는 한번 즉, 1회 왕복 운동하는 시간이 너무 짧아 최고점-최고점까지의 시간 측정하기가 어렵다. 따라서 실험의 오차를 줄이기 위해 10회의 왕복운동 시간을 측정하여 10으로 나누면 1회의 주기를 구할 수 있다.

참고 2

공기가 있는 곳에서 진동하면 공기와의 마찰에 의하여 추의 운동이 점점 느려진다. 너무 작은 횟수를 측정하면 오차가 발생할 확률이 높고, 너무 많은 횟수를 측정하면 진자가 느려져서 정확한 주기를 구하기 어렵다.

다. 실험 결과 (예시)

실의 길이	실험 횟수	10회 왕복운동 시간 (초)	평균	주기(초) (평균을 10으로 나눈값)
30cm	1	11.21	10.86	1.09
	2	10.82		
	3	10.62		
	4	11.13		
	5	10.54		
40cm	1	13.54	12.75	1.28
	2	11.99		
	3	12.87		
	4	12.23		
	5	13.12		

실의 길이	실험 횟수	10회 왕복운동 시간 (초)	평균	주기(초) (평균을 10으로 나눈값)
50cm	1	15.34	14.56	1.46
	2	14.78		
	3	13.98		
	4	14.12		
	5	13.56		

※ 소수점 둘째 자리까지 기록(셋째 자리에서 반올림)

2) 실험 결과를 그래프로 그려보자. (꺾은선 그래프로 그리기)

그래프 그리는 방법

1. 눈금을 바탕으로 가로축과 세로축을 그린다. 축의 끝에는 화살표를 그린다.
2. 왼쪽 맨 아래는 0으로 표시한다.
3. 가로축에 조작변인, 세로축에 종속변인을 기록하고, 괄호 안에 단위를 기록한다.
4. 꺾은선 그래프에서 한 칸의 크기는 일정해야 한다.
5. 표에 있는 결괏값을 표시한다.

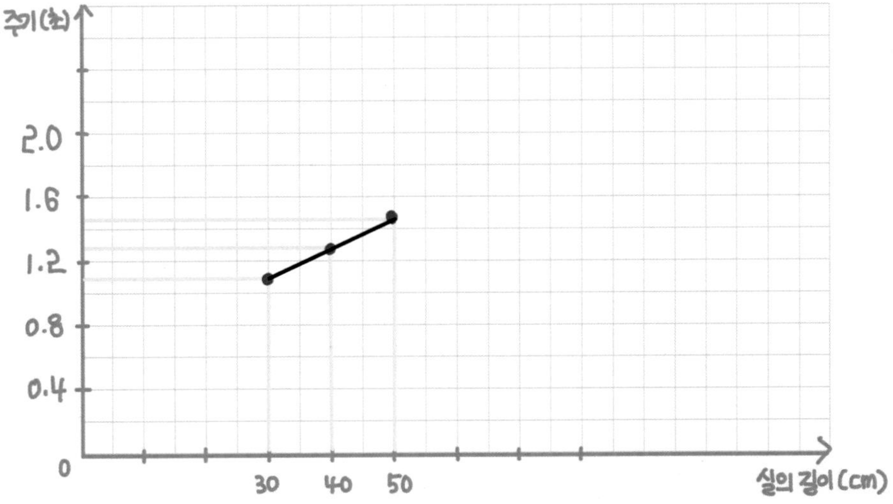

1. 이 실험에서 실의 길이가 길어지면 주기가 길어지며, 실의 길이에 따라 주기를 예상할 수 있으므로 꺾은 선 그래프를 그리는 그것이 정확하다.
2. 그래프를 그릴 때 한 칸의 값이 일정하게 표기되도록 안내한다.(가로축에서 0점에서 세 칸 뒤가 30cm라면, 한 칸은 10으로 계산된 것이므로 40cm는 바로 한 칸 뒤에 기록되어야 한다. 세로축에서 한 칸의 크기가 0.1초라면 열 칸이 1초가 되도록 그리도록 안내한다.)
3. 연결선은 0에서 출발하는 것보다 실험을 시작한 30cm에서 시작하도록 안내한다.

다. 위 실험의 설계 분석하기

1) 이 실험에서 설정한 가설

이 실험에서 설정한 가설은 아래와 같이 방향성이 있는 것과 방향성이 없는 것으로 두가지로 설정할 수 있다.

- 방향성이 있는 가설: 실의 길이가 길수록 추의 운동 주기가 길어질 것이다.
- 방향성이 없는 가설: 실의 길이가 변하면 추의 운동 주기가 달라질 것이다.

2) 이 실험에서의 변인 분석

독립변인			종속변인
통제 변인	통제 수준	조작변인	
추의 질량	500g	실의 길이 • 30cm • 40cm • 50cm	추의 운동 주기
중심점과 최고점 사이의 각도	45°		

3) 그래프 결과를 보고 어떤 결론을 내릴 수 있는지 써보자.

이 실험은 추를 이용하여 실의 길이에 따라 운동 주기를 알아보는 실험이었다. 500g의 추를 45°각도로 하여 실험하였다. 그 결과 실의 길이가 길수록 추의 운동 주기가 점점 길어짐을 알 수 있었다. 따라서 추의 운동 주기는 실의 길이에 영향을 받는다.

4. 실험 설계 연습하기

앞의 실험에서는 실의 길이를 조작변인으로 설정하였다. 이번에는 추의 무게나 추를 운동시키는 각도 등 조작변인을 다르게 설정하여 실험을 설계하도록 한다.

가. 가설

나. 변인 설정하기

독립변인			종속변인
통제 변인	통제 수준	조작변인	

다. 준비물

□	□	□
□	□	□

라. 실험 과정

1) ______________________________

2) ______________________________

3) ______________________________

4) ______________________________

5) ______________________________

6) ______________________________

마. 실험 결과

실의 길이	실험 횟수	10회 왕복운동 시간 (초)	평균	주기(초) (평균을 10으로 나눈값)
	1			
	2			
	3			
	4			
	5			
	1			
	2			
	3			
	4			
	5			
	1			
	2			
	3			
	4			
	5			

※ 소수점 둘째 자리까지 기록(셋째 자리에서 반올림)

바. 그래프 그리기

사. 결론

제5절

예시3 빙하 실험에서 변인을 어떻게 찾을 수 있을까?

환경 분야는 최근 사람들의 관심이 점점 증가하면서 프로젝트 연구 주제로 선정되는 경향이 많아지고 있다. 특히 해수면 상승으로 물에 잠기고 있는 투발루의 외무장관이 2021년 11월 열린 제26차 유엔기후변화협약 당사국회의(COP26)에 수몰 위기에 처한 투발루의 현실을 알리기 위해 과거에 육지였던 바다에 서서 연설을 한 장면은 우리에게 충격을 주고 있다.

그래서 전 세계적으로 이산화탄소 감축을 위한 노력이 계속되고 있는 가운데, 미래의 시대를 살아갈 우리 학생들이 이러한 현실을 알고, 프로젝트 주제로 선택하는 경우도 많아지고 있다.

[제주도를 지켜라]

제주도는 우리나라뿐 아니라 전 세계인들이 사랑하는 관광지이다. 이 제주도의 바닷가에 있는 용머리 해안의 둘레길 일부가 바다에 잠겨 문제가 되고 있다. 최근 오세아니아의 작은 섬나라인 9개 섬으로 이루어진 '투발루'는 해수면 상승으로 이미 2개의 섬이 바닷물에 잠겼으며 섬 대부분의 해수면 높이가 3M에 불과하다고 한다.

이렇게 해수면이 높아져서 육지가 바다에 잠기는 것은 빙하가 녹아서라고 말한다. 빙하는 지구상에서 가장 많은 민물을 저장하고 있으며 이는 바다 다음으로 가장 많은 물 저장고이다. 빙하가 차지하는 면적은 지구 육지의 약 10%이고 이들 중 대부분은 남극 대륙과 그린랜드에 넓은 빙상(ice sheet)으로 존재한다. 빙하[4]가 저장하고 있는 담수는 전체 민물의 75%를 차지하고 있으며 지구의 빙하가 모두 녹으면 해수면이 약 60m 정도 상승할 것으로 예상된다.

---

4) 지상에 쌓인 눈이 융해와 동결을 반복하면서 만들어진 거대한 얼음덩어리

세계기상기구의 '전 지구 기후보고서'는 2019년까지 5년 동안 해수면이 2.5㎝ 상승했다고 밝혔다. 과학자들에 따르면 해수면이 1㎝ 높아질 때마다 인류가 살 터전이 사라져 600만 명이 집을 잃게 된다고 한다.

왜 해수면이 높아졌을까? 여러 원인 중 가장 강력한 것은 해빙, 즉 녹아내리는 빙하다. 흘러내리는 얼음, 빙하(氷河)는 지구 담수 즉 민물의 75%를 차지한다. 담수가 흘러들면 바닷물의 부피가 증가하면서 해수면이 상승한다. 그린랜드에서는 1992년 이후 2018년까지 3조8천억t의 빙하가 녹아 사라졌는데, 과학자들의 분석 결과 이로 인해 해수면이 1.6㎝ 상승한 것으로 밝혀졌다.

그러면 빙산이 녹으면 어떻게 될까? 빙산은 바다에 뜬 얼음이다. 빙산이 녹는 것은 해수면 높이에 영향을 주지 않는다. 얼음은 녹으면서 부피가 줄어든다. 얼음물에 든 얼음이 녹아도 물이 컵 바깥으로 넘쳐흐르지 않는 것처럼 바닷속 빙산이 녹아도 해수면을 상승시키지 않는다.

가. 빙하가 녹으면 해수면이 올라갈까?

1) 실험설계 시 고려 사항
   - 빙하는 땅 위에 있는 얼음이다.
   - 빙산은 물속에 떠 있는 얼음이다.

2) 준비물

□ 500mL 투명 컵 2개	□ 얼음(같은 크기 4개)	□ 사인펜 1개
□ 스티로폼(컵 안에 들어가는 크기) 1개		

3) 실험 과정

① 두 개의 투명 컵에 같은 양의 물을 넣는다.

② 한 컵에는 분동을 넣고 그 위에 얼음 2개를 넣고, 다른 컵에는 물에 바로 얼음 2개를 넣은 후, 물의 높이를 표시한다.

③ 얼음이 완전히 녹을 때까지 기다린다.

④ 얼음이 녹은 후의 물의 높이를 표시한다.

4) 실험 결과

① 두 개의 컵에 물의 높이는 어떻게 달라졌는가?

> 분동 위에 얼음을 넣은 컵은 물의 높이가 올라가고 물에 바로 얼음을 넣은 컵은 물의 높이가 변하지 않는다.

② 두 개의 컵의 물의 높이가 다르다면 그 이유가 무엇인지 서로 토론하고 결과를 써보자.

> 물에 얼음을 넣은 컵은 얼음의 밀도가 낮으므로, 녹아서 물이 되어도 물의 높이가 변하지 않는다. 반면 스티로폼 위에 얼음이 있는 경우에는 녹은 얼음만큼 물이 추가된다.

③ 해수면이 상승한 원인을 설명해보자.

> 왜 해수면이 높아졌을까? 여러 원인 중 가장 강력한 것은 해빙, 즉 녹아내리는 빙하다. 흘러내리는 얼음, 빙하(氷河)는 지구 담수, 즉 민물의 75%를 차지한다. 담수가 흘러들면 바닷물의 부피가 증가하면서 해수면이 상승한다.

1. 빙하는 분동 위에 얼음을 올리는 것이고, 빙산은 물에 얼음을 넣는 것이다.
2. 빙하는 민물이 얼어서 얼음이 된 것이며, 육지에서 만들어진 얼음층이므로, 이 빙하가 녹아서 바다로 흘러가면 물의 양이 많아지므로 해수면이 상승하는 것이다.

나. 온난화로 인하여 해수면이 올라갈까? (물의 온도에 따른 물의 부피 변화)

□ 가열기	□ 온도계	□ 증류수
□ 유리병	□ 눈금 달린 빨대(8mm)	□ 2공 뚜껑

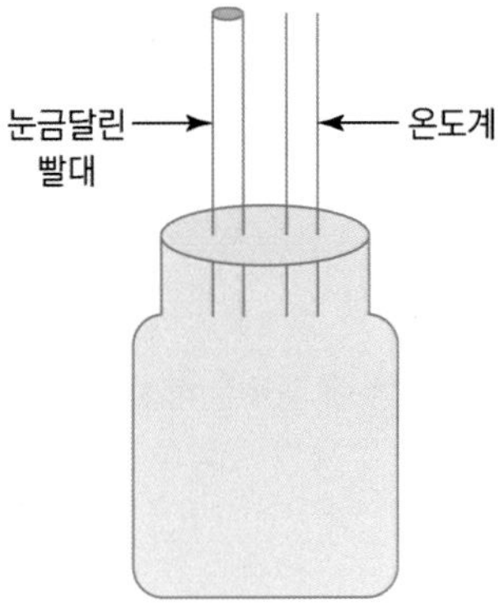

실험 장치

2) 실험 과정

① 유리병에 증류수를 가득 담는다.

② 물을 담은 스텐 용기를 가열기에 올리고, 실험 장치를 넣는다.

③ 가열기를 1단계로 가열한다.

④ 내부 온도를 확인하면서 증가하는 물의 부피를 측정한다.

종류	처음 부피	20℃	30℃	40℃	50℃
증류수					

3) 실험 결과

① 온도에 따라 물의 부피는 어떻게 달라졌는가?

② 이 실험 결과를 그래프로 그려보자.

③ 물의 부피변화는 해수면의 높이 변화에 어떤 영향을 줄까?

다. 소금물의 농도에 따른 액체의 부피 변화

1. 소금물의 농도를 2가지 정도로 만들도록 한다. 참고로 바닷물의 농도는 35‰이다.(‰은 1/1000을 나타내는 단위, 35‰은 바닷물 1000g에 소금 35g이 녹아있다는 뜻이다)
2. 원래 조작변인은 하나이지만 여기서는 조작변인을 소금물의 농도, 액체의 온도로 두 가지로 설정하여 동시에 실험하도록 한다.

1) 준비물

☐	☐	☐
☐	☐	☐

2) 변인 통제

① 가설

② 변인 설정

독립변인		종속변인
조작변인	통제변인	

2) 실험 과정

①

②

③

소금의 농도	처음 부피	20℃	30℃	40℃	50℃

④ 증류수와 35‰ 소금물 중에서 부피가 더 많이 늘어나는 것은 무엇이며, 그 이유는 무엇인지 토론해보자.

라. 확장: 지구온난화를 해결하기 위한 연구를 찾아보고, 새로운 연구 주제를 계획해보자.

새로운 연구 계획	1. 주제 기존 연구에서 사용한 소재를 바탕으로 다른 활용도를 정해서 주제를 정해도 되고, 같은 주제로 소재를 바꾸어서 진행해도 새로운 연구가 가능하다. (예를 들어 굴 껍데기가 탄산칼슘으로 되어있어 비료로의 활용 가능성 연구라는 주제의 보고서를 보고, 굴 껍데기가 난연성이라는 것을 활용하여 난연성 단열재에 활용할 수 있는 방법을 찾아보면 전혀 다른 연구가 되는 것이다.) 2. 주제선정 이유 여기에서는 간단하게 2~3줄 정도로 문제점, 해결 방안 등을 제시하면 된다. 3. 가설 연구 목적을 해결하는 방법으로 가설을 만든다. 2. 변인통제(가설별로 적는데, 가설이 2가지가 되면 변인통제로 2가지로 한다.) - 조작변인 - 종속변인 - 통제변인 3. 실험설계 - 원하는 최종 결과는? 연구 동기를 참고해서 쓴다. - 객관적인 데이터를 얻기 위하여 사용할 방법은? 연구를 어떻게 진행할 것인지 생각해보는 과정이다. 어떤 도구를 사용하여 연구를 진행할 것인지를 쓴다. - 실험을 통제하기 위한 과정은? 변인통제에서 결과의 신뢰성을 높이는 방법을 생각하는 과정이다. - 구체적인 실험 과정을 순서대로 적어보자. 가설별 실험 절차를 쓴다.

제6절

예시4 채소의 효소 실험에서 변인을 어떻게 찾을 수 있을까?

조상들로부터 전해지는 전통 음식에는 발효음식이 많이 있다. 전 세계인들이 좋아하는 김치를 비롯하여 음식에 꼭 필요한 간장과 된장, 즐겨 마시는 식혜 등은 모두 발효음식이다. 이러한 발효식품은 미생물이 작용하여 인간에게 유익한 것은 발효, 해로운 것은 부패로 불린다. 발효식품은 일반적으로 맛이 좋으며 오래 보존할 수 있고 건강에 도움이 된다.

이러한 발효 음식들은 효소에 의해 만들어 진다. 발효는 미생물이 자신의 효소로 유기물을 분해시켜 영양가 있는 최종 산물을 만들어 내는 현상이며, 우리가 섭취한 음식물을 에너지원으로 바꾸어 활동의 원동력을 만들어주는 것은 효소이다.

사람의 몸에서는 세포의 생명 활동 결과 과산화수소(H_2O_2)가 만들어진다. 과산화수소는 많은 양이 발생하면 세포에 심한 손상을 줄 수 있는데, 대부분 세포의 카탈레이스라는 효소에 의하여 빠르게 분해되어 물과 산소로 분해된다.

상처가 난 곳에 과산화수소 소독약을 바르면 부글부글 흰 거품이 나는 것을 볼 수 있다. 이는 병균이 많아서가 아니라 혈액에도 카탈레이스라는 효소로 인하여 과산화수소가 분해되어 산소 기체가 발생했기 때문이다. 그 거품 속에 발생한 산소가 살균 소독을 하는 것이다.

1. 실험. 채소 속 생체 촉매 비교

1) 준비물: 100mL 메스실린더(4개), 30% 과산화수소(20mL), 감자, 당근, 무, 액상세제(퐁퐁), 칼, 자, 포스트잇

실험 안전

- 과산화수소수는 피부에 닿으면 따끔거리면서 피부가 하얗게 변하므로 피부에 직접 닿지 않도록 주의한다. 손에 묻었을 때는 재빨리 수돗물로 깨끗이 씻어낸다.
- 약품을 사용할 때는 내화학 장갑(라텍스 장갑)을 끼고 사용한다.
- 감자나 당근 등 채소는 작게 조각낸다. 반응하는 부위를 넓게 하면 반응이 빨라진다. 자를 때 커터칼에 손이 베지 않도록 주의한다.
- 반응이 끝난 후 메스실린더의 물질과 용액은 폐수통에 버린다. (거름망에 걸린 고체는 휴지통에 버린다.)
- 메스실린더를 씻을 때 깨지지 않도록 주의한다.
- 미세한 파편은 물을 적신 티슈로 부드럽게 닦아서 휴지통에 넣는다.

2) 채소 속 생체 촉매 양

가) 실험 과정

① 100mL 비커에 30% 과산화수소 40mL, 액상세제 2mL(펌프질 1회)를 넣어서 섞는다.

② 4개의 100mL 메스실린더에 과산화수소와 액상세제를 섞은 용액①을 2mL씩 넣는다.

③ 4개의 100mL 메스실린더에 각각 포스트잇으로 1번~4번까지 적는다.

④ 감자, 당근, 무를 각각 5g씩 준비한다.

⑤ 메스실린더 1번은 아무것도 넣지 않고, 2번에는 감자, 3번에는 당근, 4번에는 무를 잘게 썰어 넣는다. 이때 채소 조각의 크기는 일정하게 통제해야 한다.

⑥ 메스실린더의 변화를 관찰하고, 반응이 끝나면 발생한 거품의 높이를 측정한다.

※ 변인통제

독립변인		종속변인
통제변인	조작변인	
채소의 양 채소의 크기 넣는 과산화수소와 액상세제의 양	채소의 종류	거품의 높이 (효소의 양)

3) 실험 결과

가) 메스실린더 1번~4번에서 발생한 거품의 높이

메스실린더	1	2	3	4
추가물질	없음	감자	무	당근
거품의 높이(cm)				

나) 실험 결과를 그래프로 나타내보자.

① 가로축(X축)은 조작변인을 넣어야 한다. 조작변인은 무엇인가?

이 실험에서 변화시킨 것은 채소의 종류이다.

② 세로축(Y축)은 종속변인을 넣어야 한다. 종속변인은 무엇인가?

우리가 측정하는 것은 거품의 높이이다. 거품이 많이 발생한다는 것은 효소가 많다는 것을 의미한다.

③ 이 실험은 촉매의 종류에 따라 발생한 거품의 높이를 측정하는 실험이다. 어떤 그래프를 그려야 결과 분석에 유리할까? (막대그래프, 꺾은선 그래프, 원형 그래프)

채소의 종류는 서로 연관성이 없다. 즉, 연속성을 보는 것이 아니라 각각을 비교하는 것이므로 막대그래프를 그린다.

④ 그래프를 그려보자.

다) 결과 정리

① 거품이 가장 많이 나온 물질을 순서대로 써보자.

② 과산화수소를 분해하는 생체 촉매로 가장 적합한 것은 무엇일까?

2. 새로운 실험설계: 채소의 크기에 따른 실험을 설계해보자.

1) 준비물

□ 100mL 메스실린더(4개)	□ 30% 과산화수소(20mL)	□ 채소 (감자, 당근, 무 중 하나)
□ 액상세제(퐁퐁)	□ 칼	□ 30cm 자
□ 포스트잇		

2) 채소의 조각 크기에 따른 생체 촉매 양

가) 실험 과정

① 100mL 비커에 30% 과산화수소 40mL, 액상세제 2mL(펌핑 1회)를 넣어서 섞는다.

② 4개의 100mL 메스실린더에 과산화수소와 액상세제를 섞은 용액①을 2mL씩 넣는다.

③ 4개의 100mL 메스실린더에 각각 포스트잇으로 1번~4번까지 적는다.

④ ______________________________

⑤ ______________________________

⑥ 메스실린더의 변화를 관찰하고, 반응이 끝나면 발생한 거품의 높이를 측정한다.

※ 변인통제

독립변인		종속변인
조작변인	통제변인	
채소 조각의 크기		거품의 높이 (효소의 양)

3) 실험 결과

가) 메스실린더 1~4번에서 발생한 거품의 높이

메스실린더	1	2	3	4
채소 조각의 크기				
거품의 높이(cm)				

나) 실험 결과를 그래프로 나타내보자.

① 가로축(X축)은 조작변인을 기록한다. 조작변인은 무엇인가?

② 세로축(Y축)은 종속변인을 기록한다. 종속변인은 무엇인가?

③ 이 실험은 촉매의 종류에 따라 발생한 거품의 높이를 측정하는 실험이다. 어떤 그래프를 그려야 결과 분석에 유리할까? (막대그래프, 꺾은선 그래프, 원형 그래프)

④ 그래프를 그려보자.

다) 결과 정리

① 거품이 가장 많이 나오는 것은 무엇인가?

② 이런 실험 결과가 나오게 된 이유를 추측해보자.

3. [확장] 실험을 통한 연구 주제 찾기

우리가 먹는 채소와 과일들에는 효소가 들어있다. 아래 연구는 파인애플 속에 단백질 분해효소가 들어있는데, 버려지는 파인애플 껍데기를 재활용하여 천연세제를 만들어서 세척 효율을 확인한 연구이다.

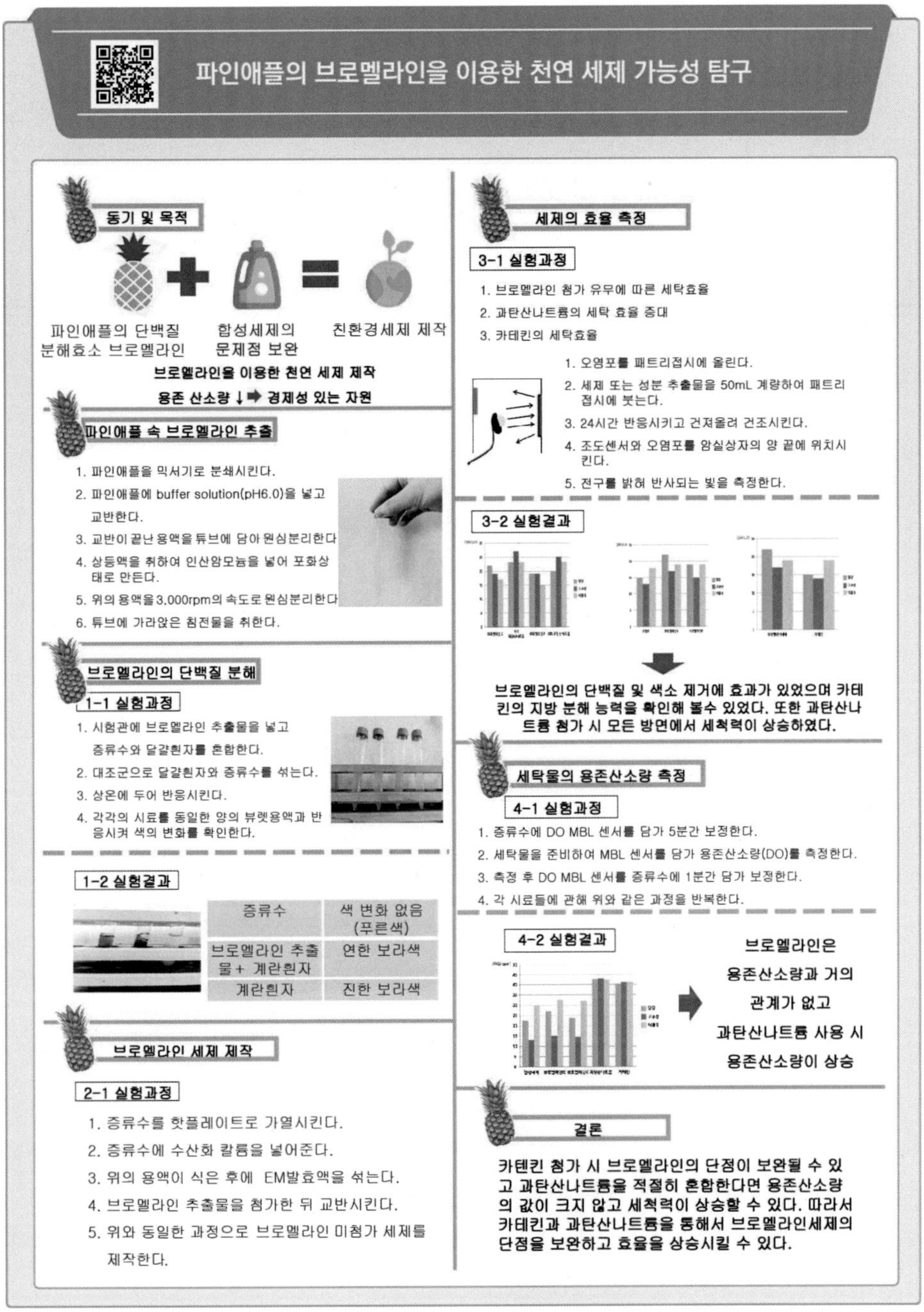

여러분이 이러한 과일이나 채소에 들어있는 효소를 이용한다면 어떤 연구를 할 수 있을지 생각해보자.

제 7 절

선행연구 보고서로 변인 학습을 어떻게 적용할 수 있을까?

지금까지 변인설정과 가설에 대해서 학습하였다. 변인과 가설이 실제 프로젝트 보고서에서 어떻게 적용되는지 알아보는 좋은 방법으로서 선행 연구 보고서를 읽고 요약해보는 것이다. 프로젝트 팀을 구성하기 전에 임시로 팀을 2~4명으로 구성하여 선행연구 보고서를 분석하도록 한다.

가. 팀에서 원하는 선행연구 보고서를 1개씩 선택하도록 한다.

인터넷을 검색하여 선행연구 보고서의 내용을 아래와 같이 A1용지에 요약한다.

1) 선행연구 보고서 주제

2) 내용 요약

3) 가설 및 변인

4) 결과

5) 결론

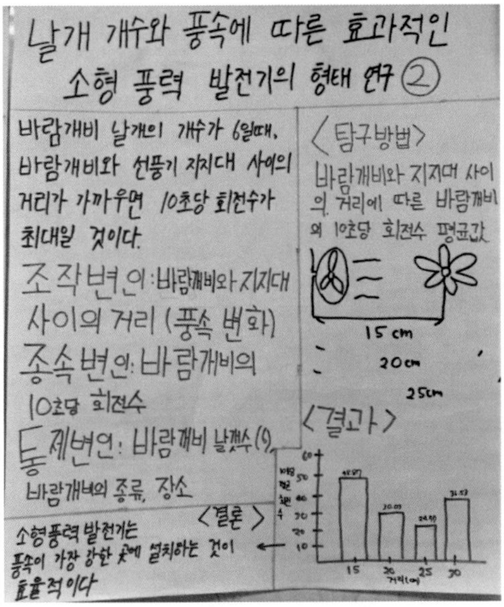

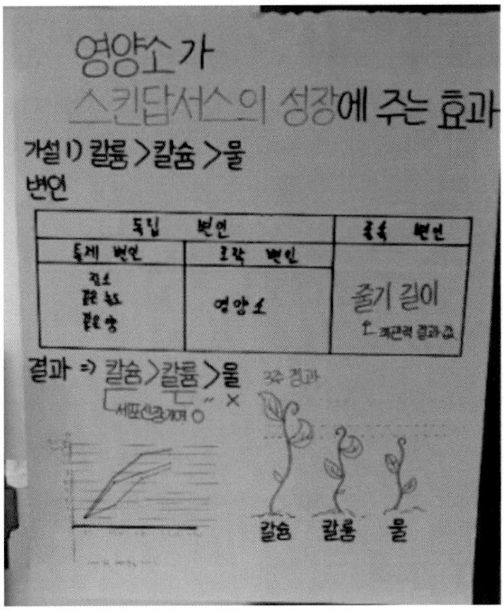

▲ A1용지에 선행연구 분석하기 및 발표

나. 팀별로 발표한다.

다. 질문 및 대답을 한다.

PART

05

프로젝트 주제 찾기

시작이 반이라는 말이 있다. 프로젝트의 처음 시작은 주제 찾기에서 출발한다. 주제를 찾아 계획서를 작성하면 프로젝트 학습활동의 반이 완성되었다고 말할 수 있다. 그 이유는 학생들이 계획서를 작성하면, 자신들이 선정한 주제를 어떤 실험을 통해 증명할 것인지, 어떤 도구를 사용하여 정확한 결괏값을 얻을 것인지가 결정되기 때문이다.

따라서 프로젝트 전체 활동 중에서 주제 찾기는 프로젝트 진행 과정에서 가장 중요한 단계이다. 이 학생들은 주제 찾기 과정을 잘 수행해야 다음 단계인 계획서 작성, 연구 실행, 보고서 작성으로 진행할 수 있다.

주제찾기 과정은 모든 학생이 동일한 시간 내에 끝낼 수 있는 것이 아니라 팀을 구성하는 학생 개인마다 다르다. 따라서 어떤 팀에서는 주제를 선정하는데 많은 시간이 걸리지 않고 연구 실행을 어떻게 진행할 것인지를 결정하는 반면, 어떤 팀에서는 많은 시행착오를 거치면서 주제 선택에 어려움을 겪기도 한다. 이 주제 찾기 과정에서 중요한 것은 팀원들이 좋아하는 영역을 주제로 선정하는 것이다.

주제찾기 과정 이후 실제 프로젝트 연구 실행에서 학생들이 기대했던 결과가 나오지 않는 경우가 있다. 이러한 어려움에 부딪혔을 때 극복할 수 있는 것은 자신들이 좋아하는 영역을 프로젝트 주제로 선정하기 때문이다. 따라서 교사는 최대한 학생들이 좋아하는 주제를 선택하도록 조언하고 돕는다.

학생들은 주제찾기 활동에서 여러가지 책이나 인터넷을 검색하면서 주제와 관련된 많은 정보와 지식을 배우게 된다. 따라서 교사는 학생에게 주제 찾기과정이 다양한 지식을 학습하는 시간이라는 것을 알도록 해야 한다. 주제 찾기 과정을 소홀히 하여 이후 주제선정과 프로젝트 실행으로 이어지는 일련의 과정에서 집중하지 못하고 프로젝트 활동 과정에서 방관자가 되지 않도록 주제 찾기 활동에 집중하도록 해야 한다.

주제 찾기와 선행연구를 충실하게 하게 되면 주제와 관련된 지식과 정보 및 상식이 풍부해져 프로젝트 진행과정에서 팀원과 함께 자신이 해야할 역할, 협력의 필요성을 알게 되며 프로젝트 학습 방법과 참여에 대해 긍정적이고 적극적 태도를 갖게 된다.

제1절

주제 찾기는 어떤 과정으로 이루어지는가?

주제선정 과정은 주제 아이디어 찾기, 가주제 선택, 자료검색, 최종 주제선정의 과정으로 이루어진다. 주제를 검색한다는 것은 본인이 좋아할 수 있고, 본인의 진로를 생각해서 그 분야로 선정하는 것도 좋지만, 본인의 진로를 확정하지 못하고 있는 학생들이 많이 있다. 실제로 주제를 찾는 과정에서 학생 자신의 관심이 있는 주제를 선정하고, 프로젝트를 수행하는 과정에서 자신의 진로를 발견하는 경우도 많이 있다.

주제 아이디어 찾기 → 가주제 선택 → 자료 수집 → 최종 주제 선정

주제를 찾기 위해서는 주제가 될 수 있는 아이디어를 찾는 것부터 시작한다. 이 활동은 주제 아이디어 찾기이다. 아래에 주제 관련 아이디어를 찾는 방법 4가지를 자세히 제시하였다. 가주제란 자신이 관심이 있고 흥미가 있는 분야의 소재 2~3개를 정하여 관련 정보를 찾아 정한 임시 주제를 말한다. 이 가주제[1]에 대해서 책과 인터넷을 검색하여 자료를 수집하여 자세히 알아본 후에 최종 주제를 선정한다.

1) 가주제: 주제찾기 과정에서 2~3개의 임시적으로 주제를 선택하여 이 중에서 최종주제를 선정한다.

제2절

주제 찾기 시간은 얼마나 필요한가?

주제 찾기는 생각보다 많은 시간이 요구된다. 프로젝트의 시간에 따라서 달라질 수 있지만 일반적으로 프로젝트 활동 전체 시간이 20시간일 경우 주제 찾기는 6시간 내외로 진행되며, 프로젝트 수업의 전체 시간이 30시간일 경우 8~10시간 정도의 주제 찾기를 하게 된다. 프로젝트 전체 시간의 1/3~1/4시간 동안 주제찾기 활동을 함으로써 실제 프로젝트 실행과정에서 시행착오를 많이 줄일 수 있다. 프로젝트 계획서 작성 시간까지 포함하면 약 40시간 정도 요구된다.

주제 찾기 활동은 학생들이 다양한 분야의 지식과 개념을 많이 학습할 수 있는 시간이다. 이때 학생들은 자신들이 생각한 주제로 프로젝트를 진행하기 위하여 알아야 할 기본적인 지식을 공부하고, 연구를 진행하는 방법을 찾으며 객관적인 데이터를 얻는 데 필요한 기기나 도구를 사용하는 방법을 익히는 등 스스로 많은 것을 배운다.

제3절

주제 찾기 할 때 고려해야 할 것은 무엇인가?

프로젝트 학습은 정규수업과는 다르게 많은 시간 동안 진행되기 때문에 주어진 시간 또는 기간 내에 학습 활동이 충분히 이루어져 의미있는 결과를 얻는 데 노력하게 하게 된다. 따라서 아래와 같은 요소를 고려하면서 주제 찾기를 하게 되면 시행착오를 줄일 수 있다.

가. 프로젝트 주제를 실행 및 완료하는 데 주어진 기간이 적당한가?
나. 프로젝트 주제를 실행하는 데 필요한 도구와 재료가 지나치게 비싼가?
다. 프로젝트를 수행할 때 도구나 재료가 위험한 요소가 있는가?
라. 프로젝트 주제 관련 배경지식을 찾을 수 있는 책, 인터넷 자료가 많은가?

제4절

주제를 찾는 과정에서 학생들은 무엇을 배우게 되는가?

주제찾기는 주제에 대한 기초적인 지식과 정보를 풍부하게 제공해 준다. 주제찾기 활동에서 학생들은 학습 활동에 대한 주도성을 배우게 된다. 주제찾기에서 배우는 것을 정리하면 다음과 같다.

가. 자신의 최종 주제에 관해서 많은 배경지식을 알게 된다.

나. 주제 관련 선행연구를 탐구하면서 보고서의 구성요소와 체계를 알게 된다.

다. 주제 관련 내용을 동료 및 팀원과 논의하면서 서로의 공통 관심사를 확인하게 된다.

라. 주제와 관련이 없는 내용도 찾게 되면서 때로는 다른 영역의 주제를 결합시켜 융합된 내용으로 프로젝트를 수행하는 능력을 배우게 된다.

마. 다양한 주제를 찾는 과정에서 주제 관련 내용을 알게 되어 프로젝트 주제와 관련된 상식이 풍부해진다.

바. 다양한 지식과 사실을 알게 되어 시행착오를 줄인다. 주제 찾기 과정에서 다른 연구에서 시행착오 사실을 발견할 수 있다

사. 주제 관련 이슈에 대해서 많은 내용을 읽게 되면서 자연스럽게 실제 프로젝트 수행의 가능성을 추측하게 해준다.

제5절

주제 관련 아이디어는 어디에서 찾을 수 있을까?

주제를 찾는 일은 생각보다 쉬운 일이 아니다. 이것은 바다 한가운데에서 어디로 가야 할지 모르는 나침반 없는 배에 비유할 수 있다. 나침반이 없으면 스스로 방향을 찾아서 이동할 수밖에 없다. 프로젝트도 마찬가지로 처음 시작할 때 주제를 정하지 않으면 어떤 것도 할 수 없다. 즉, 아무것도 연구할 수 없는 것이다. 프로젝트를 수행하는 학생들에게는 주제가 마치 등대와 같이 나아가야 할 방향과 수행해야 할 과제를 찾게 해준다.

학생들이 주제를 찾도록 하기 위해서는 주제를 찾을 수 있는 경로를 안내해야 한다. 교사로서 학생에게 존재감을 보여줄 수 있는 것이 바로 주제를 찾는 경로를 알려주는 것이다. 주제 관련 아이디어를 찾는 방법 5가지를 제시하면 아래와 같다.

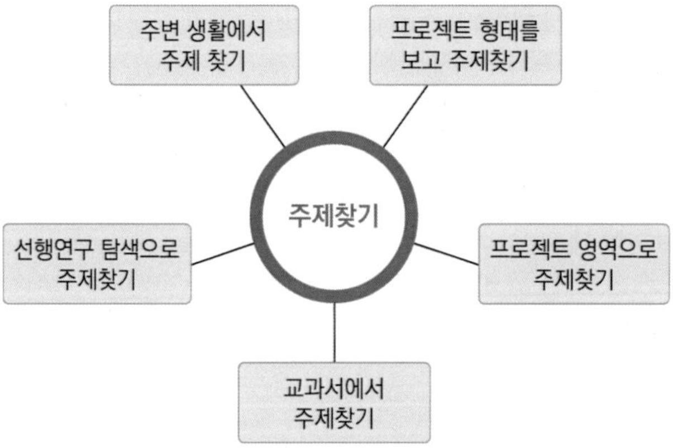

가. 생활 주변에서 주제 찾아보기

학생들이 생활 주변에서 주제가 될 수 있는 소재를 찾아보도록 하는 것이다. 초등학생이나 중학교 저학년 학생들이 좋아하고 주제 관련 소재를 쉽게 찾을 수 있는 장점이 있다.

나. 프로젝트 형태에서 주제 찾아보기

과학에서 프로젝트 형태는 크게 4가지로 구분할 수 있다. 변인을 통제해서 수행하는 실험 프로젝트와 변인을 통제하지 않고 학생의 관심과 흥미를 중심으로 수행하는 모형제작 프로젝트, 조사연구 프로젝트, 발명 프로젝트가 있다.

다. 프로젝트 수행 영역에서 주제 찾아보기

앞에서 설명한 것과 같이 과학에서 프로젝트 영역은 모두 8개로서 물리, 화학, 생물, 지구 및 환경, 전통과학, IT, 의학 및 보건, 산업 및 에너지 분야가 있다. 학생들에게 영역별 프로젝트를 제시하여 자신의 성향과 관심에 따라 프로젝트를 주제 관련 소재를 찾을 수 있다.

라. 선행연구에서 주제 찾아보기

국회 전자도서관, 전국과학전람회, 특허청 정보검색 서비스, SNS의 검색 서비스를 이용하여 프로젝트 보고서, 출품한 프로젝트를 자신이 관심이 있는 주제를 검색하여 찾아 주제 관련 소재를 찾는다.

마. 교과서에서 주제 찾기

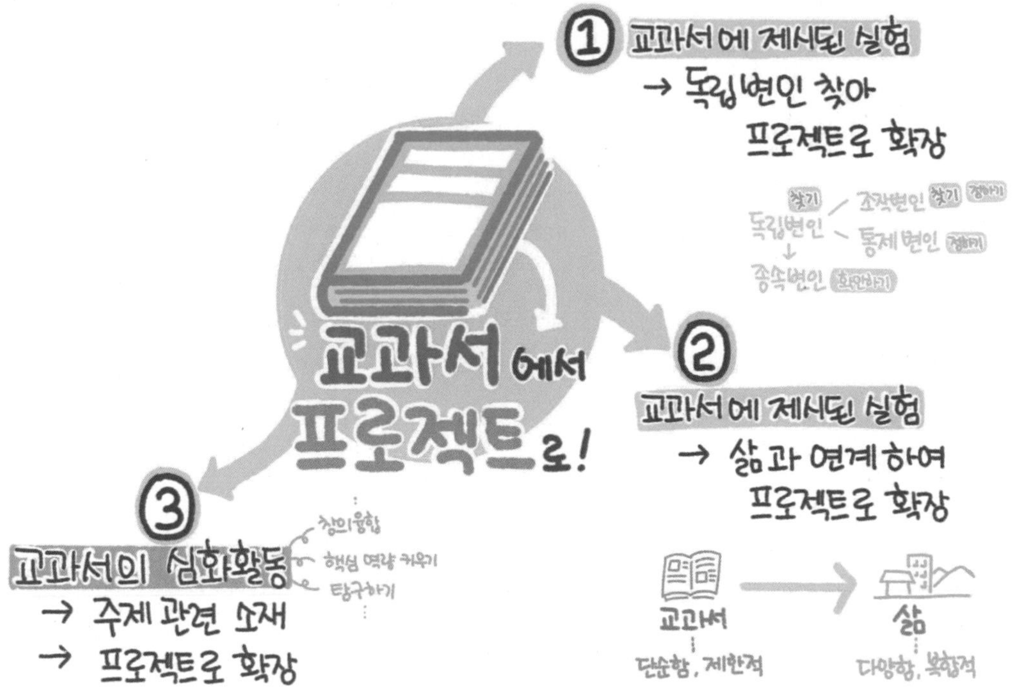

교과서에는 다양한 실험활동과 심화활동이 제시되어 있다. 교과서에서 프로젝트로 확장시켜 주제를 찾는 방법은 3가지가 있다.

1) 교과서에 제시된 실험에서 독립변인을 찾아 프로젝트로 확장하기

교과서에 제시된 대부분의 실험은 결과에 영향을 줄 수 있는 독립변인이 있다. 독립변인을 모두 찾아 그중에서 하나를 선택하여 실험의 결과에 영향을 주는 것이 조작변인이 되며 그 결과가 종속변인이 되는 것이다. 독립변인과 종속변인 및 통제변인의 수준을 정하여 실험을 확장할 수 있다. 이처럼 교과서에 제시된 실험에서 프로젝트 형태로 실험할 수 있다.

2) 교과서에 제시된 실험을 실제로 삶과 연계시켜 프로젝트로 확장하기

교과서에 제시된 실험은 매우 단순화시켜 교실 또는 실험실에서 할 수 있도록 제한된 실험을 할 수 있도록 설계되어 있다. 이러한 실험의 원리를 얼마든지 교실이나 실험실 밖에 적용하여 프로젝트의 형태로 확장시킬 수 있다.

초등학교 교과서 내용을 프로젝트로 확장하기
초등학교 교과서에서 고체 물질의 열전도 빠르기를 측정하는 실험이 제시되어 있다. 이 실험을 실제 생활과 연계하여 확장하는 주제를 예시로 제시하면 다음과 같다. • '물질의 재질에 따른 열 전도성 측정' • '냄비 손잡이의 비밀을 찾아서' • '우리 조상들은 왜 찌개를 뚝배기에 끓였을까?-뚝배기의 비밀'
증산작용과 줄기를 통한 물의 이동을 실험이 제시되어 있다. 이 실험을 실제 생활과 연계하여 확장시키는 주제를 예시로 제시하면 다음과 같다. • '식물의 증산작용을 빠르게 하는 요인 탐구' • '증산작용이 가장 빨리 일어나는 식물 찾기' • '식물을 통한 실내의 습도 조절 탐구'
중학교 교과서 내용을 프로젝트로 확장 시키기
교과서에 용수철저울과 추를 이용하여 물에 넣어서 부력을 측정하는 실험이 제시되어 있다. 이 실험을 실제 생활에 확장하는 2가지 예시를 제시하면 아래와 같다. • '배가 물에 잠긴 깊이에 따라 부력의 변화' 알아보기 • '배에 물건을 싣는 적재량에 따라 부력의 변화' 알아보기 • '열대식물 빅토리아 크루지아나(Victoria cruziana)의 부력의 크기 측정'
고등학교 교과서 내용을 프로젝트로 확장 시키기
고등학교 1학년 통합과학 교과서에서 산과 염기를 섞었을 때의 변화를 관찰하는 실험이 제시되어 있다. 이 실험을 실제 생활과 연계하여 확장시키는 주제를 예시로 제시하면 다음과 같다. • '산과 염기가 중화되었다는 것을 확인할 수 있는 방법 탐구' • '토양의 산성도에 따른 수국꽃 색깔 변화의 비밀' • '비닐하우스에서는 왜 같은 작물을 계속 재배할 수 없을까?'

3) 교과서의 심화활동에서 주제 관련 소재를 찾아 프로젝트로 확장시키기

교과서에는 심화활동이 다양하게 제시되어 있다. “창의 융합”, “핵심 역량 키우기”, “해보기”, “탐구하기”, “과학적 문제 해결력” 코너 등의 활동이 제시되어 있다.

중학교 1학년 과학의 경우 “여름에 음식물 쓰레기통의 냄새 해결하기”에서 냄새를 해결하기 위한 과학적인 방법을 제시하는 심화학습 과제가 제시되어 있다. 이와 관련하여 음식물 쓰레기 냄새를 처리하기 위한 다양한 방법을 찾아보면서 프로젝트 관련 소재를 찾아 확장할 수 있다.

제6절

생활 속에서 프로젝트 주제 관련 소재를 어떻게 찾는가?

가. 나는 어떤 주제 아이디어를 갖고 있는가? (양식)

관찰	□ 등굣길에 새롭게 관찰한 것이 있는가?
	□ 여행하면서 관심이 있게 보거나 들은 것이 있는가?
독서 또는 대화	□ 과학 잡지, 교과서, 독서에서 관심이 있게 읽은 내용이 있는가?
	□ TV나 유튜브 영상에서 흥미롭게 들은 이야기가 있는가?
	□ 가족 또는 친구와 대화에서 흥미롭게 들은 이야기가 있는가?
취미 활동	□ 한가할 때 혼자 또는 친구들과 재미있었던 것이 있는가?
	□ 취미로 모아 놓은 것이 있는가?
	□ 운동하면서 흥미롭게 느낀 것이 있는가?
	□ 요즘 나의 관심을 끄는 것이 있는가?

나, 주제 관련 소재 찾기 양식 쓰기 원칙

1) 혼자 곰곰이 생각하도록 한다.
2) 옆 동료와 말을 하지 않는다.
3) 2명 또는 모둠활동을 하지 않고 혼자 쓴다.
4) 먼저 9개의 항목을 모두 읽도록 한다.
5) 자신에게 해당하는 2~3개 정도의 항목을 선택하고 ㅁ에 체크 표시를 한다.
6) 체크 표시된 항목에 집중하여 질문에서 요구하는 생각을 자세히 쓴다.

다. 발표 방법

1) 먼저 양식에 작성한 내용을 짝꿍에게 설명한다.
2) 전체 동료에게 발표한다.
3) 궁금한 것이 있는 경우 발표자에게 질문하여 추가 설명을 요구한다.

생활 속에서 주제 관련 소재를 찾는 방법은 모든 학교급에 적용할 수 있으나 특히 초등학교나 중학교 학생들에게 쉽고 재미있게 주제 관련 소재를 찾을 수 있는 장점이 있다. 이 양식에 제시된 질문을 짧은 시간 동안에 과거에 경험한 사례를 생각하기가 쉽지 않을 수 있다. 따라서 수업 시간에 이 양식을 작성하여 끝내는 것이 아니라 학생이 가지고 다니거나 '프로젝트 탐구 노트'에 붙여놓고 가지고 다니면서 질문과 관련된 생각을 하도록 하여 최대한 생활 속에서 주제 관련 소재를 찾아 아이디어를 얻을 수 있도록 한다. 특히 부모, 친지, 친구들에게 질문하여 주제 관련 소재에 대해서 함께 협력적으로 찾을 수 있다.

제 7 절

프로젝트 활동 형태에서 주제 관련 소재를 어떻게 찾는가?

가. 프로젝트 활동 형태에서 소재를 어떻게 찾는가? (양식)

실험 관련 소재	평소에 주변 현상에 대해서 궁금하게 생각했던 것이 있었는가?
	평소에 실험해보고 싶었던 것이 있었는가?
모형제작 관련 소재	주변 현상이나 교과서 내용에 대해서 이해가 잘 안 되었던 것이 있었는가?
	크기가 너무 작거나 커서 잘 안보여서 불편했던 것이 있었는가?
조사연구 관련 소재	평소에 궁금하여 자세히 조사해서 알고 싶은 것이 있었는가?
발명 관련 소재	평소에 생활하면서 불편했던 것이 있었는가?
	주변 물건을 좀 더 편리하게 만들어 보고 싶은 것이 있는가?

나, 주제 관련 소재 찾기 양식 쓰기 원칙

1) 먼저 7개의 항목을 모두 읽는다.
2) 자신에게 해당하는 2~3개 정도의 항목을 선택하고 ㅁ에 체크 표시를 한다.
3) 옆 동료에게 질문을 하고 의견을 주고받으면서 소재를 이야기한다.
4) 관련된 내용을 인터넷과 교과서를 찾아보면서 쓴다.
5) 체크 표시된 항목에 집중하여 질문에서 요구하는 생각을 자세히 쓴다.

다. 발표 방법

1) 먼저 양식에 작성한 내용을 짝꿍에게 설명한다.
2) 전체 동료에게 발표한다.
3) 동료는 궁금한 것이 있는 경우 발표자에게 질문하여 추가 설명을 요구한다.
4) 관련 자료를 찾아보도록 한다.

제8절

교과서에서 주제를 어떻게 찾는가?

가. 초등학교 교과서에서 주제 찾기

예시 1 연소와 소화

초등학교 5~6학년군 과학의 연소와 소화 단원에서 물질이 탈 때 나타나는 공통적인 현상을 관찰하고, 연소의 조건을 찾는데 있어서 양초의 연소를 탐구 내용으로 하려고 한다. 연소의 조건과 관련지어 소화 방법을 제안하고 화재 안전 대책에 대해 토의할 수 있다

---

1. 가설

가. 양초가 탈 때 공기가 필요할까?
나. 양초가 탈 때 발생하는 기체는 어떤 성질을 가질까?

2. 변인 설정

가. 공기의 양에 따른 양초의 연소시간 확인

독립변인		종속변인
통제변인	조작변인	
양초의 길이, 양초의 두께,	덮는 비커의 크기	양초의 불이 꺼지는 데 걸리는 시간

나. 양초가 탈 때 생기는 기체의 성질 확인

독립변인		종속변인
통제변인	조작변인	
양초의 두께, 덮는 비커의 크기	양초의 길이	양초의 불이 꺼지는 데 걸리는 시간

3. 실험 설계

가. 공기의 양에 따른 양초의 연소시간 확인

1) 준비물

□ 길이가 같은 양초 3개	□ 크기가 다른 비커 3개 (500mL, 1000mL, 2000mL)
□ 스톱워치(스마트폰으로 대체 가능)	□ 라이터

2) 실험 과정

① 크기가 서로 같은 양초 3개를 준비한다.

② 크기가 서로 다른 비커 3개를 준비한다.(500mL, 1000mL, 2000mL)

③ 양초 모두에 불을 붙인 후, 크기가 다른 비커를 각각 덮어씌운다.(동시에 한다.)

(가) (나) (다)

④ 각 비커 속 양초의 불이 꺼지는데 걸리는 시간을 측정한다.

⑤ 같은 실험을 3회 반복한다.

나. 양초가 탈 때 생기는 기체의 성질 확인

1) 준비물

□ 길이가 다른 양초 3개 (5cm, 10cm, 15cm)	□ 크기가 같은 비커 3개 (2000mL)
□ 액스톱워치(스마트폰으로 대체 가능)	□ 라이터

2) 실험 과정

① 크기가 서로 다른 양초 3개를 준비한다.(5cm, 10cm, 15cm)

② 크기가 서로 같은 비커 3개를 준비한다.(2000mL)

③ 양초 모두에 불을 붙인 후, 크기가 같은 비커를 각각 덮어씌운다.(동시에 한다)

(가) (나) (다)

④ 각 비커 속 양초의 불이 꺼지는데 걸리는 시간을 측정한다.

⑤ 같은 실험을 3회 반복한다.

4. 실험 결과

가. 공기의 양에 따른 양초의 연소시간 확인

비커 / 측정 횟수	(가)	(나)	(다)
1회(s)			
2회(s)			
3회(s)			
평균(s)			

– 결과를 그래프로 나타내보자. 어떤 그래프를 사용하는 것이 좋을까?(꺾은선 그래프, 막대그래프, 원형그래프)

※ 연속적인 변인이며(공기의 양을 늘려감), 실험값으로 그 이후의 값을 유추할 수 있으므로 꺾은선 그래프를 사용한다.

1) 가장 빨리 불이 꺼지는 양초는 무엇인가?

2) 가장 빨리 촛불이 꺼지는 이유는 무엇이라고 생각하는지 토론해보자.

※ 비커의 크기가 작으면 양초에 공급되는 공기의 양이 쓰고, 비커의 크기가 크면 양초에 공급되는 공기의 양이 많다는 것을 확인하도록 한다.

나. 양초가 탈 때 생기는 기체의 성질 확인

비커 / 측정 횟수	(가) 양초의 길이 5cm	(나) 양초의 길이 10cm	(다) 양초의 길이 15cm
1회(s)			
2회(s)			
3회(s)			
평균(s)			

– 결과를 그래프로 나타내보자. 어떤 그래프를 사용하는 것이 좋을까? (꺾은선 그래프, 막대그래프, 원형 그래프)

※ 양초의 길이에 따라 연속적인 값을 얻기는 어려우므로 막대그래프를 사용한다.

1) 가장 빨리 불이 꺼지는 양초는 무엇인가?

2) 공기는 동일하게 공급되는데, 가장 빨리 촛불이 꺼지는 이유는 무엇이라고 생각하는지 토론해보자.

※ 같은 크기의 비커를 사용하면 촛불이 타는 시간도 비슷해야 한다. 가장 낮은 높이의 초가 가장 빨리 꺼진다면 초가 타서 발생하는 기체가 공기보다 무거워 아래로 가라앉으며, 불이 꺼지게 하는 성질이 있다고 볼 수 있다. 가장 높은 높이의 촛불이 꺼진다면 초가 타서 발생하는 기체가 뜨거우므로 위로 가게 되며, 불이 꺼지게 하는 성질이 있다고 볼 수 있다.

다. 두 가지 실험 결과로 볼 때 촛불이 타는 데 영향을 주는 물질이 무엇인지 토론해보자.

※ 촛불이 타는 데 영향을 주는 물질은 공기이며, 공기 중에서 산소가 그 역할을 한다.

나. 초등학교 교과서에서 주제 찾기

예시 2 온도와 열

초등학교 3~4학년군 과학의 온도와 열에서는 고체 물질의 종류에 따라 열이 전도되는 빠르기를 관찰을 통해 비교하도록 제시하고 있다. 이 내용을 탐구와 연계하고, 일상생활에서 단열을 이용하는 예를 조사하도록 확장하였다.

---

1. 가설

– 열이 빠르게 전달되는 물질은 무엇일까?

2. 변인통제

독립변인		종속변인
통제변인	조작변인	
물질의 길이, 물질의 두께, 열을 가하는 정도, 열을 가하는 시간, 열을 가하는 위치, 온도를 측정하는 위치, 온도계와 온도를 측정하는 위치와의 거리	물질의 종류	

3. 실험 설계

가. 물질의 재질에 따른 열 전도 정도 확인

1) 준비물

□ 길이와 두께가 같은 막대 (철, 알루미늄, 구리)	□ 적외선 온도
□ 스톱워치(스마트폰으로 대체 가능)계	□ 가열 토치

2) 실험 과정

① 길이와 두께가 서로 같은 막대(봉) 3개를 준비한다.

② 그림과 같이 장치한다.

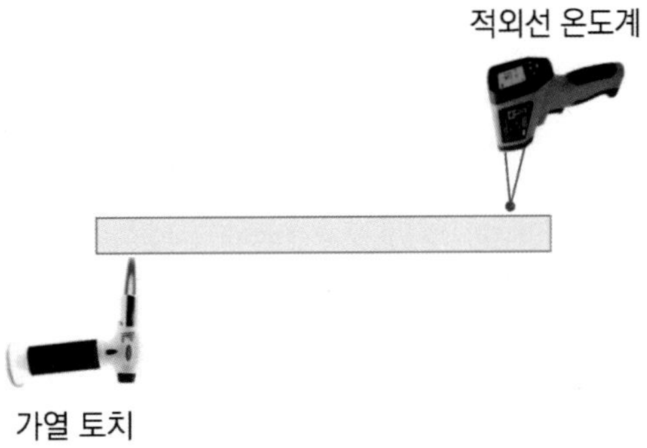

③ 한쪽에는 토치로 가열하고, 반대쪽은 적외선 온도계로 온도를 측정한다.
④ 30초에 한 번씩 온도를 측정한다. 5분간 측정한다. (10회 측정)
⑤ 막대가 완전히 식은 후에 같은 실험을 3회 반복한다.
⑥ 다른 재질의 막대로 같은 실험을 반복한다.

4. 실험 결과

가. 철 막대

비커 / 측정 횟수	30초	60초	90초	120초	150초	180초	210초	240초	270초	300초
1회(s)										
2회(s)										
3회(s)										
평균(s)										

나. 알루미늄 막대

비커 / 측정 횟수	30초	60초	90초	120초	150초	180초	210초	240초	270초	300초
1회(s)										
2회(s)										
3회(s)										
평균(s)										

다. 구리 막대

비커 / 측정 횟수	30초	60초	90초	120초	150초	180초	210초	240초	270초	300초
1회(s)										
2회(s)										
3회(s)										
평균(s)										

- 결과를 그래프로 나타내보자. 어떤 그래프를 사용하는 것이 좋을까? (꺾은선 그래프, 막대그래프, 원형그래프)

※ 연속적인 변인이며(시간에 지날수록 온도가 올라감), 실험값으로 그 이후의 값을 유추할 수 있으므로 꺾은선 그래프를 사용한다. (가, 나, 다는 각각 색을 다르게 해서 그린다.)

5. 결론

가. 열의 전달이 가장 잘 되는 물질은 무엇인가?

나. 이러한 열전달 성질을 이용하여 우리가 유용하게 사용하고 있는 물건들을 찾아보자.

1) 열전달이 잘되는 성질 이용

2) 열전달이 안되는 성질 이용

※ 열전달이 잘되는 물질의 대표적인 것이 가열에 사용하는 주방용품이다. 열전달이 잘 안되는 성질을 이용한 것이 냄비의 손잡이이다.

6. 열전달의 성질을 이용하는 새로운 물건을 만들어보자.

다. 중학교 교과서에서 주제 찾기

예시 1 양분을 만드는 광합성

광합성에 필요한 물질 알아보기

숨을 불어넣어 파란색에서 노란색으로 변한 BTB용액을 시험관 (가)~(다)에 넣어 그림과 같이 장치하고 BTB용액의 색깔을 관찰한다.

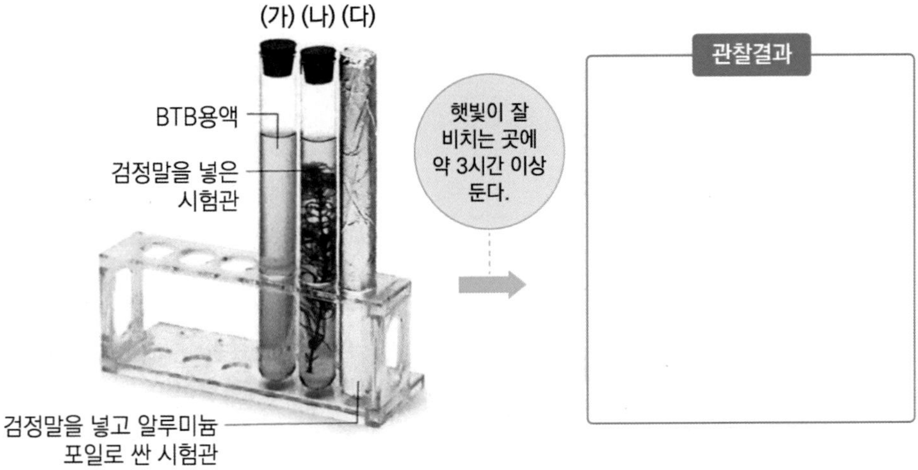

시험관 (나)와 (다)의 색깔 변화를 관찰하고, 색깔 변화가 일어나는 까닭을 설명해 보자.

이 실험은 햇빛의 조건에서 이산화탄소가 광합성을 하는 데 필요한 물질인지 알아보는 실험이다. 이 실험을 확장하면 프로젝트 주제가 될 수 있다.

[광합성에 필요한 조건 탐구]

1. 가설

가. 이산화탄소의 양이 많을수록 광합성이 잘 일어날 것이다.
나. 빛의 세기가 셀수록 광합성이 잘 일어날 것이다.

2. 변인 설정

가. 이산화탄소의 양에 따른 광합성 정도 확인

독립변인		종속변인
통제변인	조작변인	
빛의 세기, 식물(검정말)의 크기, 물의 양, 물의 온도, 다른 기체의 양	이산화탄소의 양	광합성 정도 (발생한 산소의 양)

나. 빛의 세기에 따른 광합성 정도 확인

독립변인		종속변인
통제변인	조작변인	
이산화탄소의 양, 식물(검정말)의 크기, 물의 양, 물의 온도, 다른 기체의 양	빛의 세기	광합성 정도 (발생한 산소의 양)

3. 실험 과정

가. 이산화탄소의 양에 따른 광합성 정도 확인

1) 예비 실험: LED등이 물의 온도를 올리는지 확인
① LED등을 준비한다. (거리에 따라 조도 측정)
② 100mL 시험관에 80mL의 물을 담고 시험관 꽂이에 넣는다.
③ MBL 온도계를 꽂은 고무마개로 막는다.
※ MBL이 없으면 디지털 온도계를 사용한다.

④ 30초에 한 번씩, 30분간 온도 변화를 측정하도록 준비한다
⑤ LED등을 비추면서 온도 변화를 확인한다.
⑥ 온도가 올라가면 조도를 낮추어서 실험을 반복하여 온도 변화가 없는 조건을 찾는다.

2) 본실험
① 적정 조도의 LED등을 준비한다.
② 3개의 100mL 시험관에 80mL의 물을 담고 시험관 꽂이에 넣고 라벨링 한다.
③ 1번, 2번, 3번 시험관에 같은 크기의 검정말을 넣는다
④ 1번에는 아무것도 넣지 않고, 2번에는 빨대로 숨을 10회 불어넣고, 3번에는 숨을 20회 불어넣는다.
⑤ MBL DO(용존산소) 기기를 꽂은 다음 고무마개로 막는다.
⑥ 30초에 한 번씩, 30분간 DO 변화를 측정하도록 준비한다.
⑦ LED등을 비추면서 DO 변화를 확인한다.
※ DO(용존산소)기기가 3개가 있으면 동시에 실험을 진행하고 1개만 있으면 순차적으로 실험을 진행한다.

나. 빛의 세기에 따른 광합성 정도 확인

① 3개의 100mL 시험관에 80mL의 물을 담고 시험관 꽂이게 넣고 이름을 붙인다.
② 1번, 2번, 3번 시험관에 같은 크기의 검정말을 넣는다
③ 1번을 은박지로 싸고, MBL DO(용존산소) 기기를 꽂은 고무마개로 막는다.
④ 30초에 한 번씩, 30분 간 DO 변화를 측정하도록 세팅하고 30분 간 값의 변화를 확인한다.
⑤ 2번은 조도기(센서)로 600lux(조도는 원하는 대로 바꾸면 된다)의 빛을 비추면서 ④의 실험을 반복한다. 이때 거리로 빛의 세기를 조절할 수 있다.
⑥ 3번은 조도센서로 1000lux(조도는 원하는 대로 바꾸면 된다)의 빛을 비추면서 ④의 실험을 반복한다.
⑦ 실험 결과를 비교한다.
※ 최고 빛의 세기는 실험 [가]에서 온도 변화가 없는 빛의 세기로 한다.

라. 중학교 교과서에서 주제 찾기

예시 2 등속운동과 자유낙하 운동

등속 운동 분석

탐구: 자료 분석 및 해석
준비물: 자, 연필, 지우개

무엇을 알아볼까 등속 운동을 하는 물체의 시간-이동 거리, 시간-속력 관계를 표현할 수 있다.

어떻게 할까 1. 그림은 등속으로 운동하는 장난감 자동차를 1초마다 연속으로 찍은 사진이다.

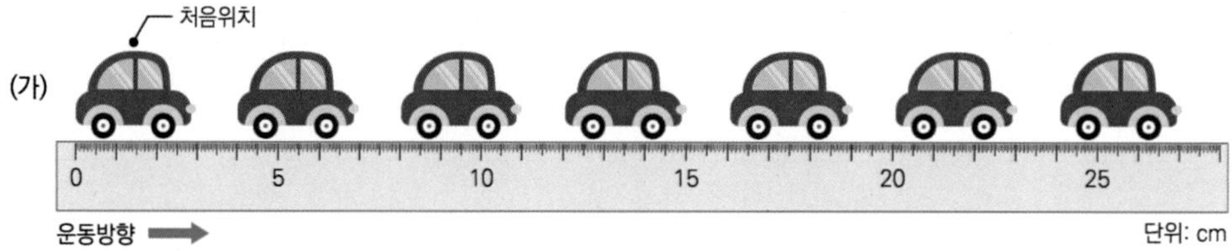

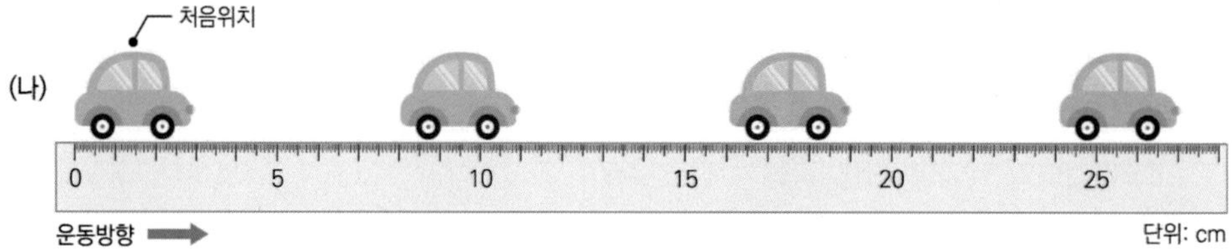

등속운동과 자유낙하 운동은 물체의 운동에 관한 내용이다. 이를 확장시키면 빗면에서의 운동도 나올 수 있고, 사이클로이드도 나올 수 있다.

1. 가설

가. 빗면의 기울기가 클수록 운동 속도가 빠를 것이다.

나. 수레의 무게가 무거울수록 운동 속도가 빠를 것이다.

2. 변인통제

가. 빗면의 기울기에 따른 운동 속도 측정

독립변인		종속변인
통제변인	조작변인	
수레의 크기, 수레의 무게, 빗면의 재질, 수레의 출발 위치,	빗면의 기울기	밀려 나온 나무토막의 거리

나. 수레의 무게에 따른 운동 속도 측정

독립변인		종속변인
통제변인	조작변인	
수레의 크기, 빗면의 기울기, 빗면의 재질, 수레의 출발 위치,	수레의 무게	밀려 나온 나무토막의 거리

※ 운동 속도는 속도 기록계로 측정할 수 있으며, 속도 기록계가 없을 때는 나무토막이나 책 등 구할 수 있는 다양한 재료를 사용할 수 있다. 절대적인 속력을 구하기 위해서는 속도 기록계를 사용해야 하지만 상대적인 속력 비교를 위해서는 위의 종속변인으로 실험해도 된다.

3. 실험설계

가. 빗면의 기울기에 따른 운동 속도 측정

1) 준비물: 빗면, 역학용 수레, 나무토막, 각도기, 자

2) 실험 과정

① 빗면을 15도가 되도록 설치한다.

② 빗면의 끝에 나무토막을 붙인다. (나무토막이 너무 가벼우면 날아갈 수 있으니 적당히 무거운 것으로 준비한다.)

③ 역할용 수레를 맨 위에 위치시킨 후 손을 놓는다.

④ 나무토막의 밀려 나간 거리를 측정한다.
⑤ 같은 실험을 3번 반복한다.
⑥ 빗면의 기울기를 30도, 45도로 바꾸어서 ①~⑤번의 실험을 반복한다.
⑦ 실험 결과를 정리한다.

나. 수레의 무게에 따른 운동 속도 측정

① 빗면을 30도가 되도록 설치한다.
② 빗면의 끝에 나무토막을 붙인다. (나무토막이 너무 가벼우면 날아갈 수 있으니 적당히 무거운 것으로 준비한다.)
③ 역할용 수레를 맨 위에 위치시킨 후 손을 놓는다.
④ 나무토막의 밀려 나간 거리를 측정한다.
⑤ 같은 실험을 3번 반복한다.
⑥ 수레의 무게를 바꾸어서 ①~⑤번의 실험을 반복한다. (수레의 무게를 바꿀 때는 수레에 같이 있는 역학용 추를 사용하면 된다.)
⑦ 실험 결과를 정리한다.

4. 실험 결과

가. 빗면의 기울기에 따른 운동 속도 측정

1) 실험 결과표

빗면의 각도 / 실험 횟수	15도	30도	45도
1회			
2회			
3회			
평균			

– 실험값이 너무 다르게 나오면 다시 실험하여 측정값을 얻는다.

2) 결과를 그래프로 나타내보자. (각도에 따라 연속적으로 변하는 값이므로 꺾은선 그래프를 그리는 것이 더 타당하다.)

3) 결론을 써보자.

나. 수레의 무게에 따른 운동 속도 측정

1) 실험 결과표

수레의 무게 / 실험 횟수	추가 없음	추 1개 추가	추 2개 추가
1회			
2회			
3회			
평균			

– 실험값이 너무 다르게 나오면 다시 실험하여 측정값을 얻는다.

2) 결과를 그래프로 나타내보자. 각도에 따라 연속적으로 변하는 값이므로 꺾은선 그래프를 그린다.

3) 결론을 적어보자.

여기서 내용을 확장하여 생활과 연계시키면 '우리 조상들의 지혜－기와'로 해서 기와의 우수성을 비가 오면 물이 떨어지는 속도를 측정하여 일반 빗면과 비교할 수 있다.

다음 쪽에 제시된 내용은 한옥의 기와가 사이클로이드 곡선으로 되어있어 빗물이 스며들지 않고 바로 흘러내리게 한다는 것을 증명한 실험이다.

'지붕의 형태에 따른 강하 시간과 가속도 비교'는 실제 연구를 진행하여 실험 데이터를 얻은 것이다. 이 연구에서 빗면과 사이클로이드 곡선에서 구슬의 강하 시간을 트랙을 놓는 각도에 따라 비교하였다.

지붕의 형태에 따른 강하시간과 가속도 비교

연구 동기

한옥마을에 있는 한옥들의 지붕 대부분이 사이클로이드 곡선과 흡사한 형태를 띤다는 것을 알게 되었다. 이는 한옥 지붕의 재료의 특성상, 빗물을 최대한 빨리 흘려 보내야 하기 때문이라고 추측할 수 있다. 그 실험을 직접 진행해 보면서, 우리의 조상님들이 빗물 문제를 어떠한 지혜를 사용하여 해결했는지 알아보기 위해 이 실험을 진행하게 되었다.

가설 설정

가. 동일한 시작점과 끝점에서, 사이클로이드 곡선의 강하시간이 가장 빠를 것이다.

나. 30° 경사에서, 사이클로이드 곡선의 강하시간이 빠를 것이다.

다. 60° 경사에서, 직선 코스의 강하시간이 빠를 것 이다.

3가지 트랙 제작

사이클로이드 곡선 트랙

직선 트랙

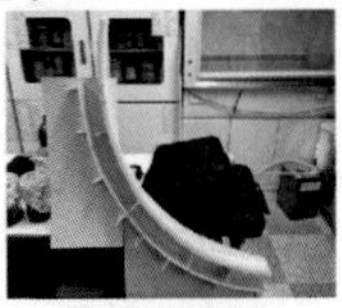

사분원 곡선 트랙

실험 설계

실험 1. 사이클로이드 곡선의 기본 성질 확인

- 사이클로이드 곡선트랙 제작
- 직선트랙 제작
- 사분원 곡선 트랙 제작
- 트랙을 45°로 기울여, 구슬을 굴리고 구간별 강하시간, 속력, 가속도 비교

실험 2. 30° 경사 트랙에서의 강하시간 비교

- 각각의 트랙이 지면과 30°를 이루도록 설치한다.
- 트랙을 3등분하여 포토게이트를 설치한 후, 각 구간별 강하시간과 속력을 구하고, 구간별 가속도까지 구한다.

실험 3. 60° 경사 트랙에서의 강하시간 비교

- 각각의 트랙이 지면과 60°를 이루도록 설치한다.
- 트랙을 3등분하여 포토게이트를 설치한 후, 각 구간별 강하시간과 속력을 구하고, 구간별 가속도까지 구한다.

기울기에 따른 각 트랙별 평균 강하시간, 평균 속력

45° 각도 상태의 트랙에서의 평균 강하시간, 평균 속력 비교

평균 강하시간	사이클로이드 곡선 트랙 < 직선 트랙< 사분원 곡선 트랙
평균 속력	사이클로이드 곡선 트랙 > 직선 트랙> 사분원 곡선 트랙

30° 각도 상태의 트랙에서의 평균 강하시간, 평균 속력 비교

평균 강하시간	사이클로이드 곡선 트랙 < 직선 트랙
평균 속력	사이클로이드 곡선 트랙 > 직선 트랙

60° 각도 상태의 트랙에서의 평균 강하시간, 평균 속력 비교

평균 강하시간	사이클로이드 곡선 트랙 > 직선 트랙
평균 속력	사이클로이드 곡선 트랙 < 직선 트랙

결과 정리

실험 1. 사이클로이드 곡선은 최단곡선이다.

실험 2. 코스의 기울기가 30° 일 때, 사이클로이드 곡선의 강하시간이 더 짧고, 속력이 더 빨랐다.

실험 3. 코스의 기울기가 60° 일 때, 직선코스에서의 강하시간이 더 짧고, 속력이 더 빨랐다.

결론

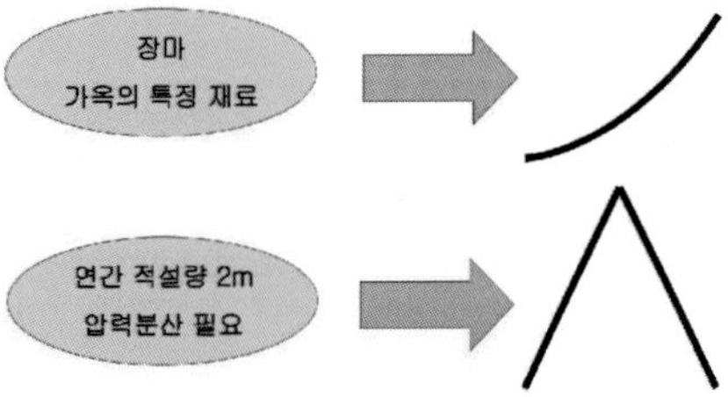

참고문헌

[네이버 지식백과] 사이클로이드 [Cycloid] (위키백과)

[네이버 지식백과] 갓쇼즈쿠리 [合掌造り] (위키백과)

[네이버 지식백과] 가속도 (위키백과)

제9절

선행 연구에서 주제를 어떻게 찾는가?

가. 전국과학전람회를 통한 주제 찾기

STEP.01 국립중앙과학관 검색

1. 포털 사이트에 **국립중앙과학관**을 검색한다.

2. 홈페이지에서 **특별전 행사**를 클릭하고, **전국과학전람회**를 클릭한다.

3 그 후 중간의 메뉴에서 전국과학전람회를 클릭하고 오른쪽 메뉴에서 전람회 통합검색을 클릭하면 작품들을 검색할 수 있다.

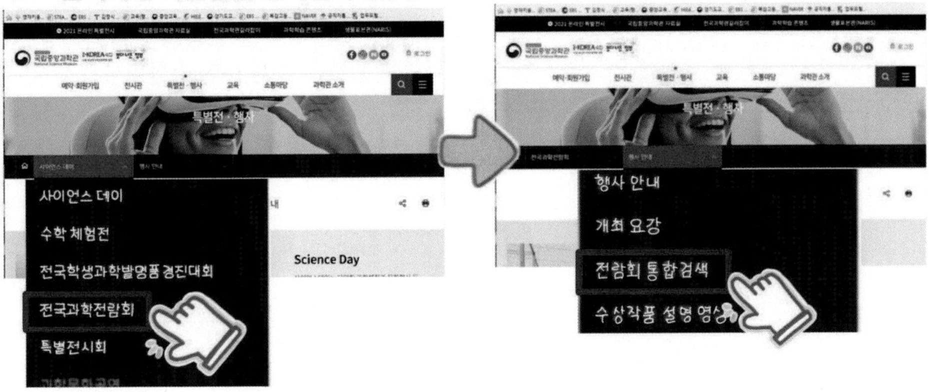

결과 다음과 같이 전국과학전람회 작품을 검색할 수 있다.

전국과학전람회 | 전람회 통합검색

전체 18,271건, 현재 페이지 1/1,828

제목 · 분야선택 · 수상선택 · 검색어를 입력해주세요

번호	연도	분야	제목	지도교사	수상자
18271	2020	물리	3D프린터를 활용한 호루라기 공명현상에...		
18270	2020	물리	3D프린팅을 이용한 프레넬 소리렌즈 제작		
18269	2020	물리	Finger Snap의 음향학적 분석 및 발생 조...		
18268	2020	물리	LC회로 공진과 테슬라코일을 활용한 무선...		
18267	2020	물리	Matlab을 활용한 자기장 시뮬레이터 고안		
18266	2020	물리	강슛! '공의 비행 중 속도 증가현상'의 비밀		
18265	2020	물리	거미줄 구조를 모방한 추락방지 그물 제작...		
18264	2020	물리	과학적 원리를 적용한 택배상자에 대한 탐구		

STEP.02 자료 검색 하기

현재(2021년 기준) 18,000개가 넘는 자료가 있다. 따라서 이를 무작위로 보는 것은 시간 투자 대비 큰 효과를 얻기가 어렵다. 따라서 학생들의 관심 분야나 관심사가 정해지면 그 부분에 치중하여 자료를 찾아보는 것이 좋다.

분야별 검색으로 검색할 수 있는 분야는 아래의 9가지가 있다.

물리	화학	동물	식물	
생물	지구 과학	농림 수산	산업 및 에너지	환경

그 중 환경을 선택해보면 1,229건이 검색이 된다. 이것도 너무 많은 양이다. 따라서 본인이 선택한 소재를 넣어서 검색해보자, 미생물을 검색어로 검색하면 이것도 80건이 검색이 된다.

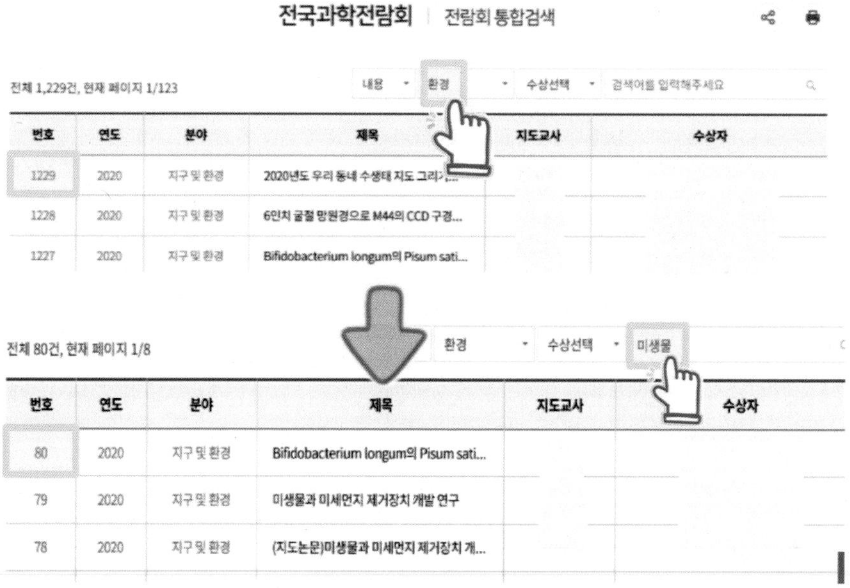

Tip! 여기서 무작위로 보고서를 열어보는 것 보다 제목을 보고 본인이 생각한 것과 가장 유사한 보고서를 열어보자.

Tip! 이때 제목에 (지도논문)이라고 적혀있는 것은 교사가 학생을 지도한 과정이 있는 것이다. 따라서 되도록 제외하고 찾아보는 것이 좋다.

Tip! 원하는 제목의 논문을 클릭하면 연구 개요를 먼저 볼 수 있으므로 본인이 원하는 내용인지 확인이 가능하고, 본인이 원하는 내용이면 첨부파일을 열거나 다운받아 저장할 수 있다.

전국과학전람회 | 전람회 통합검색

미생물과 미세먼지 제거장치 개발 연구

대회명 제66회 전국과학전람회
행사년도
수상자
수상
지도교사
첨부파일 j06620201508.pdf 다운로드 바로보기
j06620201508-1.pdf 다운로드 바로보기

학교 내 미생물과 미세먼지의 연관성에 대해 탐구하던 중 분진흡입기가 필요하게 되었다. 이 분진흡입기를 이용하여 실험을 진행하던 중 분진 흡입기를 사용하여 교내 낙하균을 측정한 결과 분진흡입기 가동 후 배지에서 콜로니가 검출 되지 않았다. 이를 계기로 미생물 및 미세먼지를 제거하는 장치를 연구하게 되었다.

Tip! 국립중앙과학관에서 과학전람회 자료를 보는 것은 회원가입을 하지 않아도 되므로 쉽게 이용이 가능하다.

☑ 자료 활용 방법

전국과학전람회 보고서는 우리가 참고할 수 있는 가장 우수한 연구보고서 중 하나이다. 연구의 방법이나 연구를 하는데 사용한 도구, 결과를 분석하는 방법, 보고서의 체제까지 우리가 연구를 하는데 활용할 수 있는 가장 좋은 참고 문헌이라고 할 수 있다.

연구보고서는 연구를 한 사람들이 가장 잘 알고 있는 것이기 때문에 그냥 읽어보는 것도 좋지만, 연구 과정을 하나하나 분석해서 배운다는 생각으로 보는 것이 도움이 된다.

나. 선행연구 분석을 통하여 주제를 찾아가는 과정 연습하기(양식)

주제	프로젝트 제목을 쓴다.

⬇ 출처: 출처를 기록하여 나중에 결과 보고서를 작성할 때 참고한다.

가설 분석		
가설 분석	가설1: ① 조작변인 : ② 종속변인 : ③ 통제변인:	가설2: ① 조작변인 : ② 종속변인 : ③ 통제변인:
	가설3: ① 조작변인 : ② 종속변인 : ③ 통제변인:	가설4: ① 조작변인 : ② 종속변인 : ③ 통제변인:

⬇ 가설이 많은 경우 추가해서 기록한다. 변인 통제 분석을 여러 번 읽어서 이해하게 되면 그 연구를 활용할 수 있는 방법을 찾을 수 있다.

탐구 설계

〈가설에 따른 탐구 설계를 어떻게 했는지 찾아보자〉

1. 어떤 결과를 얻으려고 실험을 했는가?
   연구의 목적이 이에 해당한다. 연구 목적은 한 가지가 아니라 2~3가지가 될 수 있다.
2. 원하는 결과를 얻기 위하여 사용한 방법은 무엇인가?
   실험 과정이 아니라 실험방법을 쓴다. 실험방법은 결과를 얻기 위한 연구실행이다.
3. 객관적인 결괏값을 얻기 위하여 사용한 도구는 무엇인가?
   데이터를 얻은 도구를 기록한다. 예를 들면 온도계, 초시계가 될 수도 있고, DO(생물학적 상소 요구량) 센서, 초음파 센서, 조도센서 등 다양한 센서 등과 같이 측정 도구를 쓴다.
4. 실험을 통제하기 위하여 어떤 과정을 거쳤는가?
   통제변인에 대해 진술, 대조군이 정확하게 설정되어있는지 확인함으로써 프로젝트 실행력을 높일 수 있다.
5. 원하는 최종 결과는 무엇인가?
   서론 부분에 제시된 연구 목적을 읽고 쓴다.

결과 분석 및 결론	**〈실험에서 얻은 데이터를 사용하여 어떻게 결과를 분석했는지 찾으시오.〉** 1. 각 가설에 따라서 어떤 실험 결과를 얻었는가? 프로젝트의 연구실행을 읽고 쓴다. 2. 전체 실험 결과를 분석하여 어떤 결론을 도출하였는가? 결론 부분을 읽고 쓴다. 연구의 목적에 여러 개의 결과가 있으나 각각의 목적을 통하여 얻는 결론은 한 문단으로 제시되어 있다.

⬇

새로운 연구 계획 1	**〈기존 연구를 활용하여 본인이 연구를 진행한다면?〉** 1. 주제 • 선행연구에서 사용한 소재를 바탕으로 다른 활용도를 정해서 주제를 정할 수 있다. • 같은 주제로 소재를 바꾸어서 새로운 프로젝트의 주제를 찾을 수 있다. 예를 들어 굴 껍데기가 탄산칼슘으로 되어있어 비료로의 활용 가능성 연구라는 주제의 보고서를 보고, 굴 껍데기가 난연성이라는 것을 활용하여 난연성 단열재에 활용할 수 있는 방법으로 새로운 연구 주제가 될 수 있다. 2. 주제선정 이유 간단히 2~3줄 정도로 문제점, 해결 방안 등을 제시한다. 3. 가설 주제를 관련하여 문제를 해결하는 방법으로 가설을 진술한다. 2. 변인통제 각각의 가설에 해당하는 변인통제를 제시한다. 가설이 2가지가 되면 변인통제로 2가지로 제시한다. - 조작변인 - 종속변인 - 통제변인 3. 실험설계 가. 원하는 최종 결과는? 연구 동기를 참고해서 쓴다. 나. 객관적인 데이터를 얻기 위하여 사용할 방법은? 연구를 어떻게 진행할 것인지 생각해보는 과정이다. 어떤 도구를 사용하여 연구를 진행할 것인지를 쓴다. 다. 실험을 통제하기 위한 과정은? 변인통제에서 결과의 신뢰성을 높이는 방법을 제시한다. 라. 구체적인 실험 과정을 순서대로 적어보자. 가설별 실험 절차를 구체적으로 제시한다.

※ 이 활동지는 2페이지가 될 수도 있지만, 일반적으로 4페이지 이상이 될 수도 있다. 최대한 자세히 적을 수 있도록 공백을 많이 주는 것이 좋다.

제10절

주제 찾는 과정에서 교사는 어떤 역할을 하는가?

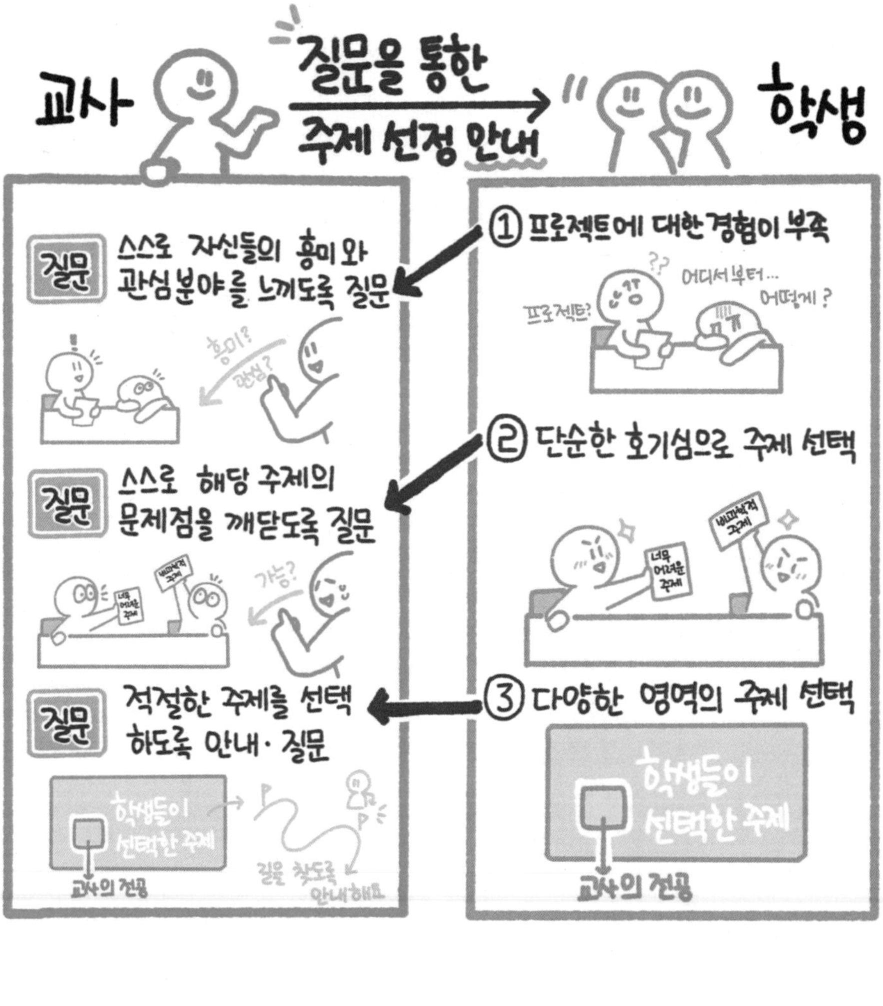

주제를 찾는 과정에서 학생들이 주도적으로 탐색하게 되며, 이때 교사의 역할도 요구된다. 프로젝트를 처음 시작하는 학생들은 프로젝트 활동에 대한 경험이 부족하여 어디에서부터 시작하는지 잘 모르는 경우가 많다. 여기에서 교사는 학생들이 무엇을 좋아하는지, 어떤 분야에 매력을 느끼는지 스스로 느낄 수 있는 질문을 해야 한다.

프로젝트 주제를 찾는 과정은 학생들이 생각하는 것보다 쉽지 않다. 이 과정에서 학생들은 과학적 또는 논리적으로 이미 알 수 있는 주제(예: 어떤 음료수에 식물이 잘 자랄까?)부터 학생들의 수준에서 실행하기 어려운 주제까지 단순한 호기심으로 정하는 경우가 많다. 이 과정에서 교사가 해야 할 일은 학생들이 스스로 그 주제의 문제점을 깨달을 수 있도록 질문을 하는 것이다.

프로젝트 수업에서 교사들은 학생들이 하는 모든 연구내용을 알고 있어야 한다는 잘못된 생각을 하는 경우가 많다. 각자의 학생들이 선택하는 주제 영역이 다르고, 교사의 전공과는 전혀 무관한 주제를 선정하기 때문에 교사는 학생이 하는 모든 연구를 잘 알 수 없다. 이때 교사가 주제선정 시 학생들을 안내하고 질문하는 방법은 아래와 같다.

가. 안내하고 말하는 방법을 달리해야 한다.

학생들이 주제를 찾아 교사에게 제시하면 그 주제가 좋은지 아닌지를 먼저 묻는다. 교사들은 주제만 듣고 주제가 좋고 나쁨을 판단할 수 없다. 왜냐하면 목적에 따른 실험 과정 때문이다. 실험 과정이 목적을 달성할 수 있다면 주제는 좋은 것이고, 목적을 달성할 수 없다면 그 주제는 좋지 않은 것이다.

선생님! 주제를 정했어요!
오~ 어디보자!
올 것이... 왔구나.... ㅎㅎ
어떤 음료수에서 식물이 잘 자랄까?
왜 음료수를 식물에 줄 생각을 했니?
저희 어머니께서 식물을 키우는데 우유를 마시고 나면 우유팩을 물로 씻어서 식물에게 주는 걸 봤어요.
그러면 식물이 더 잘 자란다고 하셨어요!
음... 우유에 어떤 성분이 들어있는지 조사해봤니?
아뇨... 그런데 칼슘이 들어있지 않나요?
내 안에 뭐가 있게?
...?
Ca^{2+}
일단 우유의 성분과 그 중 어떤 성분이 식물 성장에 도움을 주는지 조사해보렴
네에 -
다음날...
선생님! 우유에는 탄수화물, 지방, 단백질, 비타민A, B, E, K 와 칼슘, 인 이 들어있대요!
Help?
그럼 식물 성장에 필요한 영양소는 무엇이니?
어... 음... 글쎄요..?
찾아오렴
넵
다음날...
인터넷에서 찾아봤는데요.. 식물이 자라는데 필요한 영양소는
칼륨 인 황 칼슘 마그네슘 질소 이래요!
너희 연구 주제를 진행하려면 먼저 해야할 것이 무엇일까?
Help
ㅎㅎ
음... 음료수에 들어가 있는 성분을 조사해야 해요!
그렇지, 그런데 만약에 음료수의 주요 성분들이 같다면 음료수의 종류를 다르게 하는 것이 의미가 있을까?
아하
아하 음료수의 종류를 다르게 하는건 의미가 없겠네요!
앗 그럼 음료수 말고, 식물이 지라는데 필요한 영양소가 있는 것을 찾아야 할 것 같아요!
칼륨 인 황 칼슘 마그네슘 질소
!!
good!
이런 과정을 거쳐서 학생들의 연구 주제는 '영양소에 따른 식물의 생장'이 되었다.
OK!
Tip! 시간이 조금 걸리더라도, 질문을 통해 학생들이 스스로 본인의 연구 주제를 되돌아 볼 수 있도록 안내합니다.
ㅎㅎ..

선생님!
저희 연구 주제를
정했는데 확인해주세요~
오!
운동이 집중력을 향상시킬까?
를 주제로 연구를 진행해보려 해요!
왜 그런 주제를
선택하게 되었니?
운동
집중력
인터넷을 찾다보니
운동을 하면 집중력이
좋아진다는 결과가 나왔대요!
확인해보고싶어요!
어떤 방법으로
진행하려 하는지
설명해 줄래?
A.B.C.D
ABCDE
전
후
운동 전과 운동 후에
영어 단어를 얼마나 잘 외우는지
확인하려구요!
음..
구체적으로 설명해줄래?
A
B
VS
A는 운동을 하지 않고 B는 운동을 하게 한 후에
둘이 영어 단어를 얼마나 잘 외우는지
비교하면 될 것 같아요!
A와 B는 영어 단어를 외우는 능력이 원래 다르지 않니?
그런데 그렇게 비교해도 괜찮을까..?
영단어 암기능력
영단어 암기능력
헉
헉
그러게요..
어떤 방법으로 실험할 지
의논해보렴
그리고 다시 얘기하자!
네
알겠습니다~
다음날...
선생님!
A와 B 둘 다 미리 10분 만에 영어 단어를 몇 개 외우는지 확인하고, 각자 휴식과 운동을 진행한 후 다시 10분 만에 영어 단어를 몇 개 외우는지 확인하면 될 것 같아요!
휴식
30분
10분
VS
30분
음...
외우는 영어 단어에 A와 B가 알고 있는 영어 단어가 있을 수도 있는데...
그러면 외울 수 있는 단어 수가 운동과 상관없이 달라질 수 있잖아?
그리고, 집중력과 영어 단어를 외우는 것이 어떤 상관관계가 있을까?
주제를 실험하는 내용과 좀 더 연관성 있게 축소해보고, 사람마다의 차이가 있더라도 암기력을 측정할 수 있는 방법을 생각해보렴!
네!
앗...
집중력이 높으면 영어 단어도
잘 외울 수 있다고 생각했어요...
다시 방법을 찾아볼게요!
다음날...
선생님! 주제를 수정했어요
'운동이 암기력 향상에
영향을 미칠까?' 로 연구를
진행해보려 해요!
음~ 좋은데?
암기력은 어떻게
측정하려고?
선생님 말씀처럼 영어 단어는 처음부터 알고 있을
가능성이 높을 것 같아서 가장 단순한 색 이름이나
도형의 순서를 외우는 방법으로 바꾸려고 해요
음..
구체적으로 설명해줄래?
예를 들어 색깔을 나타내는 빨강, 노랑, 파랑, 초록, 흰색
,검정 등 색깔을 무작위로 배열해서 외우는 시간 1분을
주고 10분 후에 순서를 외우게 하는 거에요!
10분후
1분
오~ 그럼 미리 알고 있는
단어와 관계없이
서로 공평하겠다!
사람은 누구나 외우는 능력에
차이가 있고, 운동이 암기력을
향상 시킨다는 것을 증명해야하는데
어떻게 하면 좋을까?
운동
암기
휴식
확인
음... 그러면
운동 전에 암기력 측정을 진행하고, 운동 후에
암기력을 측정해서 전과 후를 서로 비교하면 될 것 같아요!
그리고,
이 실험은 사람을 대상으로
하는 것이라 최대한 많은 실험
대상이 필요할 것 갈구나!
앗
그럼 기존에 계획했던
2~3명 보다 더 많은 인원이
필요하네요! 같은 반 친구를 30명을
대상으로 진행해보겠습니다~

주제를 실험하는 내용과 연관성있게 정리하고,
실험 결과의 신뢰도를 높이기 위해서 실험 방법을
충분히 고민할 수 있도록 안내가 필요합니다.
흠..

나. 학생들이 실험을 하고 있는 내용을 교사가 알고는 있어야 한다.

교사들은 본인의 전공 분야가 아니더라도 기본적으로 알고 있는 내용이 있다. 학생들이 연구 방법을 제시하면 그 과정에서 잘못된 부분을 찾아낼 수 있다. 만약 내용을 잘 모르는 주제를 가지고 얘기할 때는 학생들에게 "제시되는 과정으로 실험을 하면 어떤 결과가 나올 것으로 예상하는가?", "그 결과가 연구의 목적에 부합하는가?"를 세부적으로 질문한다.

예를 들어 학생들이 비서봇 프로그램을 만드는 것을 프로젝트 주제로 선정하였다. 본 교사는 전공이 화학이므로 프로그래밍에 대해서는 문외한이다. 이때, 본 교사가 학생들에게 질문한 것은 다음과 같다.

- 너희들이 만드는 프로그램인 비서봇이 어떤 일을 할 수 있니?
- 비서가 단순 업무 시간을 알려주는 것이 아니라 여행 티켓을 예약하는 등 금융 분야까지 관여한다면 개인정보가 유출되지 않도록 보안 프로그램이 들어가야 하지 않을까?
- 너희가 만드는 프로그램은 보안이 잘 작동하니?

학생들은 문제점이 있어도 잘 파악하지 못하는 경우가 많다. 그것은 이론을 잘 찾아서 문제점을 확인해야 하는데, 아는 만큼 보이기 때문이다. 이때 교사들도 문제를 잘 모른다. 그때 당황하지 않고 차분히 단계별로 질문하면서 문제점을 찾도록 유도하여 학생들이 스스로 깨달을 수 있도록 질문하도록 한다. 그래서 어디에서 잘못되었는지 지적하지 않고 질문을 통해서 학생이 스스로 알도록 안내한다.

PART

06

프로젝트 계획서 작성하기

제 1 절

프로젝트 계획서 작성 요소는 어떤 것이 있는가?

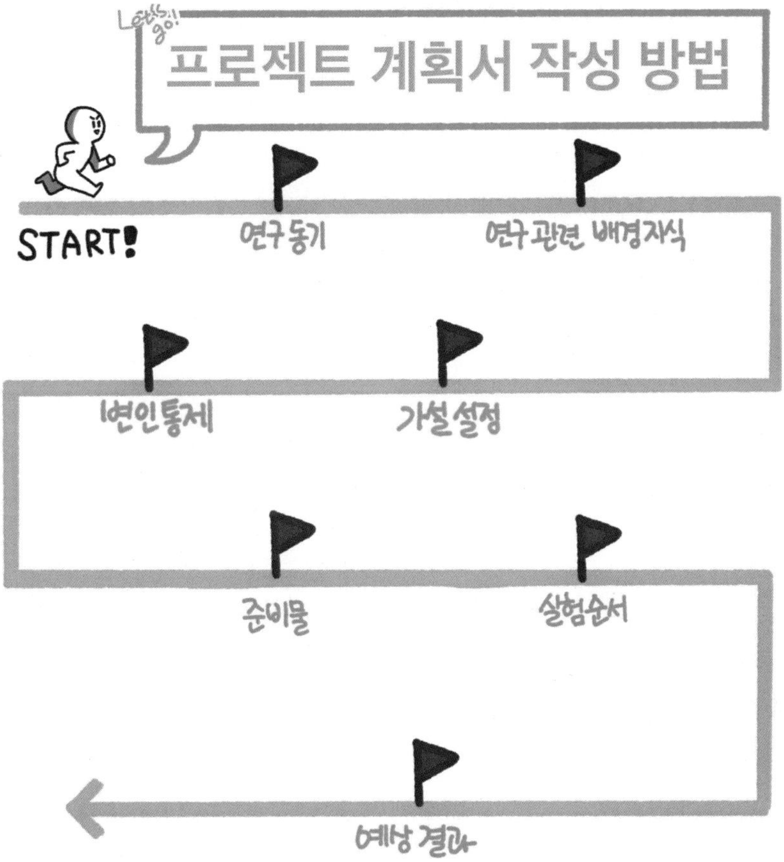

가. 연구동기 작성 내용

자신의 관심사, 흥미로운 것에 관해서 발견한 문제점, 원인, 불편함, 영향을 자세히 제시한다. 동기를 진술할 때 자신의 관점에서 쓰지 않고 객관적 관점 즉, 3인칭의 관점에서 쓰도록 한다.

가) 타인에게서 들었던 관련 사실
나) 논문 검색과정에서 가진 흥미
다) 주변 환경으로부터 발견한 문제점
라) 신문, 과학 잡지, 과학 관련 도서를 읽고 가진 흥미
마) 교과서로 학습 과정에서 궁금하게 생각했던 사실
바) 인터넷 검색과정에서 발견한 흥미로운 사실
사) TV의 뉴스, 과학프로그램을 시청하면서 궁금하게 생각했던 사실
아) 여행 과정에서 보았거나 가이드에게서 들은 사실
자) 생활 속에서 생각하던 소재나 주제, 관찰 내용

부적절한 예 나는 알로에의 추출물로 부작용을 완화하는 방법을 연구하고 싶다.

적절한 예 알로에의 추출물이 부작용을 완화하는 방법의 연구가 요구된다.

나. 배경지식 작성 내용

자신이 하고 싶은 소재의 특성, 소재가 이용되는 분야, 과학적 원리, 기존의 연구 자료 등 연구에 필요한 모든 내용을 찾아서 정리한다.

가) 주제와 관련하여 다른 연구자가 연구한 내용
나) 주제와 관련된 구체적이고 추가적인 설명이 필요한 내용
다) 주제와 관련된 원리, 정의, 원인, 해결 방법이 제시된 내용
라) 주제와 관련하여 신문, 잡지, 인터넷에서 언급한 내용

다. 가설설정 내용

실험프로젝트을 수행하는 경우 독립변인과 종속변인을 구분하여 분명하게 제시한다. 미래시제의 형태로 제시한다.

라. 변인 통제 작성 내용

가) 통제변인을 최대한 많이 찾아서 쓴다. (실험을 상상하고, 그 실험에 영향을 줄 수 있는 요인을 모두 찾는다.)

나) 조작변인 및 조작 변인의 수준을 쓴다.

다) 종속변인은 예상되는 결과 즉, 관찰 내용 또는 변화에 관해 쓴다.

마. 준비물 작성 내용

가) 실험에 필요한 재료, 실험도구, 측정도구를 기록한다.

나) 인터넷을 검색하여 가격, 구입처도 기록할 수 있다.

바. 실험 순서 작성 내용

가설을 확인하기 위한 탐구를 설계한다. 탐구 설계에는 변인통제 방법, 준비물, 객관적인 결과를 얻기 위하여 사용하는 도구 등을 기록하며, 이에 관한 공부가 선행되어야 한다.

가) 실험이 진행되는 과정을 단계적으로 하나씩 쓴다. (한 가지 행동을 하나의 단계로 쓴다.)

나) 사용되는 도구와 재료를 포함하여 쓴다.

다) 실험 결과를 가장 정확하게 측정할 수 있는 측정도구를 찾아 쓴다.

사. 예상되는 결과 작성 내용

실제로 연구를 실행하기 전에 정확한 연구 결과를 예측하기란 쉽지 않다. 따라서 예측한 결과가 정확할 수가 없다. 그러나 연구실행에서 예상할 수 있는 대략적인 결과를 설명할 수 있다. 이때 최대한 상상력을 발휘하여 예상되는 결과와 어려움과 실패 가능성도 설명할 수 있다.

제2절

프로젝트 계획서는 어떻게 작성하는가?

가. 프로젝트 계획서 작성의 교육적 의미

2차 대전 당시 독일의 전차군단의 아버지로 불리는 하인츠 빌헬름 구데리안(Heinz Wilhelm Guderian)은 '모든 것은 계획대로 되지 않는다. 그러나 계획 없이는 어떤 것도 할 수 없다'라는 말을 한 것으로 유명하다. 프로젝트 학습도 계획서대로 진행되지 않지만 프로젝트를 처음 시작할 때 계획서가 없으면 프로젝트 진행 과정에서 시간 및 비용 낭비, 팀원 간 갈등, 결과의 부정확 등 많은 문제가 발생할 수 있다.

프로젝트 계획서 작성은 프로젝트 연구 과정에서 꼭 필요하면서도 가장 중요한 단계이다. 처음 계획서대로 실험을 진행하여 결과까지 얻는 경우가 많지는 않지만, 계획서를 기본으로 하여 연구를 확장하는 경우는 많이 볼 수 있다.

프로젝트 실패의 가장 큰 원인은 프로젝트의 실행 목표를 분명하게 설정하지 않은 것이다. 실제로 학생들은 실험의 목적을 명확하게 설정하지 않고 모호한 상태에서 실험을 진행하는 경우가 많다. 왜냐하면 프로젝트를 수행하는 학생들은 계획서를 작성하는 것보다는 실험을 먼저 하려는 성향이 매우 높기 때문이다. 이로 인하여 충실한 계획서 작성과 계획서 작성의 중요성을 인식하지 못한다. 계획서가 충실하지 않으면 그 실험 자체의 결과는 볼 수 있으나 결과적으로 팀에서 정한 주제에서 벗어나는 결과가 나올 수 있다.

또한 목표가 명확하지 않음으로써 프로젝트 실행 전에 필요한 배경지식의 미흡, 준비물 부족, 실험 과정의 부정확성과 같은 사전 준비 부족에 실패의 원인이 있다.

계획서를 충실하게 작성하는 것은 프로젝트의 성공 가능성을 높이는 것이다. 더 중요한 것은 프로젝트를 처음 수행한 결과가 실패할지라도 주제에서 벗어나지면 실패의 원인을 분명하게 찾을 수 있다. 문제점을 수정하여 재실험하는 경우 더욱 정확한 실험 결과를 가져오기 위하여 계획서를 충실하게 작성하는 것이다.

따라서 프로젝트 수행과정에서의 실패는 부정적인 것이 아니라 프로젝트 실행 과정과 결과의 정확도를 더 높이는 촉매제 역할을 하는 것이다. 즉, 문제를 해결하는 데 실패한 것이 아니라 문제가 해결되지 않는 또 하나의 방법을 알게 해주는 값지고 긍정적인 가치를 갖고 있다. 따라서 학생들은 실패한 과정을 분석하고 새로운 문제 해결점을 찾으면서 성공한 실험보다 훨씬 더 많이 배우게 된다는 것을 알게 된다.

1) 계획서는 프로젝트를 분명한 목적에 따라 추진하게 해준다. 계획서가 없으면 프로젝트 활동의 방향을 설정하지 못한다. 프로젝트 활동 과정에서 수행해야 할 과제를 계속해서 교사에게 묻고 의지하려고 한다. 프로젝트 계획서를 쓰면서 연구 및 실험의 방향이 명료해지며 프로젝트 수행 속도를 높여준다.
2) 계획서를 작성하지 않으면 프로젝트 활동의 전체적인 내용을 모르기 때문에 팀원들이 활동을 주도하지 못하고 팀원 간 갈등이 많이 발생한다. 따라서 계획서를 작성하게 되면 팀원들이 작성된 계획서를 함께 보면서 의사소통이 원활하게 이루어진다.
3) 계획서는 사전에 배경지식을 탐구하고, 필요한 실험도구를 사전에 준비하고 예상되는 결과물을 생각하기 때문에 실험 도구와 자료를 미리 준비할 수 있다.
4) 생각 수준에 머무는 아이디어들을 계획서에 써 놓음으로써 구체적인 프로젝트 활동을 눈으로 볼 수 있게 해준다. 프로젝트 계획서의 양식에 제시되는 작성요소를 구상하는 과정에서 새롭고 다양한 생각을 하게 해준다.
5) 계획서는 학생이 적극적으로 활동하게 하는 주도성과 책임성을 갖게 한다.
6) 프로젝트 활동 과정에서 계획대로 되지 않을 경우 되돌아볼 수 있는 성찰 기준을 제공한다.

나. 프로젝트 계획서 작성 단계

1) 단기 프로젝트

단기 프로젝트의 경우 오리엔테이션에서 가설설정과 변인통제에 대해서 안내한 후에 사전에 구성된 팀별로 계획서를 작성하여 발표한다. 발표 후 상호 조언으로 얻은 다양한 의견을 바탕으로 계획서를 수정한다.

2) 장기 프로젝트 작성 단계

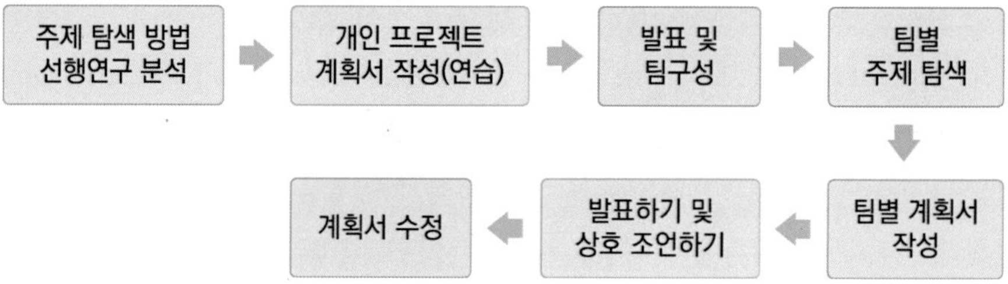

나. 프로젝트 계획서 작성에 대해 학생들이 알아야 할 유의점

1) 프로젝트 계획서 작성은 연구활동에 대한 예상이기 때문에 프로젝트 활동 과정에서 계획서대로 되지 않을 수 있다. 계획서는 연구실행 과정에서 계속 변경, 수정, 보완하면서 발전된다. 따라서 상황과 단계마다 진행 결과에 따라 계획서를 바꾸는 것은 매우 당연하며 변경, 수정, 보완하는 과정 그 자체가 더 많이 배우고 있다는 것이다.
2) 장기 프로젝트 활동은 오랜 시간 동안 진행되기 때문에 빠르게 하려는 속도의 문제가 아니라 주제와 관련된 분명한 실험 목적을 설정하는 것이 중요하다. 즉, 프로젝트의 방향이 분명해야 프로젝트 진행에서 자신 있게 추진 속도를 높일 수 있다.

다. 개인 연구 계획서 작성하기

프로젝트를 처음 시작하는 학생들은 프로젝트 계획서를 작성하는 것에 익숙하지 않다. 오리엔테이션과 변인통제 및 가설설정 방법에 대해서 안내한 후에 간단하게 학생들이 프로젝트 계획서를 작성하게 한다.

1) 개인별 연구계획서를 작성하는 목적

- 관심이 있는 분야에 대해서 아이디어를 생각하는 시간을 갖는다.
- 변인통제를 이해하였는지 확인하기 위한 것이다.
- 연구계획서를 간단하게 작성해보는 연습을 통하여 계획서 작성에 친숙해지게 한다.
- 동료의 관심이 있는 분야를 확인하여 비슷한 주제 또는 서로 다른 분야끼리 서로 프로젝트 연구팀을 구성하는데 참고자료로 활용한다.

2) 계획서 활용 방법

- 처음에는 무작위로 2명씩 짝을 구성하여 서로 자신의 계획서를 설명한다.
- 짝에게 발표 후에는 전체 학생들에게 발표한다.
- 질문하여 구체적인 내용을 설명한다.

개인 연구계획서

( )학년 ( )반 이름 ( )

1. 내가 관심 있는 분야는?
   물리, 화학, 생물, 지구 및 환경, 전통과학, IT, 의학 및 보건 등의 분야 선택

2. 주변에 관심이 있는 것을 적어보자. 생각나는 대로 많이 쓴다.
   최대한 많은 내용을 제시한다. 주제의 실행 가능성이나 구체적인 내용 요소를 고려하지 않고 생각나는 대로 모두 쓴다.

3. 연구하고 싶은 주제를 써보자.
   2번 질문에서 답한 것 중에서 하나를 골라서 주제의 실행 가능성과 구체적인 내용 요소를 고려하여 쓴다.

4. 연구에서 어떤 결론이 나오길 원하는가?
   연구의 목적이다. 원하는 결과에 따라 실험 과정을 설계해야 하기 때문에 결론이 결정되어야 과정을 쓸 수 있다.

5. 변인통제를 어떻게 해야 할까?

가설	조작변인	종속변인	통제변인

6. 가설을 무엇으로 할까?

7. 정확한 데이터를 얻기 위하여 어떤 도구를 사용해야 할까?
   예상되는 결론으로부터 필요한 측정도구를 생각할 수 있다.

8. 원하는 결과를 얻기 위하여 어떤 과정이 요구되는가?
   실험 과정을 대략 순서대로 쓴다.

개인 연구계획서 예시

연구계획서

1. 내가 하고 싶은 분야는?

환경, 화학, 생물

2. 주변에 관심을 갖는 것을 적어보자.

- 더운 물 속에 오래 있으면 답답한 이유
- 오징어를 불에 구울 때 불이 없는 쪽으로 구부러지는 이유
- 콘센트 구멍이 대각선으로 되어있는 이유.
- 건전지를 2개 이상 넣을 때 서로 교차해서 넣는 이유.
- 하품을 할 때 귀에서 '따닥' 소리가 나는 이유.
- 단풍나무가 하필이면 빨간색으로 물드는 이유.

3. 연구를 하고 싶은 주제를 적어보자.

페트병의 모양, 크기, 무게 등에 따른 미세플라스틱의 입자 개수, 미치는 영향 분석

4. 본인은 어떤 결과가 나오길 원하는가?

미세플라스틱 입자가 가장 적게 나오는 페트병의 조건을 찾는 것이다.

그에 따라서 미세플라스틱의 양을 줄이고 환경을 덜 오염시키게 될 수 있었으면 좋겠다.

5. 원하는 것을 얻기 위하여 어떤 과정을 거쳐야 할까?

- 모양, 크기, 무게 등 종류가 다른 페트병을 준비한다.
- 안에 들어있는 내용물을 빼고 잘 건조한 후 같은 종류의 물을 넣는다 (증류수)
- 같은 시간 만큼 기다렸다가 미세플라스틱의 입자의 개수를 측정한다 (단, 측정 방법 조사 필요!)

6. 객관적인 데이터를 얻기 위하여 어떤 것을 사용해야 할까?

한 실험을 할 때 각각의 종류마다 여러개의 페트병을 사용하여

실험하고 평균값을 구한다.

미세플라스틱 입자의 개수를 측정할 방법이 필요하다

7. 가설을 어떻게 세울까?

- 페트병 모양에 굴곡이 많을수록 미세플라스틱 입자의 개수가 많을 것이다.
- 페트병의 크기가 클수록 미세플라스틱 입자의 개수가 많을 것이다

8. 변인 통제를 어떻게 해야 할까?

가설	조작변인	종속변인	통제변인
페트병 모양에 굴곡이 많을수록 미세플라스틱 입자의 개수가 많을 것이다	페트병의 모양	모양에 따른 미세플라스틱 입자의 개수	페트병의 색, 크기, 무게
페트병의 크기가 클수록 미세플라스틱 입자의 개수가 많을 것이다	페트병의 크기	페트병의 크기에 따른 미세플라스틱 입자의 개수	페트병의 모양, 무게, 색

다. 프로젝트 실행 계획서 작성 방법

프로젝트 실행 계획서를 작성하는 순서는 계획서 양식에 제시된 작성 요소의 순서와 다르다. 예상 결론 → 연구 목적 → 가설설정 및 변인 통제 → 이론적 배경 → 탐구 과정 → 연구 동기 → 주제 순으로 계획서를 작성하게 된다.

프로젝트 실행 계획서

팀	프로젝트 형태	실험 프로젝트	이름
	프로젝트 영역	물리	이름

연구 주제	~이 주는 효과 (또는 영향) ~에 관한 연구 연구 주제는 연구 전체를 예상할 수 있도록 정한다.

1. 실험개요

가. 연구동기

[작성 안내]
연구 동기는 주제를 선정하게 된 계기를 쓴다. 주제를 찾기 위해 노력한 과정을 제시한다. 또한 프로젝트 주제를 선정하게 된 이유 및 원인을 명시한다. 1인칭 관점이 아니라 3인칭 관점에서 구체적으로 쓴다. "해보고 싶어서", "재미있어 보여서"와 같은 단순 흥미 중심의 제시는 지양한다.

나. 연구 목적

[작성 안내]
이 연구를 통해 해결하고 싶은 문제를 쓴다. 각각의 문제에 대해서 각각 하나의 문장으로 진술할 수 있으며, 각각의 문제를 이어서 제시하여 문단으로 제시할 수도 있다.

다. 배경지식

[작성 안내]
프로젝트 실행을 뒷받침해 줄 수 있는 이론에 대해서 요약하여 쓴다. 읽은 내용을 요약하여 제시한다. 1쪽~2쪽으로 쓴다.
- 프로젝트에 이용된 과학적 원리
- 주제와 관련하여 선행연구의 내용
- 주제와 관련된 개념 또는 지식으로서 교과서나 전문적인 내용, 인터넷 정보 등
- 사진이나 그림도 제시 가능
- 출처가 확실한 내용을 본인이 이해하는 내용을 제시한다.

2. 실험설계

[작성 안내]
문제와 관련해서 실행과정에 대한 방향을 제시하는 것이다. '~했을 때, ~일 것이다.'의 형태로 제시하거나 '~~하면 어떻게 될까?' 등 의문형으로 제시할 수 있다. 하나의 프로젝트 주제에 최소한 2개 정도의 가설을 제시함으로써 결론을 제시할 때 때 데이터가 많아져서 신뢰성이 높아진다.

가. 가설(실험 프로젝트의 경우) 또는 탐구 과제(실험 프로젝트 외의 경우)

1)

2)

나. 실험 설계

1) 가설 실험 제목 1(또는 가설 1을 해결하는 실험)

독립변인		종속변인
통제변인	조작변인	

2) 가설 실험 제목 2(또는 가설 2를 해결하는 실험)

독립변인		종속변인
통제변인	조작변인	

다. 실험 과정

1) 실험 준비물

[작성 안내]
실험에 필요한 준비물을 모두 쓴다. 이때 데이터의 결과를 얻는 측정도구도 쓴다.

①	②	③
④	⑤	⑥
⑦	⑧	⑨
⑩	⑪	⑫

2) 실험 순서

[작성 안내]
실험의 순차적인 단계에 따라 구체적으로 쓴다. 1개의 번호에 1개의 활동을 쓴다. 예를 들면 100mL 비커에 50mL의 증류수를 넣는다.가 활동 1개가 된다.

가) 실험 제목1 (또는 가설을 실현할 수 있는 실험)

(가)

(나)

(다)

나)

(가)

(나)

(다)

3. 예상되는 결과

[작성 안내]
앞서 제시한 이론적 배경, 실험설계를 토대로 예상되는 실험 결과 및 연구 결론을 간단하게 서술한다. 실제로는 연구의 단계에서 가장 먼저 정해야 하는 것이 예상 결론이다.

다. 연구계획서 작성 예시

연구 계획서

연구제목	페트병 전구의 효율 분석 및 단점극복방안 탐구

1. 실험개요

가. 연구동기 및 목적

1) 연구동기

오직 페트병과 물, 세제만을 사용하며 물속에서 빛이 산란되는 성질을 이용한 페트병 전구는 낮에도 빛이 들지 않는 빈민가의 어두운 집안을 밝혀준다. 이 페트병 전구는 Q-드럼, 라이프스트로우와 다르게 재활용품으로써 자원·에너지를 절약하는 친환경기술인 적정기술의 대표적인 사례라고 할 수 있다. 하지만 페트병 전구의 효율성과 원리에 대한 설명이 정리되어 있지 않으며 획일화 된 정의만이 내려지고 있는데, 우리는 페트병의 모양과 물의 양 등 다양한 변인을 실험에 적용해 페트병 전구의 효율성에 영향을 주는 요인들을 분석하며 페트병 전구의 효율성을 극대화 시키는 방안을 탐색하기 위해 이 주제를 선정하였다.

나. 이론적 배경

1) 적정기술

적정기술(適正技術, appropriate technology)은 그 기술이 사용되는 사회 공동체의 정치적, 문화적, 환경적 조건을 고려해 해당 지역에서 지속적인 생산과 소비가 가능하도록 만들어진 기술로, 인간의 삶의 질을 궁극적으로 향상시킬 수 있는 기술을 말하며 해당지역에서 산출된 원재료를 써서 그 지역에서 소비되는 제품을 만들어 노동집약적이며 지역 환경에 적합한 기술을 지향하는 것이 특징이다. 개발도상국 대상의 기술이전에 있어서 빼놓을 수 없는 방식이 되어있다.

그림1 적정기술 제품의 예

2) 페트병 전구 (Liter of Light)

Liter of Light는 페트병과 세제, 그리고 접착제만 있으면 전기 없이 집안에 전등을 켠 효과를 낼 수 있는 친환경적이며 재활용을 하는 적정기술의 대표적인 예로써 MIT 학생들에 의해 디자인되었다. Liter of Light는 빛이 여러 가지 입자를 만나 사방으로 퍼지게 되는 빛의 산란을 이용한 것인데, 햇빛이 페트병을 통과하며 페트병을 채우고 있는 세제 혼합물을 만나 사방으로 퍼져나가게 되며 마치 전등처럼 실내를 밝힐 수 있는 것이다.

그림2 Liter of Light의 모식도. Liter of Light를 통해 실내의 모든 부분에 빛이 닿게 할 수 있다.

태양에너지를 이용하기 때문에 해가 떠 있지 않으면 사용할 수 없다는 단점이 있지만, 낮에도 어두운 개발도상국의 판자촌의 내부를 전기료 없이 밝게 밝혀줄 수 있어 개발도상국 주민들의 삶의 질을 크게 높여준다.

2. 실험설계

가. 가설설정

1) 페트병전구가 페트병의 $\frac{2}{3}$ 정도 높이(20.7~22cm)에 설치될 때, 조도가 가장 높게 나타날 것이다.

2) 페트병의 굴곡이 적을수록 조도가 높게 나타날 것이다.

3) 물의 양이 많아질수록 빛의 산란이 더 많이 일어나 조도가 높게 나타날 것이다.

나. 변인통제

1) 물의 양에 따른 조도 실험

독립변인		종속변인
통제변인	조작변인	
광원의 위치, 광원의 세기 물의 온도, 페트병의 모양 페트병 전구의 설치높이	물의 양	물의 양에 따른 조도 값

2) 페트병의 모양에 따른 조도 실험

독립변인		종속변인
통제변인	조작변인	
광원의 위치, 광원의 세기 물의 온도, 물의 양 페트병 전구의 설치 높이	페트병의 모양	페트병의 모양에 따른 조도 값

3) 페트병 전구의 설치 높이에 따른 조도 실험

독립변인		종속변인
통제변인	조작변인	
광원의 위치, 광원의 세기 물의 온도, 물의 양 페트병의 모양	페트병의 전구의 설치 높이	페트병 전구의 설치 높이에 따른 조도 값

4) 표백제의 농도에 따른 조도 실험

독립변인		종속변인
통제변인	조작변인	
광원의 위치, 광원의 세기 물의 온도, 물의 양 페트병의 모양 혼합물의 양	표백제의 농도	표백제의 농도에 따른 조도 값

다. 실험방법

1) 실험 준비물

페트병, 증류수, 형광물질(세제 등), 빛 차단 상자, 조명, MBL, 노트북, 접착제 등

2) 실험 순서

가) 암실상자의 제작

(가) 44x43cm의 아크릴판 5개 모두에 검정 도화지를 붙인다.

(나) 검정 도화지를 붙인 아크릴판을 천장이 없는 상자 모양으로 제작한다. 이때, 검정도화지가 붙어있는 면이 안쪽을 향하게 한다.

(다) 상자 내부의 모서리 부분을 절연테이프로 빛이 새어 들어오지 않게 막는다.

(라) 육면체의 천장이 되는 아크릴판에 직경 12cm의 구멍을 뚫어 페트병을 고정할 수 있게끔 한다.

(마) 상자 밑면 구석에 구멍을 뚫은 뒤, 조도센서를 설치한다.

나) 이하 생략

3. 예상결론

페트병의 모양(굴곡, 두께)과 혼합비율을 달리하여 실험한 결과 Liter of Light의 평균 효율을 구해낼 수 있으며, 효율을 극대화 시킬 수 있는 방법이 존재한다.

제3절

주제의 실행 가능성을 어떻게 안내하는가?

주제 찾기 활동 과정에서 최종 주제를 선정하게 되면 이제 프로젝트 실행단계로 들어가게 된다. 아무리 프로젝트 주제가 좋고, 계획서 작성이 잘 되어있어도 학생들의 현실 상황에 맞지 않으면 프로젝트를 진행할 수 없다. 따라서 학생들이 주제찾기를 할 때 교사들이 점검해야 할 사항은 다음과 같다.

가. 주제에 맞게 실험설계를 하였는지 확인한다.

1) 주제에 맞는 준비물을 확인하고 필요하면 구입한다.
2) 프로젝트에서 원하는 최종 결론이 무엇인지 명확하게 한다.
   주제를 정할 때 "그냥 재미있을 것 같아서", 또는 "흥미가 있어서"라는 관점에서 정했다는 경우가 많다. 학생들에게 무조건 안 된다고 얘기하는 것보다는 학생 스스로 무엇이 잘못되었는지 깨달을 수 있도록 문제점에 대해 계속 질문을 하는 것이 좋다.

질문하는 방법

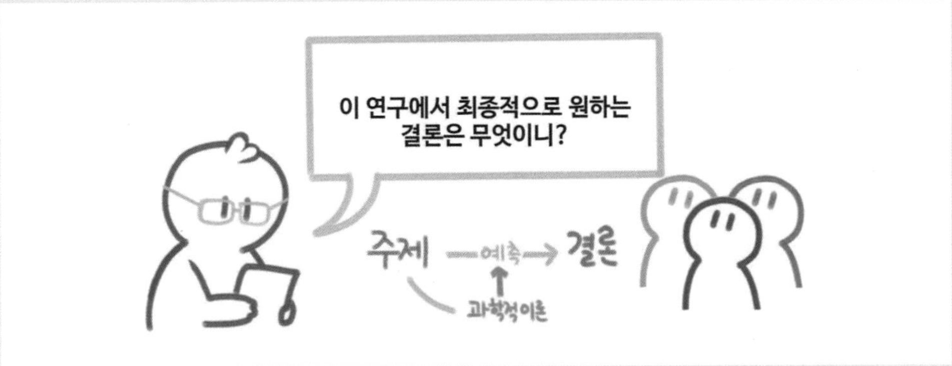

• 이 프로젝트에서 최종적으로 원하는 결론은 무엇인가?

실제로 학생들이 선정한 주제가 연구 결과와 연결되지 않는 경우가 많다. 주제를 읽을 때 프로젝트의 결과를 예측할 수 있어야 한다. 이를 위해서는 주제와 연관된 과학적 원리를 충분히 찾아서 공부를 할 수 있도록 안내한다.

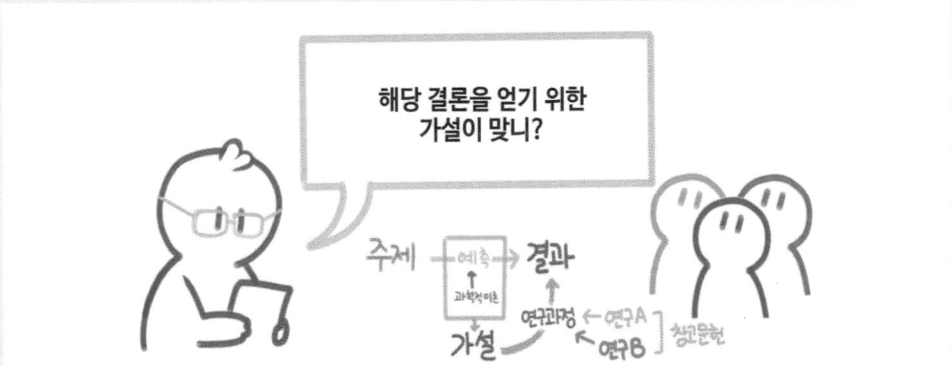

• 이 결론을 얻기 위한 가설이 맞는가?

학생들은 실험이나 연구에 대해 잘 모르는 경우 여러 가지 프로젝트 보고서 내용을 그대로 옮겨 놓는 경우가 있다. 이런 경우 자신의 프로젝트에 맞는 실험 과정을 설정하지 못하는 경우도 발생한다. 이러한 부분을 확인할 수 있도록 교사가 질문을 한다.

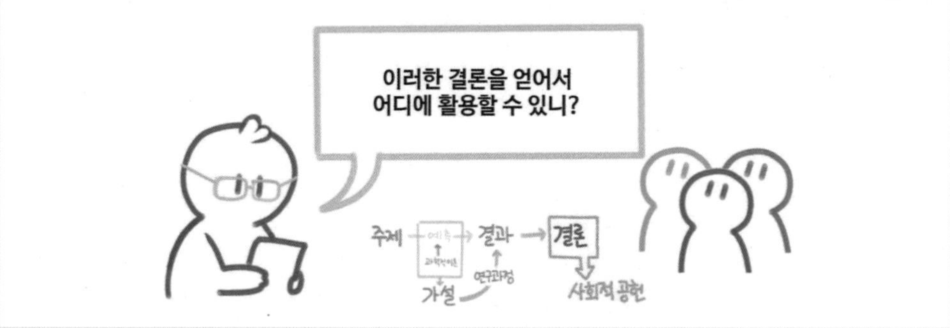

• 이러한 결론을 얻어서 어디에 활용할 수 있는가?

본인의 흥미를 위해서만 프로젝트를 진행하는 것은 한계가 있으며, 프로젝트 수행과정에서 시행착오나 실패를 경험하게 되면 프로젝트 수행에 대한 흥미가 낮아질 가능성이 있다. 그러므로 프로젝트 결과의 활용에 관한 내용에 대해서 학생들이 충분히 인식하도록 한다.

3) 원하는 결론에 맞는 실험설계가 되었는지 확인한다.

• 결론을 얻기 위하여 어떤 과정을 거쳐야 하는가?를 확인한다.

가설이나 실험 과정은 최종적으로 원하는 목적에 맞게 정해야 한다. 예를 들어 원하는 결론이 단열재의 성능이라면, 새로운 단열재를 만들어서 기존 단열재보다 좋다는 것을 증명해야 한다. 그러기 위해서는 단열성도 기존 단열재와 비교하여 확인해야 하고, 기존 단열재가 불이 쉽게 붙는다는 단점을 보완하여 난연성 실험도 해야 한다. 그래야 새롭게 만든 단열재가 우수하다는 것을 증명할 수 있다.

[예시]

"굴 껍데기를 활용한 단열재의 성능 탐구"

1. 연구 목적
   버려지는 굴 껍데기를 활용하여 유용하게 사용하기 위하여 기존 스티로폼 단열재의 문제점을 굴 껍데기를 추가한 단열재로 해결하기 위함

2. 가설
   가. 굴 껍데기를 포함한 스티로폼 단열재의 단열성은 기존 스티로폼 단열재와 비슷할 것이다
   나. 굴 껍데기를 포함한 스티로폼 단열재는 불이 잘 붙지 않을 것이다.

⇒ 단열재의 성능을 확인하기 위해서는 단열 성능도 당연히 확인해야 하고(대조군은 스티로폼), 성능을 향상시킨 난연성을 확인하는 과정으로 실험을 설계해야 한다.

• 이론에 근거하여 실험 결과를 예측한 것인지 확인한다.

실험을 계획할 때는 이론을 찾아서 실험 결과를 예측해야 한다. 학생들이 가장 쉽게 선정하는 주제 중 하나가 "어떤 음료수에 식물이 잘 자랄까?"이다. 이런 연구 주제는 삼투압 현상만 찾아봐도 연구 주제가 되기 어렵다. 음료수에는 수많은 이온이 들어있으며, 식물 내부보다 외부의 이온 농도가 높으면 물이 빠져나와 식물이 말라 죽기 때문에 프로젝트의 주제로서 실험하면 실패할 확률이 높다. 이때는 아래와 같이 질문하여 학생들이 프로젝트를 정교화할 수 있도록 도와줄 수 있다.

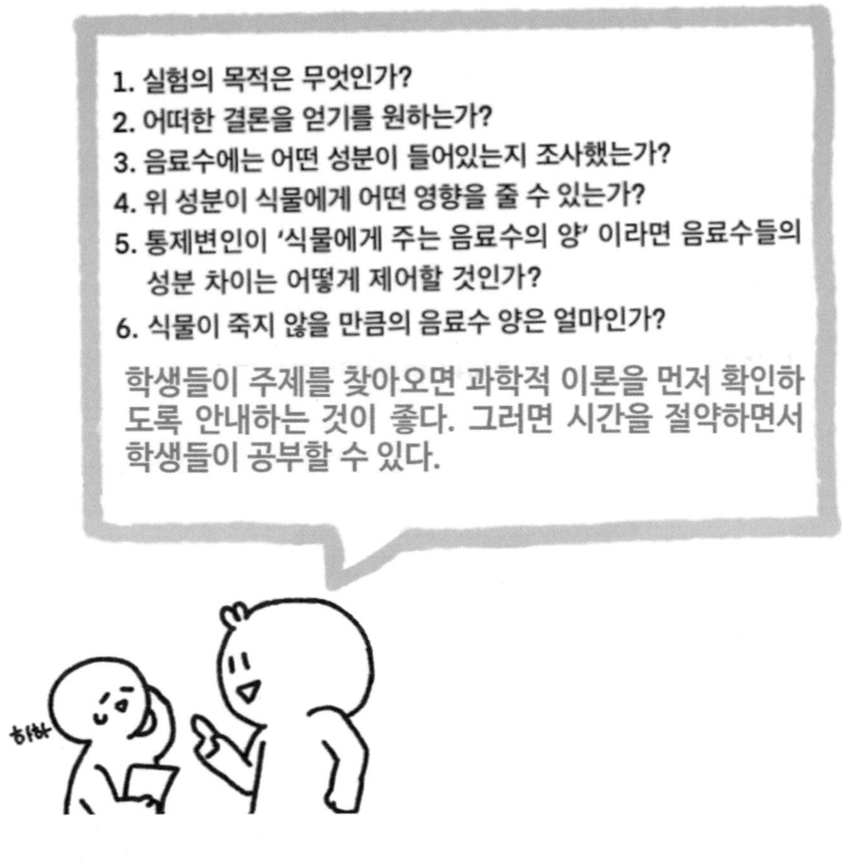

4) 실험 결과 예측은 가설로 세울 수 있으며, 가설은 예상(상식)과는 다르다.

- 이론에 근거하지 않고 누구나 그럴 것으로 생각하는 것은 가설이 될 수 없다. 예를 들어, '벽이 두꺼울수록 방음이 잘 될 것이다'라는 것은 누구나 그럴 것으로 생각하는 것이기에 가설로서의 가치는 적다고 할 수 있다.
- 과학적 지식과 정보에 근거하여 결과를 예측한 것이 가설이다.

5) 가설에 맞는 실험 과정이 계획되었는지 확인한다. 이때에는 변인통제가 충분히 되었는지 확인한다.

[실험주제: 심지를 굵게 하면 촛불이 밝기에 변화가 있을까?]에서

가) 독립변인: 원인이 되는 변인으로 실험에서 변화시켜야 하는 조작변인과 일정하게 유지하고 통제해야 하는 통제 변인이 있다.

- 조작변인: 실험에서 직접 변화를 주는 요인, 심지의 굵기
- 통제변인: 조작변인을 제외한 다른 조건들은 일정하게 유지해야 하는 조건. 심지의 굵기를 제외한 주변 온도, 주변 기체의 양, 양초의 굵기 등이 있다.

나) 종속변인: 영향을 받아 결과적으로 변하는 변인. 촛불의 밝기

다) 이 실험에서 더 확인해야 하는 것은 촛불의 밝기를 측정하는 도구이다.

- 촛불의 밝기를 정성적으로 밝다, 더 밝다, 약간 어둡다로 표현하는 것은 연구결과가 될 수 없다. 이는 보는 사람에 따라 관점이 다르기 때문이다.
- 실험에서 실험결과는 정량적인 수치로 나타내는 것이 좋다. 누구나 수긍할 수 있는 객관적인 자료는 수치화된 자료이며, 이런 자료를 사용해야 신뢰성을 높일 수 있다.
- 불의 밝기는 빛의 세기 측정 도구로 확인할 수 있으며, 조도 측정 장치나 스마트폰 어플로도 측정이 가능하다.

나. 학교에서 학생들이 직접 실행이 가능한지 확인한다.

1) 현재의 조건에서 실험이 가능한가? 학교에서 실험이 가능한지 확인이 요구된다.

가) 좋은 연구주제를 가지고 있어도 학교에서 할 수 있는 도구나 재료가 없으면 프로젝트 수행이 이루어지기 어렵다

나) 사용하는 도구의 가격이 비싸거나 객관적으로 측정할 수 있는 도구가 없을 경우가 이에 속한다.

예시 식물이 받는 스트레스 종류에 따라 테르펜이 얼마나 분비되는지 알아보는 연구를 설계할 때, 어려움은 테르펜의 양을 확인하는 방법이다. 테르펜은 기체이므로 기체의 양을 분석할 수 있는 기기를 사용해야 하는데, 이는 가격이 비싸서 학교에서 구입이 어렵다는 단점이 있다.

- 이때는 학생들이 연구할 수 있는 수준으로 창의적인 연구 방법을 찾을 수 있도록 안내한다.

연구 안내 예시

테르펜의 식물성장 억제 효과를 이용한 테르펜의 분비조건 및 효과 탐구

- 학생들이 주제를 선정할 때 식물도 스트레스를 받을 것이라는 것을 가정했다. 식물이 스트레스를 받는 것을 어떻게 알 수 있을까?를 고민하고 여러 자료를 찾던 중 식물이 분비물을 분출한다는 사실을 알게 되었다.
- 스트레스를 많이 받으면 분비물을 많이 분출하는데 식물이 자기방어를 위해 내뿜는 것이 피톤치드라고 하며, 테르펜은 이러한 피톤치드의 한 종류이다.

테르펜의 식물성장 억제효과를 이용한 테르펜 분비조건 및 효과 탐구

작품요약설명

테르펜은 피톤치드와 같이 식물에게서 분비된다고 알려진 물질이다. 살균이나 항 산화작용을 한다고 알려져 있지만 식물이 분비하는 분비조건이나 이유에 대해서는 정확히 밝혀져 있지 않다. 우리는 테르펜의 타감 작용을 이용하여 식물의 테르펜 분비조건과 이유를 추론하였다.

1. 연구동기 및 목적

가. 연구동기

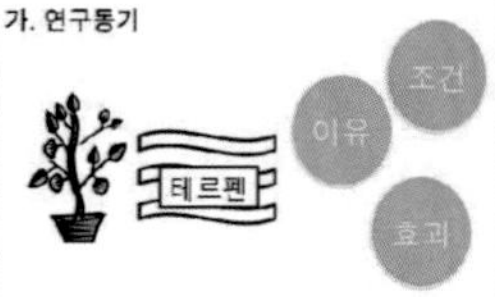

나. 연구목적

- 환경에 따른 테르펜 분비 차이 확인
- 테르펜의 타감작용 검증
- 테르펜의 곰팡이 억제 효과 확인
- 식물이 테르펜을 분비하는 목적 추정

2. 시행착오

G.C로 테르펜 측정
테르펜을 측정하기 위해서는 G.C.를 해야 함.

테르펜 밀도 모름
테르펜의 밀도가 공기보다 낮아 측정하지 못할 수도 있음.

객관성이 낮음
적은 콩나물 개수로 객관성이 떨어짐.

실험변인 조절
실험변인으로 온도와 습도를 조절해 주어야 함.

실험 간의 독립성
실한 식물끼리 영향을 미칠 가능성이 있음

실험 시기로 인한 오차
실험한 계절이 겨울로 온도의 통제이 어려움.

3. 실험 과정

가. 테르펜의 식물 성장 억제효과 확인

솜에 테르펜을 뿌려 콩나물과 밀폐장소에 넣고 성장을 관찰한다. 테르펜 양에 따른 콩나물 길이를 측정한다.

나. 주변 환경과 위치에 따른 식물의 테르펜 분비 정도

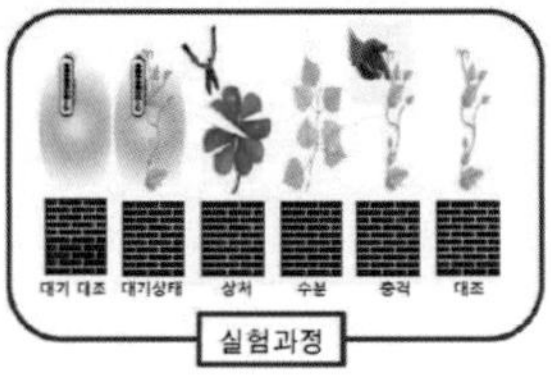

식물들에게 여러 환경조건을 주고, 각종식물의 생장정도를 비교한다. 환경에 따른 테르펜 분비량을 비교한다.

다. 테르펜의 곰팡이 생장 억제효과 확인

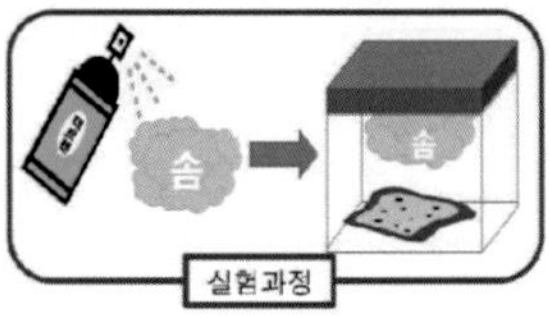

테르펜을 뿌린 솜과 식빵을 밀폐용기에 넣고 곰팡이의 발생과 생장을 관찰한다. 곰팡이 발생 정도를 비교한다.

5. 실험결과

가. 테르펜의 식물 성장 억제효과 확인

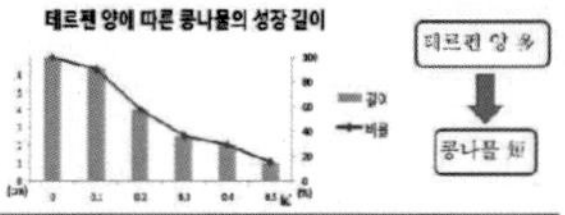

나. 주변 환경과 위치에 따른 식물의 테르펜 분비정도

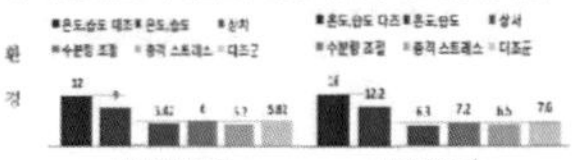

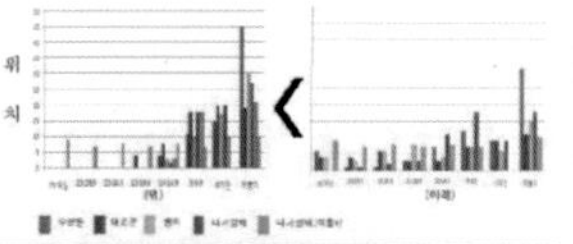

다. 테르펜의 곰팡이 생장 억제효과 확인

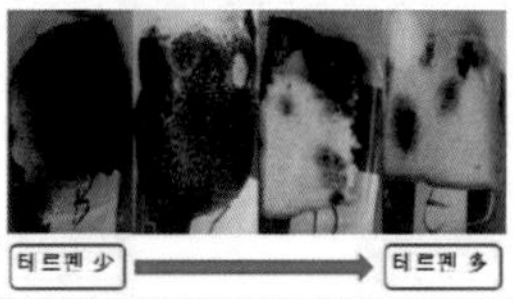

테르펜 少 → 테르펜 多

6. 결론 및 논의

가. 결론

- 테르펜은 콩나물 생장 저지 효과가 있다.
- 환경에 따라 테르펜 분비가 차이가 난다.
- 온도와 습도가 높은 경우 가장 분비가 많다.
- 테르펜은 곰팡이 생장 억제효과가 있다.
- 곰팡이와 테르펜 분비 사이의 관계 추측 가능

나. 논의

테르펜이 영향을 미치는 곰팡이의 종류	검출식물을 이용한 실험 방식의 재활용 가능성

[표] 연구 안내 과정에서 문제점 발생 및 해결 과정

문제점		해결 과정
테르펜의 양이 달라진다는 것을 확인하는 방법은 무엇인가?	➡	테르펜은 식물이 생장을 억제한다고 알려져 있으므로, 식물의 생장 정도를 확인하여 상대적인 테르펜 분비량을 알 수 있다
일반적으로 식물이 자라는 속도는 매우 느리며, 우리의 연구 기간은 3개월로 한계가 있다. 이를 해결할 방법은 무엇일까?	➡	콩나물은 물만 주면 빨리 자란다. 콩나물의 생장 기간은 약 2주 정도이므로 빠른 시간 내에 실험결과를 얻을 수 있다. 또한, 콩을 구입하는 비용은 비교적 저렴하므로 쉽게 실험에 사용할 수 있다.
정말 테르펜이 식물의 생장을 억제할까?	➡	시중에서 테르펜 오일을 구입하여 곰팡이의 생장 억제 정도와 콩나물의 생장 정도를 실험하였다.

교사의 안내 방법

- 교사는 이 과정에서 생기는 문제점을 학생들에게 질문하고, 해결 방법은 학생들이 스스로 찾아올 때까지 기다렸다. 그 과정에서 학생들은 이 주제를 포기해야 하나? 하는 고민을 하고 있었고, 교사는 그 학생들에게 이론을 공부하도록 안내하였다.
- 이 과정에서 교사가 한 것은 테르펜 오일을 구입하고, 결과의 신뢰성을 위하여 각 경우에 콩은 불려서 실험에 사용하며, 실험 결과의 신뢰성을 확보하기 위하여 1회 실험에 최대한 많은 양의 데이터를 얻을 수 있도록 50개 이상의 콩을 사용하는 것, 결과를 정리하는 방법을 제시하였다.
- 필요한 기기가 없더라도 학생들의 의지가 있다면 연구를 진행할 수 있다. 이때 정답을 알려주지 않고 학생들이 스스로 어려운 고비를 넘길 수 있도록 질문과 조언을 주는 정도에서 그치는 것이 좋다. 어려움을 교사가 주도하여 해결하게 된다면 이는 학생들의 창의력으로 해 나가는 연구가 아니라 교사의 안내에 따라가는 수동적인 "일"이 된다는 것을 주의한다.

다. 학교에서 학생들 스스로 실험이 가능하다면 필요한 준비물은 무엇인지를 확인한다.

- 준비물이 유독성이거나 위험한 물질, 또는 학교에서 구할 수 없는 물질의 경우에는 다른 방법을 찾도록 한다.

교사의 안내 방법

수중 폭발 및 버블 제트 현상 재현과 수질 개선 효과 탐색

- 이 연구는 2010년 북한의 피격으로 침몰하면서 46명의 젊은 군인들이 희생된 천안함 사건을 연구동기로 진행한 것이다, 천안함이 두 쪽으로 갈라진 원인을 직접 알아보고자 프로젝트를 진행한 것이다.
- 이 프로젝트를 수행하는 과정에서 가장 큰 문제는 수중 폭발이 일어날 때 폭발을 일으키는 폭약이 필요하지만, 학교에서는 폭약을 구하거나 위험물이기 때문에 사용할 수 없다. 수중 폭발에 관한 자료도 얻기 어려운 상태에서 폭발 전문가인 교수의 조언으로 많은 도움과 자료를 구할 수 있었다.

수중폭발 및 버블제트 현상 재현과 수질개선 효과 탐색

I 연구동기

- 2010년 백령도 천안함 침몰사건 : 인명피해를 유발했지만 그 원인인 버블제트에 대한 제대로 된 자료가 없어 직접 탐구하여 자료를 구축하기로 했다.
- 우리가 할 수 있는 선에서 직접 눈으로 볼 수 있는 실험을 설계 : 수중폭파라는 대중적인 개념을 설명

피격된 천안함

II 실험설계

1. 가설

주제	가설
수심에 따른 수중폭발	수면에서 약간의 거리가 있는 곳에서 측정되는 충격파의 값이 가장 높은 값으로 측정될 것이다.
산소량에 따른 DO	달걀 내의 산소량이 많아질수록 수중폭발 후 물의 용존산소량이 상승할 것이다.
주입한 폭발물 양에 따른 폭발력	폭발물의 양이 많아질수록 충격파의 값이 커질 것이다.

2. 방법

수조에 센서를 3면으로 설치 한 후, 변인에 따른 폭발을 일으켜 데이터 분석

III 시행착오

1. 시행착오와 극복방안

	문제점	극복방안
수조	작은 부피의 수조 → 수심과 충격파의 제한	높이 1M, 지름 31cm의 원통형 수조 → 충분한 수심, 진행방향 제공
방수	달걀의 숨구멍 → 달걀 내부에 물이 스며듦	달걀 껍질 전체에 방수스프레이 분사 → 완벽한 방수가 가능
알코올의 기화	액체 상태의 알코올 → 전극과 접촉, 점화실패	헤어드라이기의 온풍을 이용한 기화 →기화의 가속화, 점화 성공
도선 선택	구리선 → 완벽한 방수 불가능	동축 케이블을 도선으로 이용 → 완벽한 방수

IV 수심별 실험

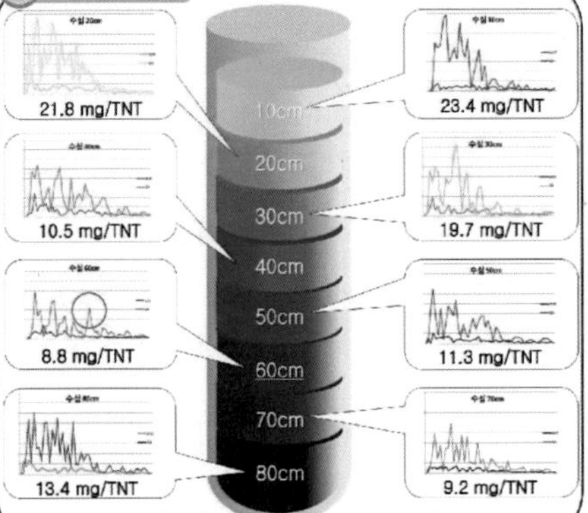

$E = p \times A^2 \times f^2$　　$1000kg : 4.184GJ = xkg : yJ$

V 산소폭발실험

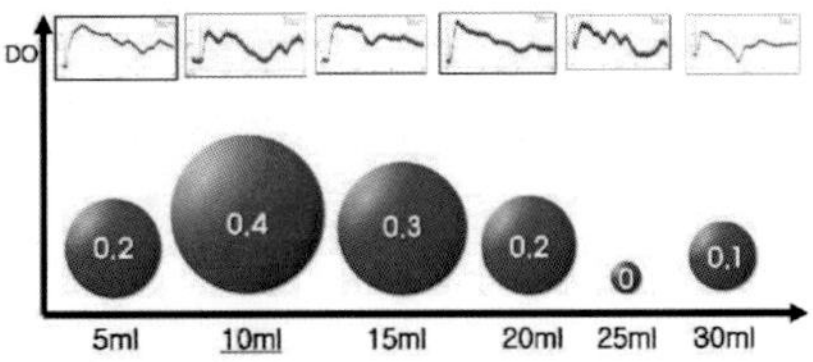

VI 현장실험

1. 생물권에 미치는 영향

금붕어를 이용해 실험한 결과, 생물권에 큰 영향을 미치지 않았다.

2. 현장실험

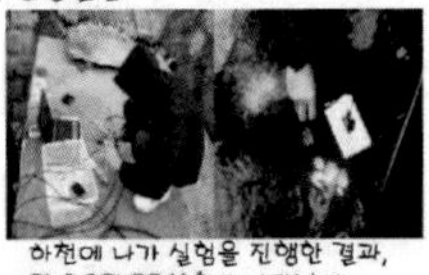
하천에 나가 실험을 진행한 결과, 약 0.2의 DO상승이 나타났다.

VII 결론 및 제언

수심에 따른 수중폭발의 분석

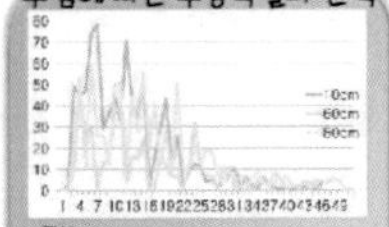

1. 결과
충격파는 수면에 근접할수록
버블로 인한 기록은 40~60cm
2. 가설 검증
충격파는 수면과 가까울수록 높게
버블의 충격파는 중간 지점에서 높게
따라서 위 가설은 다소 어긋남

산소량에 따른 DO 분석

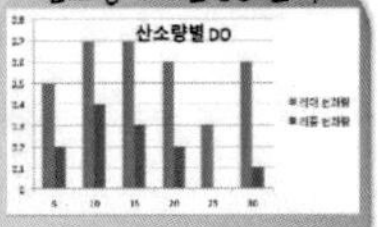

1. 결과
주입한 산소량과 용존산소량은 반비례
수심 0.6m는 산소 10ml 가장 효과적
2. 가설 검증
물에 녹아들 수 있는 산소량의 제한이 존재한다. 따라서 이 가설은 틀린 가설이라고 판단 할 수 있음

폭발물 양에 따른 폭발력 비교

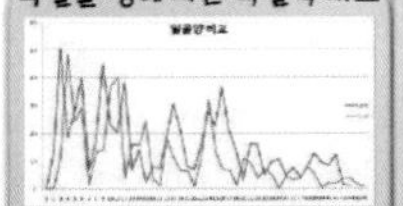

1. 결과
알코올 1ml와 2ml의 폭발 실험의 차이가 미비함.
2. 가설 검증
달걀 내부에서 기화할 수 있는 알코올 양이 한정되어 있으므로 위 가설 역시 다소 어긋났다고 볼 수 있다.

생물권과 현장 실험

1. 생물권 실험 결과
금붕어가 영향을 받지 않음으로 보아 수중폭발이 생태계를 파괴하지 않음.
2. 현장 실험 결과
오차가 클 가능성이 존재하나 DO의 상승이 나타났다는 점에서 유수에서도 수질개선 방식을 적용할 수 있다.

제언

초기 낮은 실험성공률에 비해 현재는 완벽하게 실험성공가능. 아직 더 연구 할 부분이 많지만 지금까지의 결과를 통해 수중폭발과 버블제트현상을 이용하여 수질정화효과를 얻을 수 있다는 결론에 도달함.
추가적인 연구를 통해 실용성과 활용방안을 확장시킬 수 있으리라 믿음.
향후 알코올이 아닌 수소 등의 친환경 연료로 수중폭발을 시도 가능.

☆ 참고문헌

수중폭발에 대한 물리현상과 시험평가.pptx
Gas Bubble Free Surface Interaction.pptx
Interactions of Multiple Bubble.pptx

연구 과정 및 교사 안내

- 문제상황

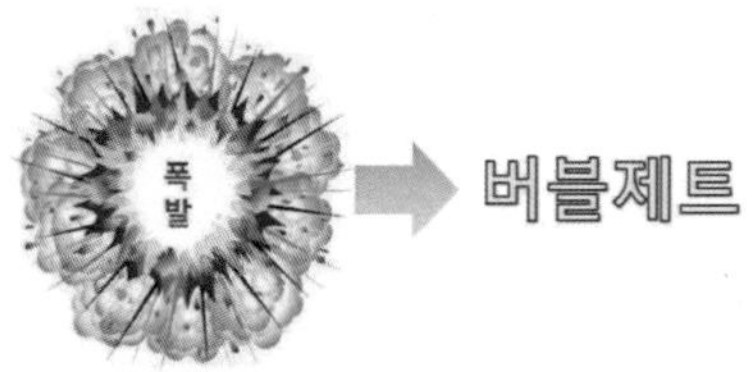

버블제트를 재현하기 위해서는 수중에서 폭발이
일어나며 수직으로 올라가는 버블을 만들 정도의 힘을
가질 수 있어야 한다.

그런 힘을 가질 수 있는 폭발물을 탐색해야 한다.

- 방안 모색

반응시 생성되는 기체를 이용한 폭발

- 아세트산과 탄산수소나트륨의 화학반응 이용

$NaHCO_3 + CH_3COOH \rightarrow CH_3COONa + H_2O + CO_2$

두 반응물을 밀폐된 용기 안에 넣고 반응시켜 생성된
이산화탄소의 압력을 이용하여 폭발을 시도

- 이산화망간 촉매를 이용한 과산화수소 분해

과산화수소가 분해되어 산소가 생성되는 반응을 통해
산소의 압력을 이용하여 폭발을 시도

- 문제상황

연료를 이용한 폭발

압전기

화학반응을 통해 생성된 기체의 압력
을 이용한 폭발은 폭발의 크기와 폭발
시간을 제어하기가 어렵다.

밀폐된 용기에 휘발성 연료를 넣은 뒤
기화시켜 압전기를 이용해 불꽃을 일
으켜 폭발시키면 폭발시간과 폭발의
크기를 쉽게 제어할 수 있다.

- 방안모색

알코올

휘발유 등과 같은 연료는 휘발성이 너
무 강해 위험부담이 크다.

알코올의 경우, 비교적으로 다른 연료
보다 위험성이 적으며, 쉽게 구하고 취
급할 수 있다.

따라서 알코올이 수중폭발 축소실험
에 가장 적합하다고 볼 수 있다.

- 화학반응을 이용하여 생성되는 기체로 인하여 폭발을 일으키려고 했으나 제어가 어려웠다. 그래서 압전기를 이용한 에탄올을 이용하기로 하였다. 그래서 알코올 기체 폭발로 대체하고, 폭발 실험은 위험이 존재하기 때문에 항상 교사가 지켜보는 가운데 실험을 진행하였다.

- **문제상황**

필름통

필름통은 보관 및 운반이 용이하다는 장점을 가지고 있지만 내부에서 폭발이 발생할 때, 충격이 덮개가 있는 위쪽으로 향한다는 단점이 있다.
충격파가 사방으로 전달되어야 하는 버블제트 실험에는 부적합하다고 말할 수 있다.

- **문제 해결**

달걀

달걀의 껍질은 알코올을 내부에 보관하고, 폭발할 때 사방으로 충격파가 전달 될 수 있다.

따라서 달걀이 수중폭발의 축소 실험에 가장 적합한 폭발용기가 될 수 있다고 생각한다.

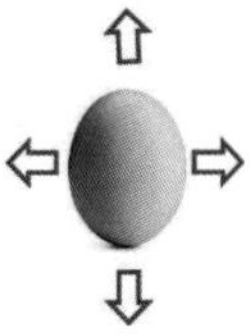

- 수중 폭발에 이용할 용기의 문제를 해결하기 위하여 필름통을 사용하려 했으나 뚜껑이 열리는 한 방향으로의 폭발만 가능하여 우리가 기대하는 것과 달랐다. 유리 용기는 파편 문제가 있기에 계란 껍질을 활용하는 아이디어를 생각하게 되었다.

- **문제상황**

달걀의 방수 – 매니큐어

매니큐어는 물에 대해 친화력이 없는 성질, 즉 소수성이다.
따라서 달걀 껍질 전체에 매니큐어를 발라 방수처리를 한 뒤 실험을 하였지만 완벽한 방수가 불가능했다.

- **문제 해결**

달걀의 방수 – 방수스프레이

방수스프레이는 본래 등산 장비가 물기에 젖는 것을 방지하는 것을 용도로 한다.

이를 달걀에 뿌려 방수막을 생성한 뒤, 실험한 결과 완벽한 방수가 가능해졌다.

– 계란껍질의 문제점은 수증기가 들어가서 물속에서 조금의 시간만 지나도 에탄올 폭발이 일어나지 않는다는 문제가 발생하였다. 이를 해결하기 위하여 계란껍질에 매니큐어를 발랐다. 어느 정도 수분을 막아주는 효과가 있었지만 완벽하지 않기 때문에 계란껍질에 방수 스프레이를 사용하여 완벽한 방수를 할 수 있었다.

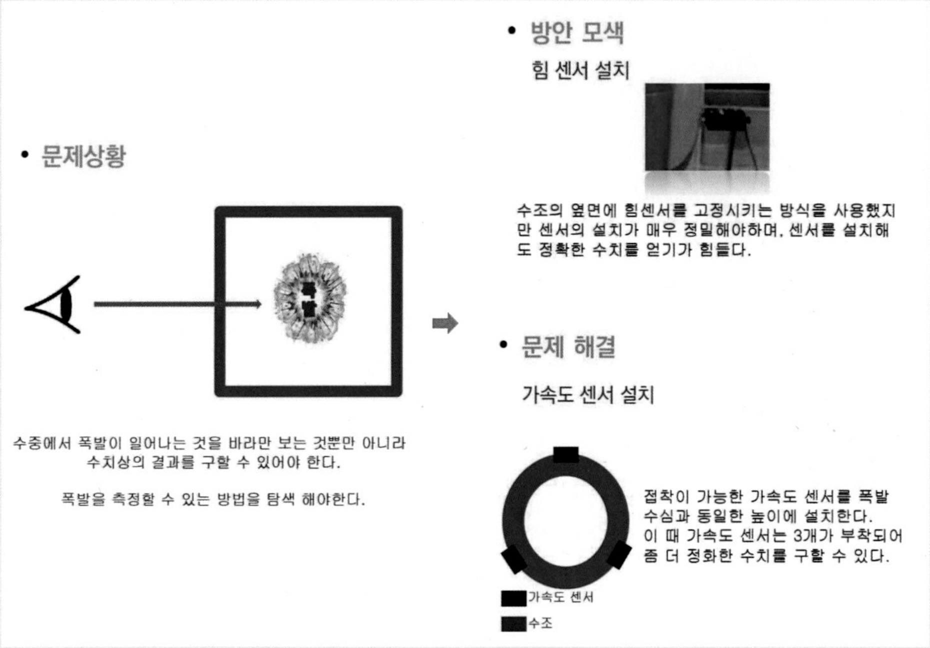

• 측정 도구의 문제: 무엇으로 어떻게 폭발의 영향을 측정할 것인가의 문제를 해결하기 위하여 처음에는 힘센서를 사용하려고 했으나, 힘센서는 양쪽 방향에서만 힘을 측정할 수 있어서 불가능하였다. 따라서 3차원 가속도 센서를 이용하여 수중 폭발이 다방면에 미치는 영향을 측정하였다.

라. 통제변인을 탐색하고 조건을 일정하게 유지하는 방법을 확인하다.

1) 가급적 동물이나 식물로 하는 실험은 피한다. 식물과 동물은 변인통제를 하기 어렵기 때문이다.

2) 식물로 실험할 경우에는 식물의 크기와 길이, 상태 등이 동일해야 실험 결과의 신뢰성을 높일 수 있는데, 동일한 상태의 식물을 구하기가 어렵다.

- 통제변인은 상상력을 요구한다. 실험도구와 재료를 보고 실험결과에 영향을 주는 요소를 많이 찾도록 노력함으로써 실험의 정확도를 높인다.

예시 **EM[1]을 이용한 식물생장 최적 조건 탐구**

- 식물생장 탐구를 해야 하기 때문에 동일한 상태의 식물이 필요하다. 식물의 상태에 따라 생존이나 생장이 달라지며, 이는 변인을 통제하기가 매우 어렵다. 식물이 얼마나 생장하는지를 보는 것이기 때문에 실험이 진행되는 시간이 필요하다. 이 시간 동안에 식물에게 주는 물(조작변인) 외의 모든 조건(일조량을 비롯한 모든 조건)이 통제되어야 한다. 그런데, 학생들의 기대와는 달리 동일한 환경에서 동일한 실험을 해도 결과가 동일하게 나오지 않는 경우가 많다는 문제가 발생한다.

3) 동물로 실험을 할 경우, 변인통제가 가장 어렵다. 조작변인을 제외한 모든 조건이 동일하게 통제되어야 하는데, 동물은 통제할 수가 없다는 것이 가장 큰 문제점이다. 시작할 때의 조건은 맞출 수 있지만, 실험 중간에 먹는 것, 자는 것, 운동하는 것 등의 모든 조건을 동일하게 통제하는 것이 어렵기 때문에 쉽지는 않은 실험이 된다.

---

1) EM: 사람에게 유익한 미생물

제4절

주제의 실행 가능성 체크리스트에는 어떤 내용이 있는가?

번호	확인	확인할 내용
1	□	주제에 맞는 실험설계를 했는가?
2	□	연구에서 원하는 최종 결론이 나올 수 있도록 실험설계가 되어있는가?
3	□	학교에서 학생들이 직접 실행이 가능한가?
4	□	학생들이 계획한 주제가 청소년이 수행하기에 적당한가?
5	□	변인통제가 실험의 목적을 실현시킬 수 있는가?
6	□	준비물을 학교에서 구입하고 보관할 수 있는가?
7	□	측정 기기가 학교에 있거나 학교에서 구입할 수 있는가?
8	□	학생들이 요구하는 재료가 연구 목적과 부합하는가?
9	□	학생들이 요구하는 측정기기가 학생들이 원하는 결괏값을 측정할 수 있는가?
10	□	학생들이 요구하는 재료가 학생이 다루기에 안전한가?
11	□	학생들이 요구하는 약품이 안전한가?

PART
07

프로젝트 실행하기

프로젝트 계획서에 제시된 대로 재료와 실험 도구, 측정도구를 준비하여 실험을 진행하는 단계이다. 프로젝트 계획서를 충실하게 작성했다면 프로젝트 실행은 순조롭게 진행될 수 있다. 어떤 경우에는 이 단계에서 프로젝트 주제를 완전히 바꾸게 될 때도 있다.

프로젝트 실행 단계에서는 매시간 수업을 시작할 때 각 팀이 할 일을 계획하고 발표하는 시간을 갖는다. 그날 실험을 진행할 계획을 발표하고, 필요한 재료나 도구를 준비하고, 어떤 측정기기를 사용할 것인지 확인한다. 당일 프로젝트 시간이 많은 반일제의 경우에는 전체 발표를 통하여 확인하면 다른 팀도 내용을 공유하므로 공부하는 시간이 되지만, 2시간 정도로 짧은 시간을 운영할 경우에는 시간이 부족할 수 있으므로 교사가 각 팀별로 확인하는 것도 좋은 방법이다. 각 팀에서 교사가 확인해야 하는 것은 다음과 같다.

1. 오늘 할 실험은 무엇인가?

2. 재료와 도구, 측정 기기는 준비가 되었는가?

3. 실험에서 변인통제는 어떻게 할 계획인가?

특히 통제변인이 제대로 되었는지 반드시 확인한다! 통제변인이 제대로 되지 않은 채 실험을 진행을 한다면, 결과의 신뢰성이 확보되지 않아 결과를 쓸 수 없다.

4. 실험 시간을 대략 얼마 정도 걸리는가?

5. 문제가 발생한다면 어떻게 해결할 것인가?

- 오늘 할 실험은 무엇인가?
- 재료와 도구, 측정 기기는 준비가 되었는가?
- 실험에서 변인통제는 무엇이며, 통제변인은 무엇인가? 통제변인이 정확하게 설정되지 않은 상태에서 실험을 진행하게 되면 결과의 신뢰성이 확보되지 않아 결과의 신뢰도가 낮게 된다.
- 실험 시간은 대략 얼마 정도 예상하는가?
- 실험과정에서 어떤 어려움이 있을 수 있는가? 또한 어떻게 해결할 것인가?

제 1 절

실험 일지 작성 방법

학생들은 실험을 시작하기 전 실험환경에 대한 정보를 기록한다. (날씨, 온도, 습도) 개인별로 실험 노트를 작성하도록 하는 것도 좋다. 실험 노트에는 실험환경에 대한 정보 외에도 그날 실험 계획을 적기도 하고, 필요한 정보나 실험 데이터를 기록할 수도 있다.

1. 매 실험시 일시/장소/날씨/온도/습도는 반드시 기록한다.
2. 실험 결과는 모두 기록한다.
3. 실험 결과는 팀원이 같아야 한다.
4. 결론이나 추론의 경우에는 이론을 바탕으로 정리를 해야한다.
5. 팀별 실험설계는 협의 후 동일하게 쓴다.

일시	장소	날씨	온도	습도	팀원
2019년 9월 10일	화학실	선선하고 맑음	24.2°	44%	

2. 계획한 대로 실험을 진행해보자.

1. 실험과정

(1) 천연지시약의 재료(오이, 바나나, 가지)를 각각 10g 씩 잘게 자른다.

(2) 250mL 비커에 재료 10g, 증류수 100mL를 넣고 20분 동안 가열한다

(3) 홈판에 수산화나트륨 수용액 5%를 2mL씩 넣는다

묽은염산 0.1M을 2mL 씩 넣는다 증류수를 2mL씩 넣는다.

(4) 가열을 끝낸 천연지시약을 염기성, 산성, 중성 용액이 담긴 홈판에 각각 7방울씩 떨어뜨린다.

(5) 색의 변화를 알아보기 위해 색을 추출하는 앱을 이용하여 [redacted] RGB 수치를 확인한다.

▲실험 과정

2. 안토사이아닌

(1) 정의 : 폴리페놀의 한 종류이다. 꽃이나 과실 등에 포함되어 있는 안토시아닌의 색소 배당체로 가수분해에 의해 하나 또는 둘의 단당류와 아글리콘으로 분류된다.

(2) 색 : 수소 이온의 농도, 즉 pH에 따라 색이 바뀐다. 중성일때 보통 같은 보라색 또는 진청색이다. 산성이 강할 수록 자주색, 빨강색 등 붉은 계열의 색을 띠며 염기성이 강할수록 파란색, 초록색, 노란색 등 푸른 계열의 색을 띈다. 이러한 성질을 이용해 식물에서 안토사이아닌을 추출해 천연 지시약으로 쓰기도 한다.

3. 지시약

: 지시약은 특정 물질의 함유 여부를 색 또는 앙금으로써 보여주는 물질이다.

흔히 지시약이라고 한다면, 옥소늄 이온(H_3O^+)이나 하이드록시 이온(OH^-)의 양에 따라 좌우되는 산 및 염기를 감별하는 것을 일컫는다.

4. 실험결과	산성(묽은염산)	중성(증류수)	염기성(수산화나트륨)	천연 지시약
가지 (색상명)	Pastel violet	Silk grey	Yellow grey	Signal grey
(RGB)	169, 111, 135	187, 183, 180	148, 131, 103	169, 148, 142
바나나 (색상명)	Silk grey	Silk grey	Pearl mouse grey	Silk grey
(RGB)	187, 183, 180	187, 183, 180	141, 125, 109	187, 183, 180
오이 (색상명)	Silk grey	Silk grey	Silk grey	Silk grey
(RGB)	187, 183, 180	187, 183, 180	187, 183, 180	187, 183, 180

* Silk grey는 무색.

제2절

문제점을 파악하고 오차 줄이기

실제로 프로젝트 실험을 진행하는 과정에서 많은 문제점에 부딪히게 된다. 이때 해결 방법을 찾지 못하게 되면 프로젝트 주제를 바꾸는 경우도 발생한다. 주제와 계획은 좋지만, 전혀 예상하지 못한 문제에 부딪히기도 한다.

학생들이 프로젝트 주제로 많이 선택하는 것 중의 하나가 천연 모기퇴치제 연구 또는 천연 모기 기피제 연구이다. 겉으로 보기에 프로젝트 수행이 쉽게 보일 수 있으나, 실제로 실험 과정이 쉽지는 않아 의미 있는 결과가 나오는 경우가 거의 없다.

이 프로젝트의 문제는 모기가 가장 왕성한 활동을 하는 여름에 연구를 끝내야 하는 점이다. 그런데, 여름에는 주제를 선정하고 천연기피제를 찾는 작업을 하느라 모기를 대상으로 실험하는 기간은 여름이 아니라 가을이 되어버리는 경우가 많다. 그래서 실제 실험을 진행하는 시간에 모기가 충분히 없어서 실험을 계속하지 못하는 경우가 있다.

또한, 천연이라고 해서 모두 사람에게 이로운 것은 아니다. 초등학생 이상은 적어도 20kg 이상의 개체이기 때문에 문제가 발생하지 않는 경우도 있다. 모기는 몇 mg 정도의 중량을 가진 개체이기 때문에 에탄올 증기를 흡입해도 바로 죽을 수 있다. 천연물을 에탄올로 추출하는 경우, 모기가 죽는다면 그 원인이 추출물 때문인지 아니면 에탄올 때문인지 확인하는 과정이 필요하다. 그런데, 에탄올만으로도 모기가 죽는다면 실험의 의미가 없어지는 문제가 발생한다.

연구 안내 사례

"성공적인 공중제비 물병 세우기에 대한 페트병의 종류, 내용물의 양, 던지는 각도에 관한 연구"

이 프로젝트는 병에 어느 정도의 물이 채워져야 공중제비 물병이 잘 세워지는지를 연구하였다. 이 과정에서 공중제비 물병이 잘 세워진다는 것을 확인하는 실험 방법을 20회 성공할 때까지 던지는 횟수를 측정하였다. 이 과정에서 던지는 횟수가 30회 정도에서 150회 정도까지 심하게 차이를 보였고, 통제변인으로서 던지는 각도와 던지는 힘을 동일하게 한다는 것을 신뢰하기 어려운 상황이 되었다.

그래서 신뢰성 있는 결과를 얻기 위하여 실험 방법을 변경하도록 조언하였다. 동일한 횟수를 던져서 성공한 횟수를 기록하는 방법으로 변경하였다. 이 방법은 동일한 횟수를 던지기 때문에 힘이나 각도를 동일하게 유지할 수 있으므로 변인통제의 문제를 제기할 수 없어 결과의 신뢰성을 확보할 수 있는 방법이다.

제3절

상황에 따른 데이터 처리 방법

실험 결과 분석에서 가장 중요한 것이 데이터를 분류하고 분석하는 능력이다. 동일한 실험 결과를 얻더라도 데이터를 처리하는 방법에 따라 다른 결론을 내릴 수 있다.

가. 데이터에 따라 표를 만드는 방법

실험 결과의 데이터를 표로 만든다는 것은 실험에서 얻은 데이터를 올바르게 분류한다는 것이기 때문에 표를 제대로 만드는 것이 매우 중요하다.

일반적으로 가로축에는 조작변인을 나타내고 세로축에는 종속변인을 나타낸다.

앞서 예시로 제시한 "굴 패각을 섞은 스티로폼의 단열성 실험"에서 일반 스티로폼과 굴 패각을 섞은 비율에 따른 스티로폼의 단열성을 확인하는 실험 결과이다. 조작변인은 스티로폼의 종류가 되며, 종속변인은 온도의 변화가 된다.

[표] 단열성 실험

종류 / 온도	일반 스티로폼	1:10 굴패각	1:7 굴패각	1:5 굴패각	1:3 굴패각	1:1 굴패각
	1차	1차	1차	1차	1차	1차
처음 온도(℃)	89	89	89	89	89	89
나중 온도(℃)	72.4	72.1	72.5	71.7	71.7	71.1
변화 온도(℃)	16.6	16.9	16.5	17.3	17.3	17.9
실내 온도(℃)	20	21.1	19.4	20	18.2	16.7

나. 데이터에 따라 그래프를 작성하는 방법

실험 결과에서 조작변인과 종속변인의 상관관계를 확인하고 가독성을 높이기 위하여 그래프를 그리게 된다. 그래프를 분석하면 결과의 경향성을 파악할 수 있다.

1) 꺾은선그래프를 사용하는 경우

연속적인 값이고 실험의 경향성을 파악할 때는 **꺾은선 그래프**로 나타낸다. 시간에 따라 변하는 양을 측정하는 경우에는 측정하지 않은 이후의 값을 유추할 수 있으므로 선을 연결하는 꺾은선 그래프를 그린다.

예시 곡물의 껍질 유무에 따른 온도 유지 능력 연구: 가로축은 조작변인인 시간이 되고 세로축은 종속변인인 온도가 된다. 여기서는 시간이 지남에 따라 온도가 어떻게 변할 것인지를 실험이 끝난 후에도 추측할 수 있다.

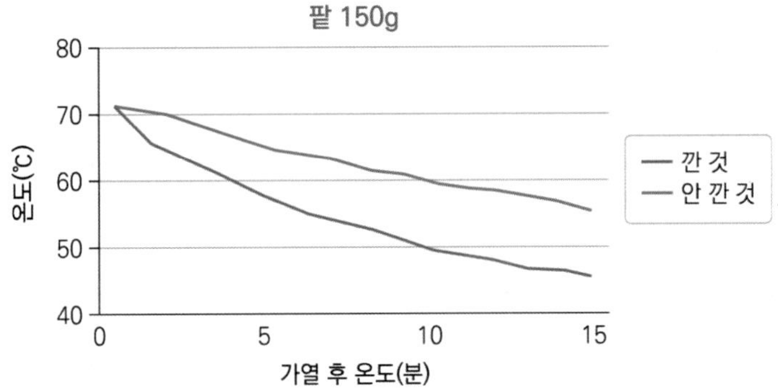

꺾은선 그래프 그리는 방법

- 가로축과 세로축을 그린다.
- 가로축 끝부분에 조작변인을 표시하고, 세로축 끝부분에 종속변인을 표시한다.
- 왼쪽 두 직선이 만나는 지점은 가로, 세로 값이 모두 0이 되어야 한다.
- 간격이 모두 동일해야 한다. (1칸의 크기는 자신이 정한다.)

2) 막대그래프를 사용하는 경우

대상은 모두 다르지만 동일한 값의 크기를 비교하는 경우에는 **막대그래프**를 사용한다. 측정하는 대상은 모두 다르지만 비교하는 값이 같은 경우에 사용한다.

예시 '소음원의 종류에 따른 소음의 크기 비교'에서 소음의 크기는 동일하게 측정하지만, 소음을 측정하는 소음원은 모두 다르다.

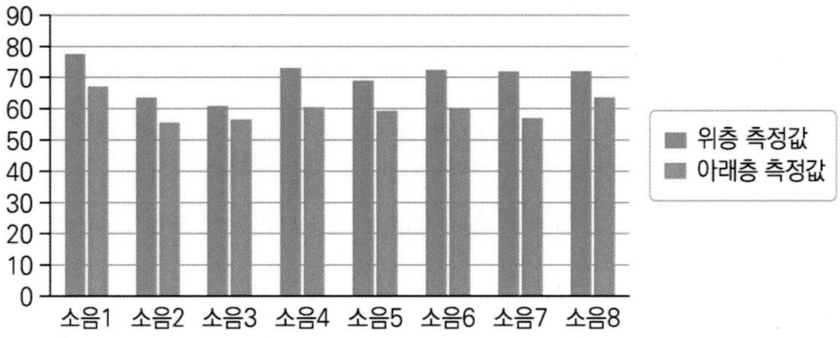

3) 원형 그래프를 사용하는 경우

설문이나 결과의 총수가 100%로 계산될 때는 **원형 그래프**로 나타낸다.
예) '곤충에 대한 인식 조사'는 설문하는 총수가 100%이므로 원형 그래프를 사용한다.

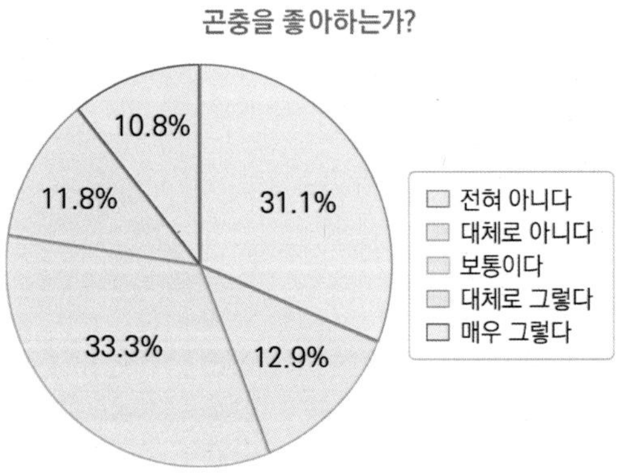

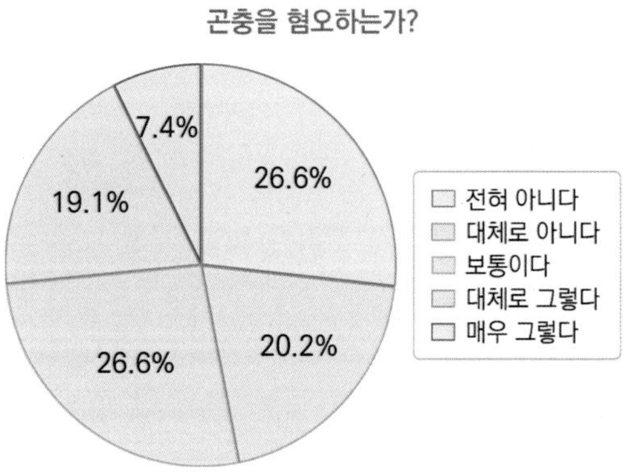

제4절

신뢰성 있는 결과를 얻는 방법

프로젝트 결과를 얻는 방법은 관찰 결과를 쓰는 정성적 방법과 구체적인 숫자로 기록하고 결과를 알아보는 정량적 방법이 있다. 정성적 방법은 쉽게 사용할 수 있지만, 결과의 신뢰성이 낮을 수 있다.

예를 들면 '콩가루의 첨가가 쿠키 조직감에 미치는 영향 탐구'에서 쿠키의 조직감을 어떻게 나타낼 것인가를 고민해야 한다. 바삭하다, 바삭하지 않다는 정성적인 결과이다. 이때 이 프로젝트에서 도입한 것은 설문이다. 많은 학생에게 바삭함에 대한 설문을 진행하여 연구 결과에 정량적인 데이터를 추가하여 프로젝트의 신뢰성을 높일 수 있다.

콩가루 첨가가 쿠키 조직감에 미치는 영향 탐구

주제선정이유

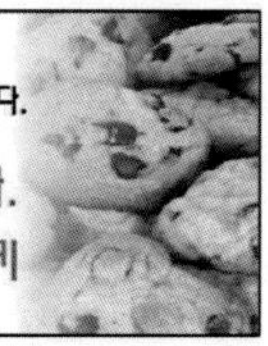

콩가루는 수분을 흡수하는 특징이 있다.

쿠키는 수분함량이 높을수록 눅눅해진다.

콩가루를 쿠키에 넣으면 더 바삭한 쿠키를 만들 수 있을 것이다.

가설설정

1. 콩가루 비율이 높을수록 쿠키의 조직이 바삭하게 될 것이다.
2. 휴지 시간이 길어질수록 쿠키가 바삭하게 변할 것이다.
3. 굽는 시간에 따라 쿠키의 질감이 달라질 것이다.
4. 박력분이 아닌 다른 가루에도 적용 될 것이다.

실험방법

1. 쿠키 제작방법

1) 쇼트닝, 설탕을 넣고 저속, 중속, 고속으로 1분씩 휘핑한 후계란과 소금을 추가해 중속1분, 고속2분 휘핑한다.
2) 박력분과 콩가루를 체에 두 번 치고 넣어준 뒤 휘핑한다.
3) 반죽으로 뭉친 후 상온에서 30분간 숙성한다.
4) 원통형 모양의 쿠키커터로 쿠키를 성형한다.
5) 180℃에서 15분간 구운 후 상온에서 30분간 식힌다.

(실험군은 기본 제작방법에 변인을 적용시켜 제작함.)

2. 실험결과 확인방법

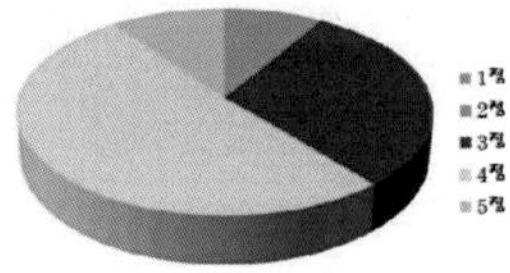

- 쿠키 제작 후 60명의 시식자에게 실험군을 제공함.
- 실험군 시식 후 시식자에게 각 항목별 설문조사를 실시함.
- 항목은 맛, 외관, 질감이며, 시식자는 각 항목별로 1~5점의 점수를 매김.

실험결과

1) 콩가루 비율에 따른 쿠키 조직감 변화

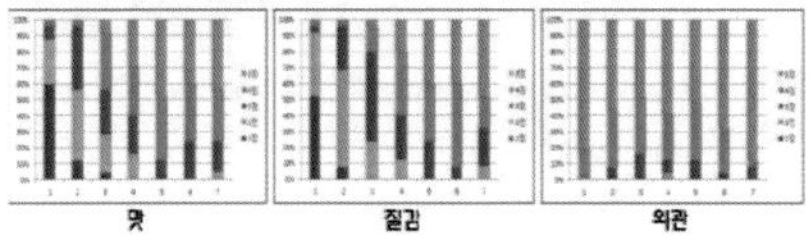

- 콩가루 비율이 낮은 쿠키(0~6%)는 질감이 연하지만 눅눅함
- 콩가루 비율이 높은 쿠키(12~20%)는 질감이 바삭하며 바삭함이 오래 유지됨
- 15%와 20%의 경우에는 콩가루가 과도하게 첨가되어 오히려 쿠키의 조직감이 딱딱해지는 것으로 보임

2) 반죽 휴지시간에 따른 쿠키 조직감 변화

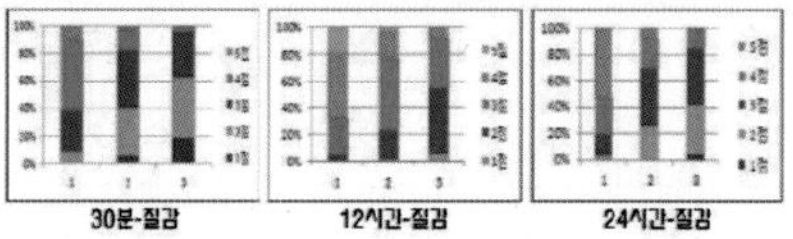

휴지시간이 길어질수록 쿠키 반죽의 글루텐 형성을 억제시켜 쿠키의 조직감이 더 바삭해지고 쿠키 반죽의 단위 면적당 수분량이 일정하여 열이 고르게 전달되어 반죽의 맛 부분에서도 더 고소해진다는 것을 알 수 있다.

3) 쿠키 굽는 시간에 따른 쿠키 조직감 변화

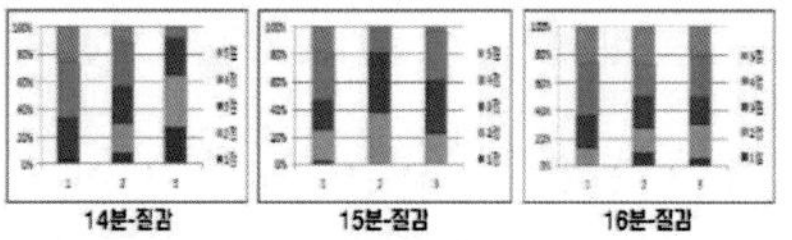

- 쿠키의 굽는 시간을 14분, 15분, 16분으로 나누어 진행함.
- 콩가루 6%는 16분 동안 구웠을 때의 질감이 가장 바삭함.
- 콩가루 12%는 16분동안 구운 쿠키는 14분을 구운 쿠키보다 질감이 떨어짐.

4) 박력분 외에 적용유무 확인

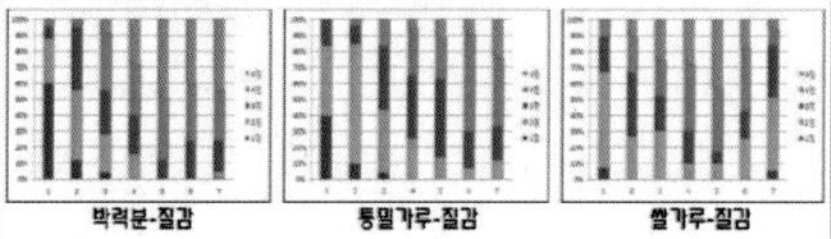

- 박력분의 경우, 콩가루 비율이 낮은 쿠키들은 질감이 촉촉하고 콩가루 비율이 높은 쿠키들은 오히려 질감이 딱딱함
- 통밀가루는 콩가루 비율이 6%, 9%, 15%, 20% 모두 질감이 바삭함.
- 쌀가루의 경우, 쿠키의 조직감의 차이를 보였고, 박력분과 비슷한 결론이 나왔다.

결론

1번 실험
콩가루 비율이 낮은 쿠키들은 질감이 부드럽지만 눅눅해 지는 반면에 콩가루 비율이 높은 쿠키들은 질감이 바삭함. 콩가루가 과도하게 첨가되면 오히려 쿠키의 조직감이 딱딱해짐

2번 실험
휴지시간이 길어질수록 쿠키의 조직감이 더 바삭해지고 쿠키 반죽의 맛 부분에서 또한 더 고소해지는 것을 보임

3번 실험
콩가루 6%는 16분동안 구웠을 때의 질감이 가장 바삭하였고, 콩가루 12%는 14분 동안 구운 질감이 우수하였지만 장기간 굽게되면 오히려 질감이 딱딱해지는 것을 보임.

4번 실험
통밀가루와 쌀가루 모두 쿠키의 조직감에 영향을 미침. 통밀가루는 박력분과는 달리 실험군 모두 질감이 우수하였음

아래와 같이 천연염색약을 제작하는 프로젝트를 수행하는 경우 염색이 잘 되었다는 것을 색으로만 비교(정성적 비교)하면 신뢰성이 떨어진다. 색이라는 것은 빛의 양에 따라 또는 관찰하는 사람에 따라 달라질 수 있기 때문이다. 이 결과의 신뢰도를 높이기 위해 정량화하는 방법은 RGB 수치로 나타내는 것이다. 사진을 찍어서 프로그램에 넣으면 RGB 수치로 정량화할 수 있다.

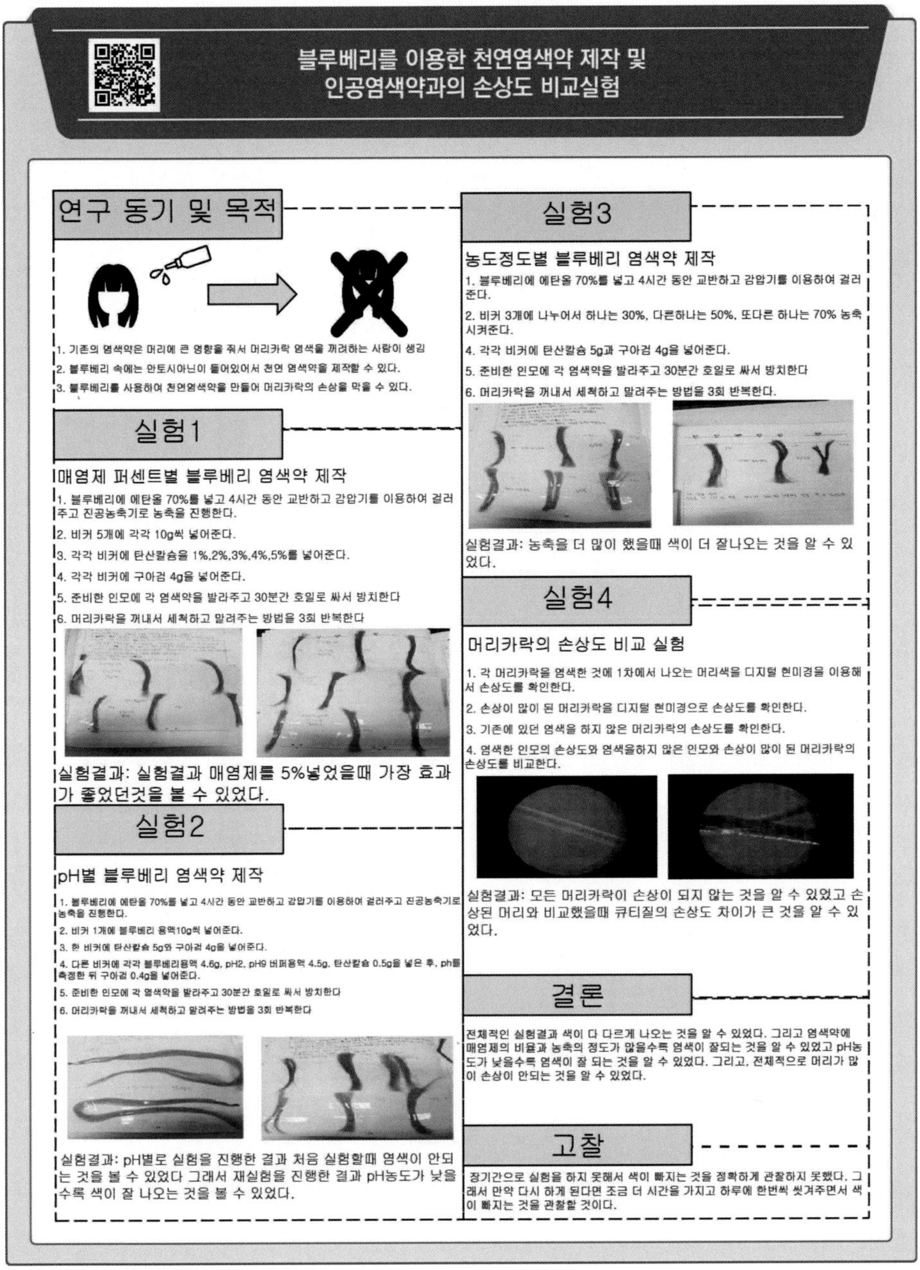

제5절

프로젝트 수행 과정에서 결과 측정 도구 활용 사례

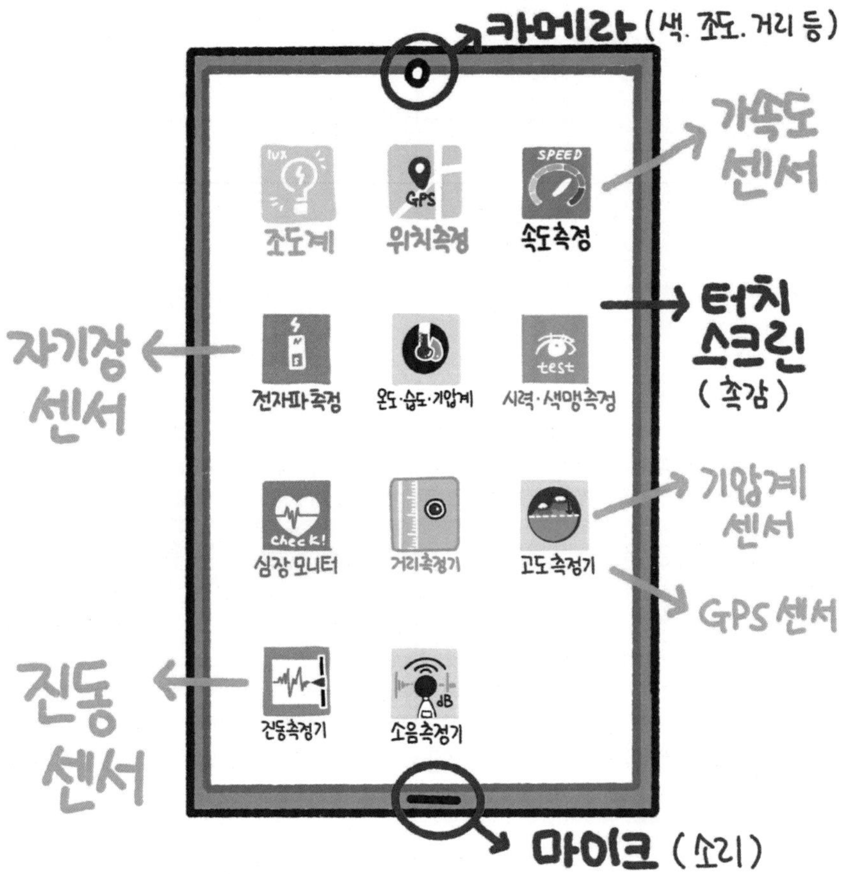

프로젝트 연구는 활동 후에 정확한 결괏값을 측정함으로써 신뢰성을 높일 수 있다. 이때 수치화된 데이터를 확보하는데 필요한 것이 측정도구이다. 측정도구는 순간적인 값을 얻을 수 있는 단순 측정기부터 연속적인 값을 얻을 수 있는 MBL 센서까지 다양하게 있다. 최근에는 측정용 도구 외에 스마트폰의 앱(애플리케이션)을 이용하여 광도, 진동, 소음 등 다양한 분야의 측정을 할 수 있다.

가. 단순 측정기

단순 측정기는 연속적인 값을 측정하는 것이 아니라 순간적인 값을 측정하게 된다. 일반적으로 하나의 측정기는 하나의 값을 측정하는 것으로 신뢰성이 높은 결과를 얻을 수 있으며 전문가용으로 되어있어 구입 가격이 비싸다는 단점이 있다.

1) 기체 측정기

기체 측정기는 우리가 생각할 수 있는 모든 기체의 농도를 알려주는 측정기이다. 산소, 이산화탄소, 일산화탄소, 수소, 메테인, 폼알데하이드, 라돈, 오존, 암모니아의 농도, 방사선까지 측정하는 기기가 있다. 공기질 오염도 측정기를 비롯한 복합가스 측정기 등 다양한 기체의 양을 측정할 수 있다.

2) 온도, 습도 측정기

온도계나 습도계는 실험실에 거의 비치되어 있다. 온도계만 별도로 있는 것도 있고, 온도 및 습도를 동시에 측정할 수 있는 것도 있다. 적외선 온도계는 비접촉 온도계로, 측정 대상에 접촉하지 않고 온도를 측정한다. 요즈음 코로나 상황에서 등교할 때 온도를 측정하는 방식이다.

3) 수질 DO, pH 측정기 등

수질을 측정할 수 있는 다양한 기기들이 있다.

- pH 측정기: 수소이온농도 지수로서 물속의 산성도를 측정한다. pH 값이 7보다 작으면 산성, 7보다 크면 염기성으로 판단한다.
- DO 측정기: 물속에 녹아있는 산소량(용존 산소량)을 측정한다. 플랑크톤과 같은

생물이 많은 경우 용존 산소량이 적어진다.

- BOD 측정기: 생물학적 산소요구량을 측정한다. 물속의 유기물의 양을 측정한다. BOD 값이 클수록 유기물이 많은 오염된 물이다.
- 전도도 측정기: 액체의 전기 전도도를 측정한다.
- ORP 측정기: 용액의 산화 환원 전위량을 측정한다. 수영장, 폐수 등의 수질을 측정하는 데 사용하는 측정기이다.
- TDS 측정기: 물에 녹아있는 양이온과 음이온의 양을 전도성을 이용하여 순수한 물 외에 부유물이 들어있는 양을 측정한다.
- 잔류염소 측정기: 물의 소독 정도를 알기 위해 액체 내에 염소 함량을 측정한다.
- 수심측정기: 물의 깊이를 측정한다.
- COD 측정기: 물속의 화학적 산소요구량을 측정한다. 값이 클수록 물의 오염도가 높다.
- 디지털 탁도 측정기: 수질의 탁한 정도를 측정한다.
- 수질 색도계: 용액에 염소 등 특정 물질이 녹아있는 양을 측정한다.

그 외에도 소음, 진동 관련 기기, 기상/고도계 기압계, 당도/염도계 농도계, 수분계, 유리나 플라스틱, 금속의 두께를 측정할 수 있는 기기 등 다양한 기기가 있다.

나. MBL 측정장치

MBL(Microcomputer Based Laboratory)은 컴퓨터 기반 실험을 뜻한다. MBL은 측정된 값(물리량)을 엑셀과 같은 컴퓨터 프로그램을 이용하여 모니터에 표나 그래프로 표현한다.

1) MBL의 구성

MBL은 컴퓨터를 이용하여 결과를 모니터에 보여주게 된다. 따라서 MBL을 이용하여 측정할 때는 컴퓨터와 모니터 준비가 요구된다.

가) 센서: 과학 실험이나 연구 과정에서 측정되는 정보를 전기 신호로 변환하여 인터페이스에 전송해주는 장치이다.

나) 인터페이스 장치: MBL 센서에서 받은 전기 신호를 데이터 신호로 변경하여 컴퓨터에 전송해주는 장치이다

다) 소프트웨어: 실제 측정된 정보를 컴퓨터 화면에 나타내 주는 프로그램으로 데이터 수집과 분석이 가능하다. 이러한 소프트웨어를 잘 활용하면 오랫동안 값의 변화를 수집해야 하는 경우, 짧은 시간에 많은 데이터를 수집해야 하는 경우 등 원하는 대로 측정이 가능하다.

2) MBL의 장점

가) 실험 시간에 다른 일도 동시에 할 수 있다. 일반적으로 실험 데이터를 얻기 위해서 실험 과정을 지켜보면서 측정을 해야 한다. 데이터만 수집하는 단순 실험의 경우에 MBL을 이용하면 다른 일까지 동시에 할 수 있다.

나) 반복 실험이나 측정 시간이 긴 실험에 MBL을 이용하면 실험자의 수고를 덜 수 있다. 오랜 시간 동안(12시간 이상) 데이터를 얻어야 하는 경우에는 단순하고 지루하기 때문에 힘든 경우가 많이 있다. 이 경우에 MBL을 활용하면 다음 날 결과를 확인할 수 있는 장점이 있다.

다) 사람의 감각기관에 의존한 측정보다 정밀하게 측정할 수 있다.
우리가 10초에 한 번씩 온도를 측정한다고 생각해보자. 10초가 되는 순간 온도계를 보지만 실제로 10초가 이미 지나고 나서 온도를 읽게 된다. MBL 센서는 10초에 한 번 결괏값을 읽으라고 세팅을 하면 그 순간 온도를 읽어서 표에 나타낸다.

라) 실험 과정과 실험 결과를 실시간으로 확인할 수 있다.
MBL은 컴퓨터 화면에 표와 그래프를 동시에 볼 수 있다. 그래프를 확인하면 실험하면서 동시에 결과를 확인할 수 있다. 또한 이 그래프의 화면을 캡처하여 보고서 작성에 편리하게 활용할 수 있다.

마) 여러 센서를 동시에 이용할 수 있다.
MBL 사용의 꽃이라고 할 수 있다. MBL 인터페이스는 기본적으로 3개 이상 6개까지 센서를 사용할 수 있다. 즉, 하나의 실험에서 6개까지의 값을 얻는 것이 가능하다는 것이다. 산을 염기로 중화시키는 반응에서 온도의 변화, pH(산성도)의 변화, 전도도의 변화를 동시에 측정할 수 있다.

3) 무선 센서 이용이 가능하다.

요즘 나오는 무선 센서들은 컴퓨터나 인터페이스, 소프트웨어가 필요없다. 우리의 휴대폰과 무선 센서만으로도 측정 및 결과를 보여준다. 출시하는 회사에 따라 휴대폰 어플이 다르지만 구입할 때 회사에서 사용 방법을 자세히 안내한다.

무선 센서 MBL은 휴대폰 블루투스 기능을 활성화한 후 앱을 열게 되면 센서가 연결된다. 이때 센서를 클릭하고 측정 과정을 진행하면 결괏값을 얻을 수 있다.

4) 연구에 이용한 센서 예시

가) 온도 센서

가장 많이 사용되는 센서 중 하나이다. 긴 시간 동안 온도를 측정하는 경우에 사용된다.

프로젝트에 사용 사례 1

[발열 식물을 이용한 온실의 온도 조절 방법 탐구]에서 24시간 동안 10가지의 온도를 측정하였다. 이 경우 인터페이스 2개를 사용하여 측정할 수 있었다.

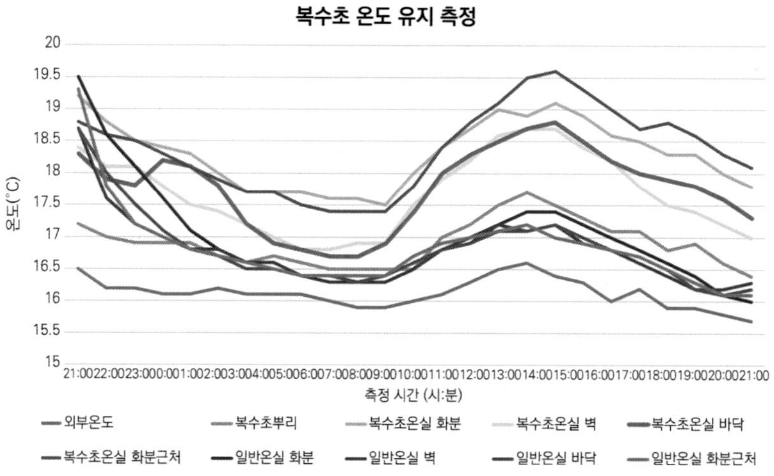

나) 적외선 온도 센서

온도 센서보다 더 자주 사용되는 센서이다. 비접촉식이기 때문에 표면 온도를 측정할 때 많이 사용된다.

프로젝트에 사용 사례 2

[버섯의 균사를 이용한 단열재(머쉬푸딩) 개발 및 효율 분석] 연구에서 단열재의 단열성을 확인하는 실험에서 사용하였다.

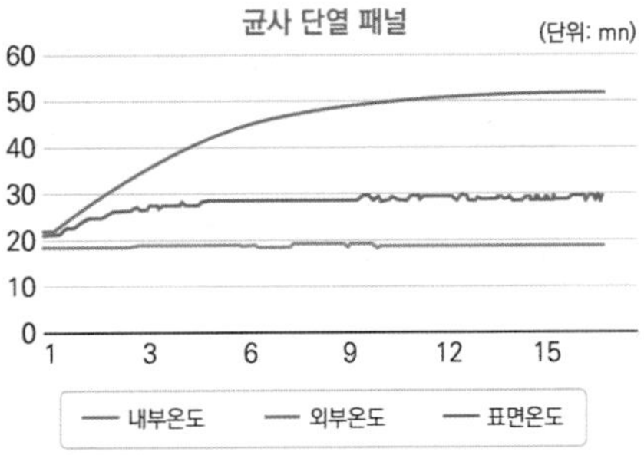

프로젝트에 사용 사례 3

[곡물의 껍질에 따른 온도 유지 능력 탐색] 연구에서 곡물의 온도변화를 측정하는 실험에서 사용하였다.

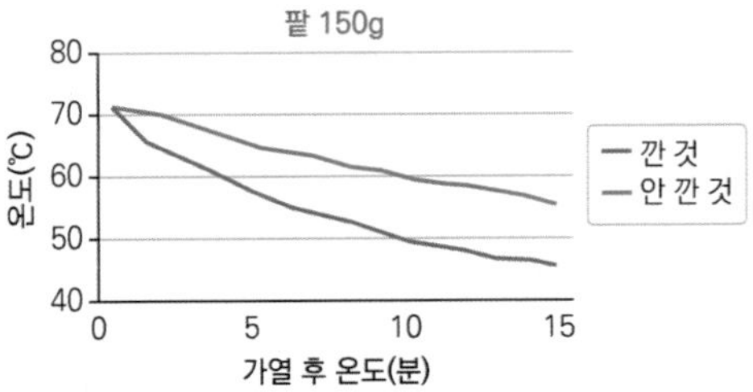

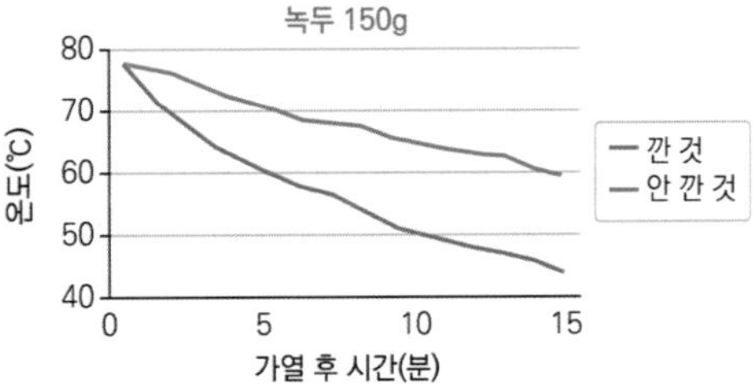

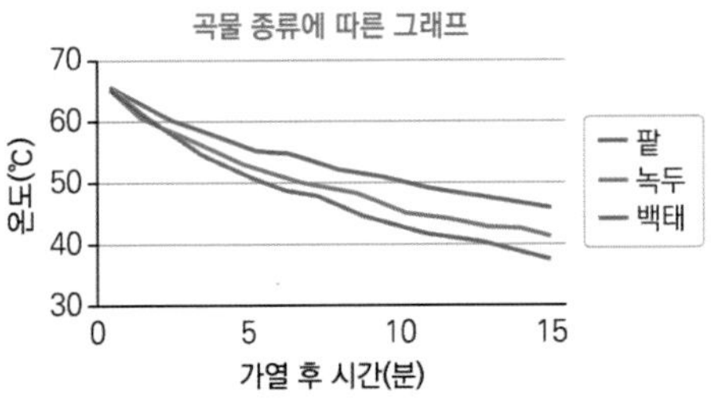

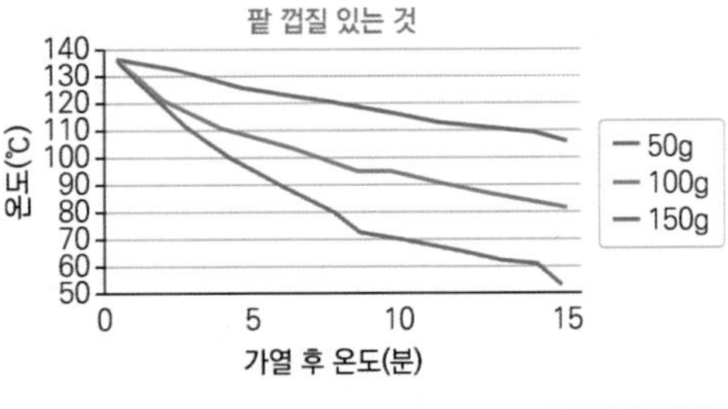

다) 조도 센서: 광원에서 나오는 빛의 세기를 측정하는 센서로 각도에 따른 빛의 세기 측정, 빛의 세기에 따른 식물의 광합성 정도 연구에서 활용이 가능하다.

프로젝트에 사용 사례

[페트병 전구 Liter of Light의 효율 분석과 단점 극복 방안 연구]에서 페트병에서 산란되는 빛을 측정하기 위하여 사용하였다.

암실 상자에 설치된 페트병 전구

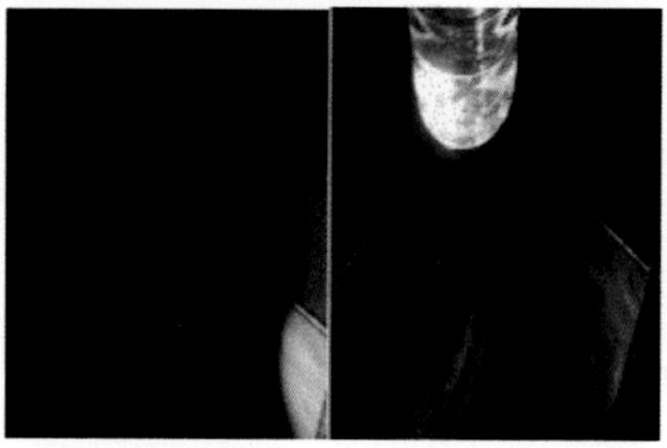

설치된 거리에 따른 조도 측정

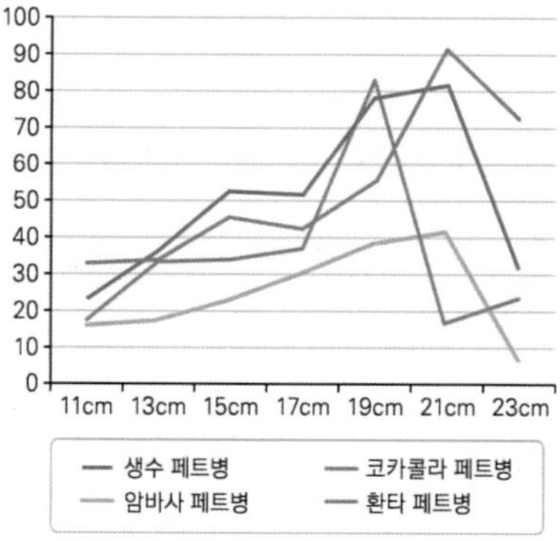

라) DO(용존산소) 센서: 물속에 용해된 산소의 양을 측정하는 것으로 BOD(생물학적 산소요구량)와는 반대 개념이다. 수질 측정과 수중 식물의 광합성 측정 실험에 활용 가능하다.

프로젝트에 사용 사례

[수중폭발 및 버블젯 효과를 통한 수질오염 개선방안 연구]에서 투입되는 산소의 양에 따른 용존 산소량을 용존산소(DO) 센서로 측정하였다.

산소량에 따른 DO 변화량 측정

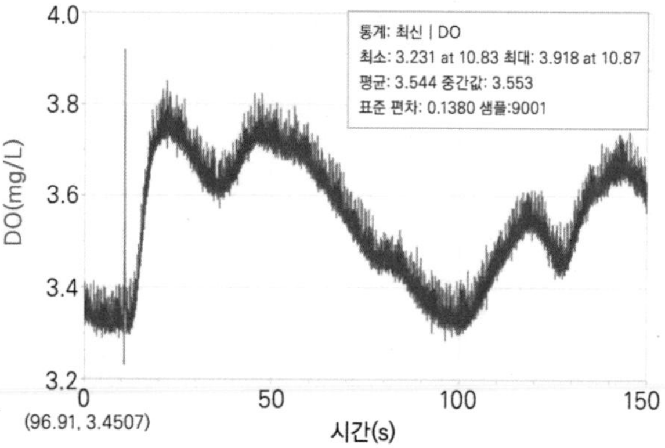

마) 소음측정 센서: 데시벨 단위로 소음을 측정하며 소음 관련 다양한 곳에서 사용이 가능하다.

프로젝트에 사용 사례

[층간소음의 원인 탐구를 통한 층간소음 방지 알림이 제작] 연구에서 소리가 어떻게 변하는지 그 패턴을 확인하는 방법으로 사용되었다.

소음측정 방법(동시에 측정)

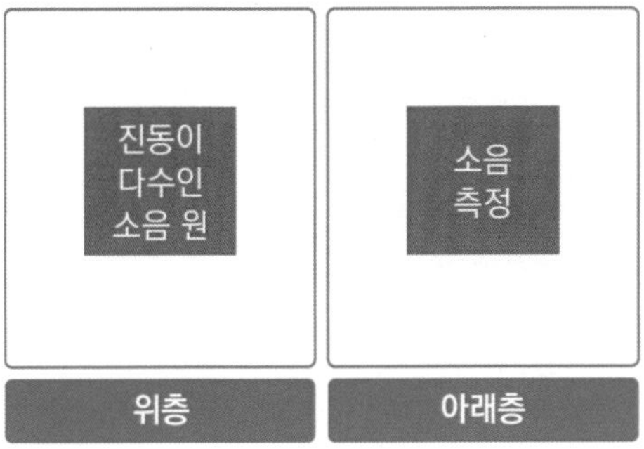

소음 측정 센서로 얻은 소음변화 그래프

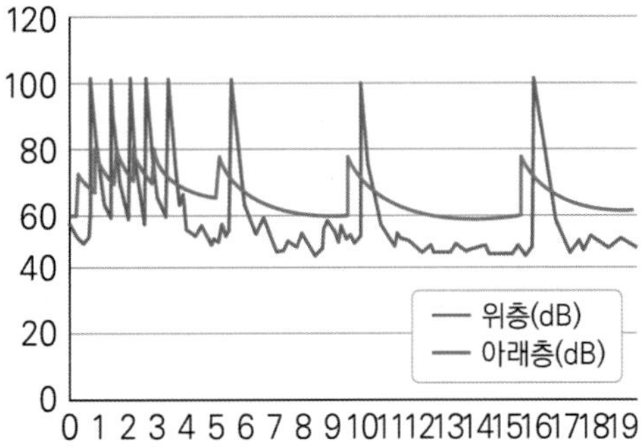

바) 포토게이트: 물체의 운동을 측정할 때 감지기가 이를 지나는 물체의 속도, 주기를 측정할 수 있으며, 반드시 두 개를 동시에 사용해야 한다. 물리의 역학 실험에서 이동하거나 자유낙하하는 물체의 시간에 따른 거리, 속도, 가속도를 측정할 수 있다.

프로젝트에 사용 사례

[빗면 강하체의 내부 형태의 특성에 따른 빗면 강하 속도변화 패턴 연구]에서 강하체의 속도를 구하기 위하여 사용하였다. 속도측정기도 있지만 측정할 수 있는 폭이 너무 좁아서 사용하기 힘든 반면에, 포토게이트는 어느 정도 넓은 폭도 측정이 가능하다.

포토게이트를 사용한 측정

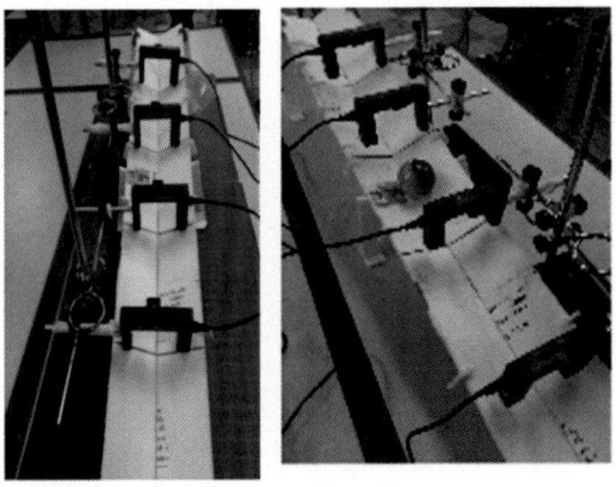

포토게이트로 얻은 속도그래프

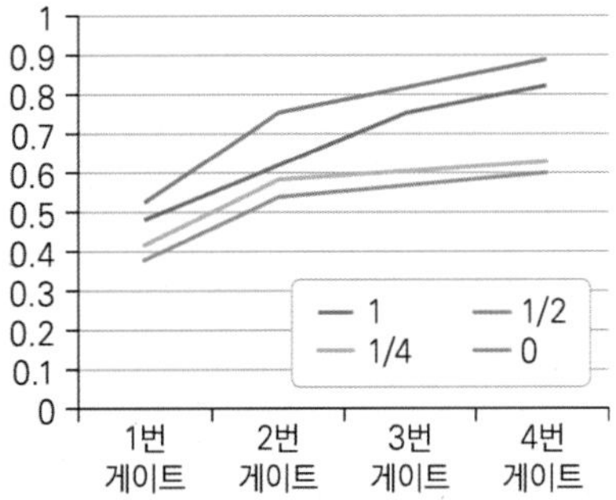

사) 마이크로폰: 소리의 파형을 다양하게 측정할 수 있는 소리측정 센서로서 FFT(빠른 Fourier 변환) 분석을 사용하여 Hz(주파수)를 측정할 수 있다. 진동수와 진폭에 따른 소리의 파형 관찰, 다양한 악기의 파형 비교, 소리의 속도 측정 등의 연구가 가능하다.

프로젝트에 사용 사례

[파장에 따른 식물의 발아와 생장 연구]에서 음의 파장에 따른 식물의 생장을 확인하기 위하여 음악의 파형을 분석하는 데 사용하였다.

Muse-Bliss

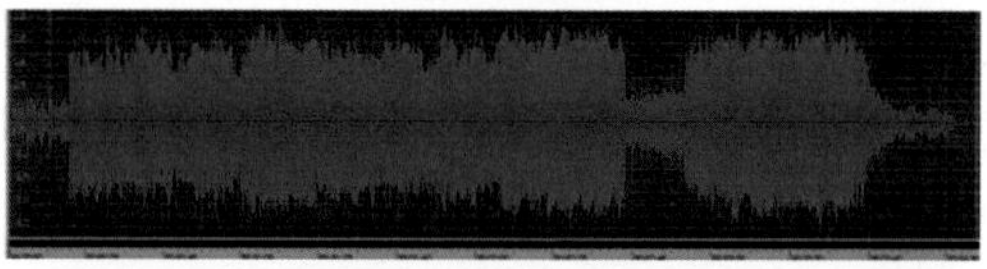

비발디 사계 중 '봄'

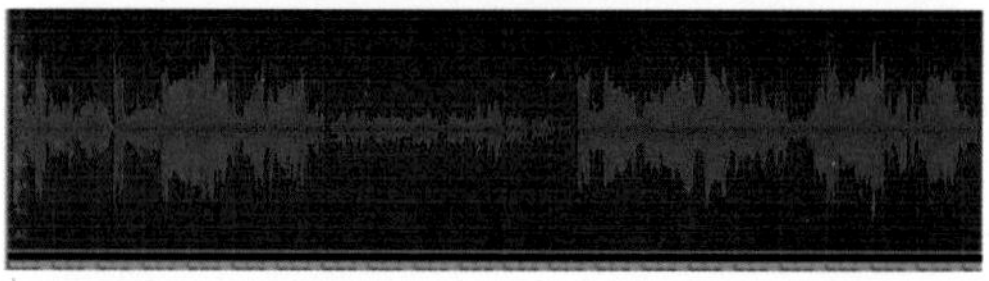

아) 회전운동 센서: 이동거리, 각속도, 각가속도를 측정하기 위한 양방향 센서이다. 관성모멘트를 측정할 수 있다.

프로젝트에 사용 사례

[맴돌이 전류와 네오디뮴 자석을 이용한 소형 유모차 제작]에서 자석의 유무에 따라 회전 속도와 원형금속판이 멈추는 데 걸리는 시간을 측정하는데 사용하였다. 이때 회전운동 센서에 원형금속판을 고정시킨다.

회전센서를 이용한 각속도 측정 장치

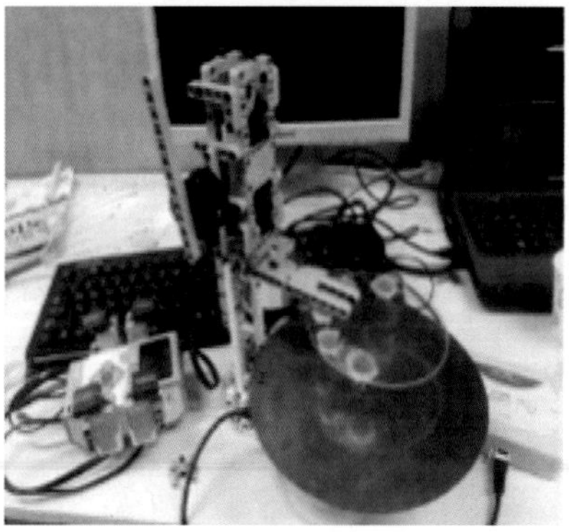

금속판 지름에 따른 각속도 측정 결과

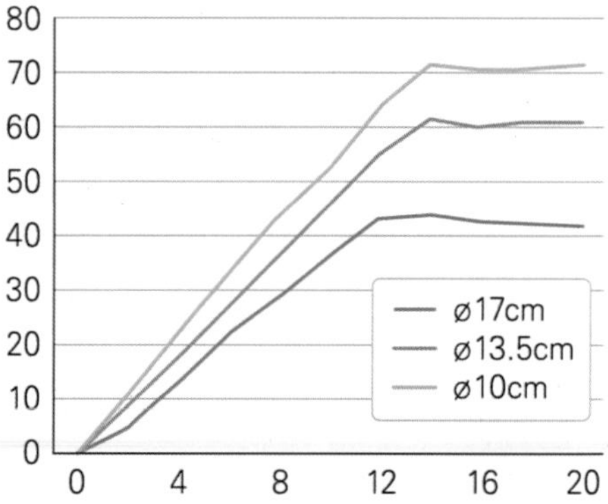

자) 가속도 센서: 동시에 세 방향으로 작용하는 가속도를 측정할 수 있는 3차원 가속도 센서와 단순한 1차원 가속도 센서가 있다.

프로젝트에 사용 사례

[수중폭발 및 버블제트 현상의 재현과 수질개선 효과 탐색]에서 폭발의 영향을 확인하기 위하여 사용하였다.

3차원 가속도 센서를 이용한 측정 장치

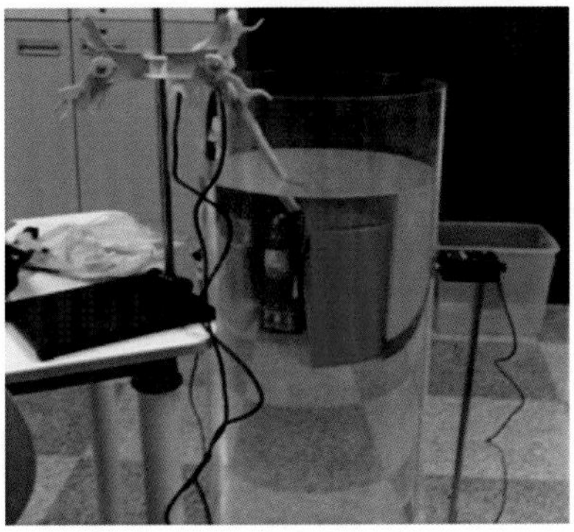

수심에 따른 충격파 측정 결과

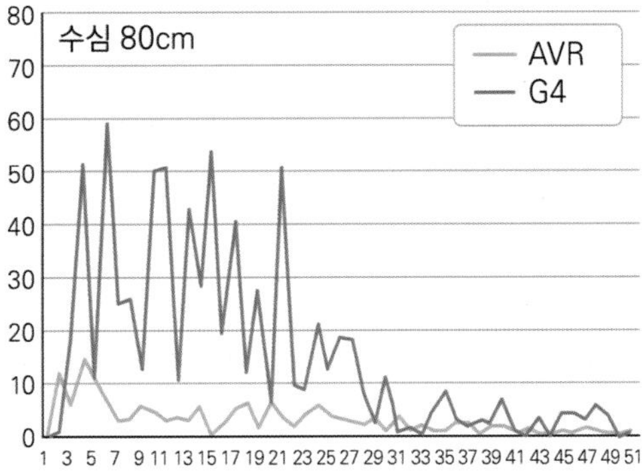

차) 힘센서: 물체에 작용하는 힘(당기는 힘뿐만 아니라 미는 힘도 측정 가능)을 측정하며, 일정한 힘을 가하는 실험에서도 사용할 수 있다.

프로젝트에 사용 사례

[자전거 폐타이어를 이용한 Q드럼 개선 방법 탐구]에서 Q드럼을 끄는 힘을 측정하기 위하여 사용하였다. 이때 사용한 값은 최대정지마찰력이다.

힘센서 사용 방법 및 이용한 측정 장치

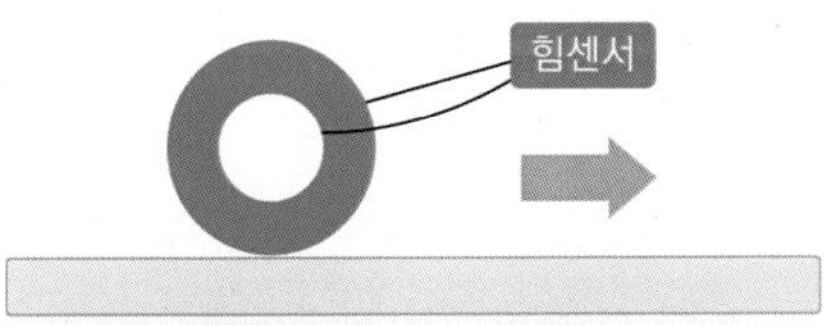

최대정지마찰력 측정 결과

단위 (N)	제작	좁은	넓은
타이어 無	22.22	25.42	28.70
타이어 有	14.96	16.79	19.82

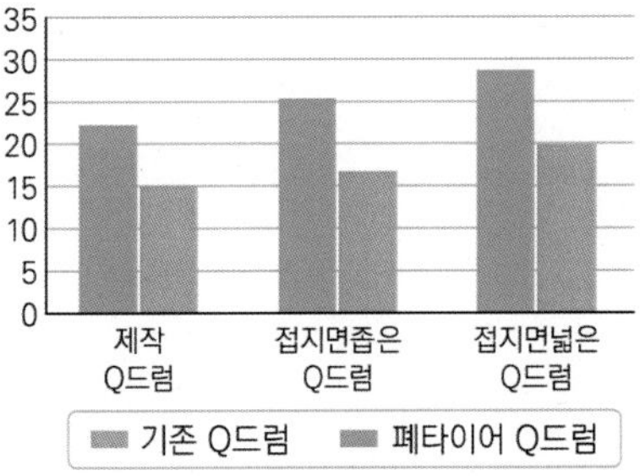

카) 색도계: 반응 속도, 시간에 따른 농도 변화, 비어의 법칙 등 다양한 실험을 할 수 있으며, 4개의 파장(430nm, 470nm, 565nm, 635nm)을 선택하여 실험할 수 있다. 색도계는 변화량을 관찰하기는 어렵고 계속 큐벳을 바꾸어서 측정을 해야 한다.

프로젝트에 사용 사례

[소화효소를 이용한 음식 분해 연구]에서 색이 없어지는 정도에 따라 영양소가 분해가 됨을 색도계를 이용하여 측정하였다.

녹말의 분해실험 결과

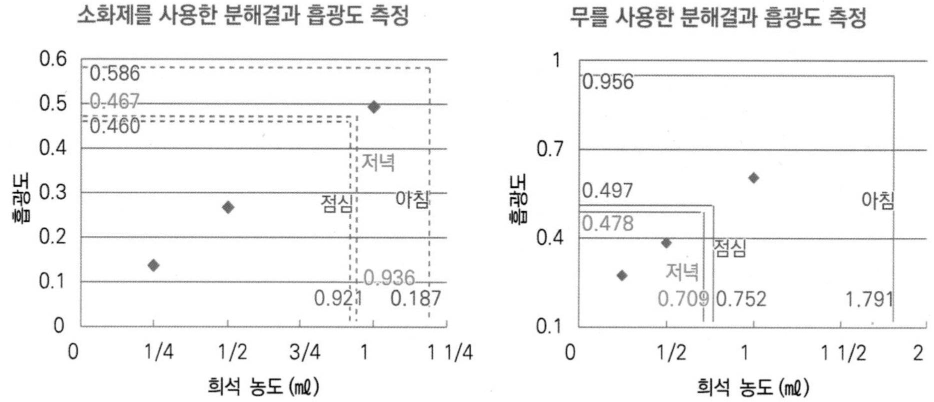

타) 스펙트로미터: 분광광도기와 형광분석기의 결합으로 인터페이스 없이 단독으로 사용한다. 전체 파장 스펙트럼(흡광도, % 투광도, 세기)을 측정할 수 있고, 미지 시료의 농도 및 반응 속도를 측정할 수 있다.

프로젝트에 사용 사례

[파장에 따른 식물의 발아와 생장 연구]에서 빛의 파장과 세기를 측정하기 위하여 사용하였다.

빨간색 LED의 파장

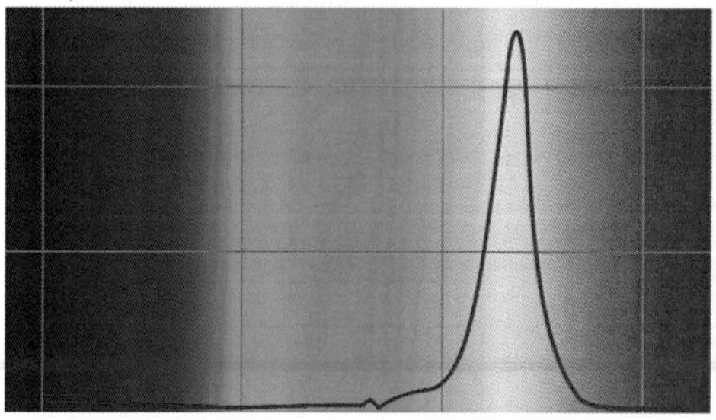

태양광의 파장

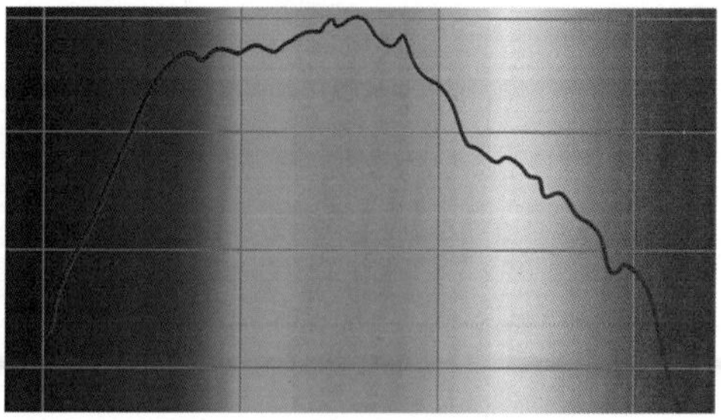

다. 휴대폰 앱(어플, 애플리케이션) 사용

스마트폰에는 많은 센서가 내장되어 있다. 스마트폰에 제공되는 카메라는 시각을, 마이크는 청각을, 터치스크린은 촉각을 대신한다. 또한 GPS는 객관적인 위치를 알려주고 가속도 센서와 자이로스코프는 균형 상태를 감지한다.

1) 조도 센서를 이용하여 주변의 빛의 세기를 측정: 주변의 빛을 감지하여 광도의 최대값, 평균, 최소값을 lux(럭스) 단위로 보여준다.
2) GPS 센서를 이용한 위치 측정
3) 자기장 센서를 이용하여 전자파 측정: 주변의 전자파를 감지하여 μT 단위로 수치를 보여준다.
4) 중력센서, 가속도 센서, 자이로 센서를 이용한 속도 측정: 측정자가 이동할 경우 속도를 감지하여 보여준다.
5) 온도, 습도, 기압 측정: 주변의 온도, 습도, 기압을 동시에 측정하여 보여준다. 인체에 느낌과 비교하여 편안함의 정도를 지수로 보여주기도 한다.
6) 시력 및 색맹 측정: 50cm 거리에서 숫자를 제시하여 시력를 측정한다. 또한 색맹도 측정하게 된다.
7) 스마트폰 카메라를 이용하여 심장박동수, 혈압, 호흡수 측정: 카메라에 손가락 끝을 대면 그래프와 함께 심장 박동수, 혈압, 호흡수를 보여준다.
8) 50m 이내의 거리를 측정: 카메라로 대상 물체를 지정하여 거리를 측정한다.
9) 고도 측정기: 자신의 위치에서 해수면으로부터의 높이를 수치로 보여준다.
10) 진동 센서를 이용한 진동 측정: 진동하는 물체 위에 스마트폰을 올려놓으면 진도를 수치로 보여주며, 진폭을 그래프로 보여준다.
11) 소리 센서를 이용하여 소음 측정: 소음의 정도를 감지하여 dB단위로 수치를 보여준다.

기술이 발달하면서 더 많은 센서가 내장되면서 측정할 수 있는 분야가 지속적으로 증가하게 된다. 내장된 다양한 센서와 애플리케이션을 이용하면 프로젝트 활동에서 더 정확한 측정값으로 결과의 신뢰도를 높일 수 있다.

라. 측정기에 대한 정보

구글 검색에서 '측정기'로 검색하면 회사 및 과학사의 홈페이지에서 측정기를 구입할 수 있다. 측정기가 많이 제시된 홈페이지는 아래와 같다.

1) https://me2.do/Gc4NDnin

2) https://koreasci.com

3) http://www.yuyu21.co.kr/

PART

08

프로젝트 실행과정에서 문제점 해결 사례

제1절

대조군에 대한 문제점을 어떻게 해결할 것인가?

연구 주제를 선정할 때 소재나 재료를 가지고 선정하는 경우가 있다. 이때, 학생들은 주변에 있는 천연 물질을 소재로 이용하는 경우가 많이 있는데 학생들이 천연소재가 무조건 이롭다고 생각한다는 문제가 발생한다. 또한, 실험을 설계하는 데 있어서 대조군의 중요성을 알지 못하는 문제가 있다.

가. 천연 소재를 이용한 해충 기피제 만들기

담배잎을 이용한 해충 기피제 만들기
1. 담뱃잎으로는 살충제와 살균제를 만들고 담배의 줄기와 잎자루는 비료로 쓰인다. 담배에 들어있는 니코틴이 살충효과를 가지고 있다는 기사를 보고 주제를 선정 2. 가설 및 변인통제 1) 담배잎을 추출하는 시간에 따라 진딧물에 미치는 영향을 확인 - 조작변인: 담배잎 추출 시간 - 종속변인: 진딧물이 죽는 정도 - 통제변인: 담배잎의 양, 추출 용액의 양, 추출 용액의 종류 2) 담배잎의 추출 농도에 따라 진딧물에 미치는 영향 확인 - 조작변인: 추출하는 용액의 종류 - 종속변인: 진딧물이 죽는 정도 - 통제변인: 담배잎의 양, 추출 용액의 양

이 프로젝트의 문제점은

1) 학생들이 담배잎을 소재로 삼았다는 것이 학생의 관점에서 문제가 될 수 있다. 담배잎은 구하기도 어렵고 청소년들에게 유해한 담배를 만드는 재료를 소재로 선택했다는 문제가 있다. 학생들이 연구나 주제탐색을 하는 목적은 연구 과정을 통하여 다양한 정보를 얻는 과정에서 스스로 공부하고 성취감을 얻는 것인데, 청소년에게 유해한 물질을 소재로 삼아서 그것을 연구하는 것은 바람직하다고 할 수가 없다.

2) 대조군을 설정하지 않았다는 것이다. 추출 용액으로 에탄올을 사용했다는 문제점도 있다. 에탄올은 자체적으로도 진딧물이나 해충에 해로운 물질이다. 물론 인간에게도 이로운 물질은 아니다. 진딧물이 박멸되었다면, 이것은 에탄올에 의한 효과인지 아니면 담배잎에 의한 효과인지 확인할 필요가 있다. 이때는 대조군으로 에탄올만 가했을 경우에 진딧물의 박멸 정도를 확인해야 한다.

나. 미생물을 이용한 실험

연구에 따라 대조군을 설정할 필요가 없을 경우도 있지만, 실험이 제대로 이루어지고 있는지 확인하기 위해서는 대조군 설정이 필수적이다.

녹차 추출물을 이용한 항균 효과 비교
1. 녹차의 카테킨 성분이 살모렐라나 포도상구균과 같은 균에 대해 살균효과가 있으며, 방사능 방호와 항암 작용, 항산화, 항바이러스, 당뇨 예방 등에 도움을 준다는 것을 신문에서 보고 연구를 진행하였다. 2. 집에서 녹차를 먹고 나서 남은 티백을 이용하여 경제적인 항균제 제작이 목적이다. 3. 가설 및 변인통제 1) 녹차를 우려낸 시간에 따라 항균 효과가 달라질 것이다 - 조작변인: 녹차를 우려낸 시간 - 종속변인: 항균 효과 - 통제변인: 녹차를 우려내는 시간, 녹차 티백의 양, 녹차를 우리는 물의 양 2) 녹차를 우려낸 시간에 따라 항균 효과가 달라질 것이다. - 조작변인: 녹차를 우리는 시간 - 종속변인: 항균 효과 - 통제변인: 녹차를 우려내는 온도, 녹차 티백의 양, 녹차를 우리는 물의 양

이러한 천연 물질의 항균성 연구는 많은 학생들이 좋아하는 주제 중 하나이다. 이러한 항균성 확인 연구의 문제 가능성은

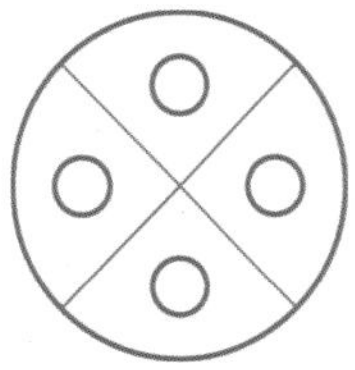

1) 학생들이 배지가 많이 없기 때문을 배지를 아끼는 차원에서 한 개의 배지 안에 여러 가지 조건(녹차를 우려낸 시간을 달리한 조작변인)의 페이퍼 디스크를 넣고 대장균으로 항균 실험을 진행하는 경우가 있다. 일반적으로 항균 물질이 휘발성이 있다고 볼 때 한 개의 배지 안에 있는 물질들이 서로 섞이기 때문에 각각의 결과를 얻기 어렵다는 문제가 발생한다.
2) 대조군으로 아무런 항균 효과가 없을 것으로 생각되는 증류수만 사용하는 경우이다. 증류수만 대조군으로 하면 녹차를 우린 물이 항균 효과가 얼마나 있는지 녹차를 우리는 시간과 우리는 온도에 따른 서로 간의 비교만 가능하다. **이 때 대조군으로 항균효과가 높은 것으로 알려진 70% 에탄올을 사용하면 항균 효과의 비교가 가능하다.**

제2절

통제변인에 대한 문제점을 어떻게 해결할 것인가?

연구를 진행할 때 조작변인 1개에 종속변인은 1개로 설정하는 것이 기본 원칙이다. 학생들이 실수하는 것의 대부분은 변인통제에서 일어난다. 그러나 통제변인의 문제는 실험 전에 충분히 계획하기 어렵기 때문에 실험 과정에서 실험한 과정을 면밀하게 관찰하여 추가적인 통제 변인을 찾을 수 있도록 매 실험마다 주의깊게 실험을 확인하도록 한다.

코끼리 털의 원리를 이용한 효과적인 쿨링 시스템 연구

1. 체중이 무겁고 거대한 코끼리가 무더운 곳에서 체내 온도를 유지하는 원인을 찾는 과정에서 코끼리 털에 대한 밀도가 줄어들면 단열에서 방열로 기능이 변화하게 되고 불필요한 열의 23%까지 방출한다는 뉴스를 보게 되었다.

2. 코끼리 털의 역할이 발열이라는 것을 알아내고, 이러한 원리를 이용한 여름철 쿨링 시스템을 개발하고자 하였다.

3. 가설 및 변인통제
   1) 철사를 꽂는 간격에 따라 열 발산이 달라질 것이다.
      - 조작변인: 철사의 간격
      - 종속변인: 내부 온도
      - 통제변인: 처음 내부의 온도, 외부와의 열차단
   2) 철사의 두께에 따라 열 발산이 달라질 것이다.
      - 조작변인: 철사의 간격
      - 종속변인: 내부 온도
      - 통제변인: 처음 내부의 온도, 외부와의 열차단

가. 이 프로젝트는 아이디어도 좋고 코끼리의 털을 대체하는 것으로 열전달이 잘 되는 철사를 소재로 사용했다는 것도 좋았지만, 문제는 통제 변인이 제대로 되지 않았다는 것이다. 처음 시작할 때 외부의 날씨와 기온이 문제가 될 것이라고 예상하지 못했다는 것이 결과의 신뢰성을 얻을 수 없었던 이유이다.

나. 연구는 6월에 시작하여 11월까지 이어졌다. 그 과정에서 맑은 날도 있었고, 비가 와서 습도가 높은 날도 있었다. 외부온도가 10도에서 30도까지 큰 차이가 있었다. 동일한 실험을 진행해도 외부의 온도와 습도가 달라지면 실험 결과는 차이가 발생할 수밖에 없다. 이 연구에서는 매일 달라지는 외부 조건을 고려한 실험설계가 되지 않았기 때문에 연구 주제는 신선했지만 좋은 결과를 얻을 수 없었다.

다. 열이 외부로 발산되는 정도를 내부 온도의 변화로 측정했기 때문에 이 연구의 통제변인에 외부의 온도와 습도를 두어 실험 조건에 따라 외부의 온도와 습도가 일정해야 결과의 신뢰성을 확보할 수 있다. 그래서 같은 가설을 동시에 실험을 진행했다면 온도와 습도가 일정하게 유지되지 못하더라도 결과의 신뢰성은 확보할 수 있었을 것이다. 즉, 철사를 꽂는 간격을 세 가지로 했다면 세 가지 실험을 동시에 하게 되면 실험 도중에 외부의 온도와 습도가 변하더라도 모두 같은 조건이기 때문에 결과의 신뢰성을 확보할 수 있을 것이다.

제3절

측정 도구 선택의 오류에 대한 문제점을 어떻게 해결할 것인가?

프로젝트의 결과에 대한 신뢰도를 높이는 방법 중의 하나가 실험내용에 적합한 측정도구를 사용하는 것이다. 프로젝트 실행이 정확할지라도 결과를 측정하는 도구가 적합하지 않거나 측정도구의 정확한 사용방법을 모르면 결과의 신뢰도가 낮아지게 된다. 측정도구를 효과적으로 사용하는 방법을 끊임없이 탐구하고 문제점을 해결하도록 한다.

가. 프로젝트 계획이 잘 되어있고 실험이 정상적으로 진행되고 있는 상태에서도 측정 도구를 잘못 선택하게 되면 원하는 결과를 얻을 수 없다. 측정 도구가 어떤 것을 측정하는지를 잘 공부해서 원하는 결과가 무엇인가에 따라 선택을 해야 한다.

나. 주제 선택에서 가장 쉬운 것은 주변에서 주제를 찾는 것이다. 학생들은 탄성력에 호기심을 갖고 우리 생활에 활용되고 있는 거미줄에 주목하여, 어떤 거미줄의 구조가 장력과 탄성이 큰지를 알아보는 연구를 진행하는데, 측정도구를 힘센서를 사용하였다.

실제로 이 프로젝트 연구는 좋은 결과를 얻은 연구라고 하기는 어렵다고 말할 수 있다. 그 이유는 거미줄 모양에 따른 장력과 탄성을 측정하는데 힘센서를 사용하였다. 힘센서는 센서에 작용하는 힘과 압축력을 측정한다. 그래서 장력은 힘센서로 측정이 가능하지만, 탄성이라는 것은 힘을 가했을 때는 모양이 변하지만 힘을 빼면 다시 원래대로 되돌아오는 성질이므로 힘센서에 가해지는 힘으로 측정하는 것은 탄성력이라고 하기 어렵다.

다. 탄성력을 비교하기 위해서는 공을 튕긴 후에 공이 올라오는 높이를 측정하는 것이 더 정확하다고 볼 수 있다.

거미줄 모양에 따른 장력,탄성 비교하기

주제선정이유

인터넷 기사나 tv뉴스를 통해 거미줄 성분을 이용한 방탄복, 실크 옷 등 탄성, 장력 이용한 많은 제품, 아이디어가 많이 나오고 있다. 하지만 거미줄 모양을 이용한 제품, 아이디어는 거의 나오지 않았다. 그래서 우린 거미줄 모양에 따른 탄성, 장력 제품 아이디어를 생각 할 수 있지 않을까? 라는 생각에 이 실험을 진행하게 되었다.

가설 설정

거미줄의 모양에 따라 탄성, 장력을 비교 하였을 때 일반 거미줄 모양보다 중앙 집중 망 모양이 탄성, 장력이 더 좋을 것이다.

이론적 배경

1.거미줄

일반 거미줄

중앙집중망 거미줄

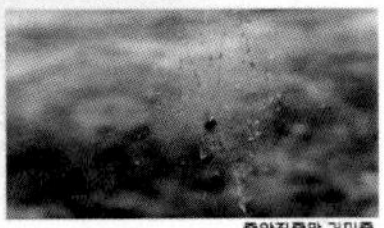
중앙집중망 거미줄

- **거미줄의 종류**

-이중 망, 입체 망, 대형 망, 중앙 집중 망 등

- 중앙 집중 망: 기존 거미줄을 생성한 후 중앙에 다시 거미줄을 더해 표면 장력을 늘려 충격완화, 탄성을 늘린 거미줄의 모양

- **장력**

줄이 당겨질 때 줄에 걸리는 힘

- **탄성력**

물체에 외부에서 힘이 가해졌을 때 모양이 변했다가 외부의 변형력이 제거되면 다시 처음의 모양으로 돌아오려는 힘

실험 변인

1.장력 실험

통제변인	조작변인	종속변인
제작 재료 공의 높이, 공의 종류 거미줄 굵기	거미줄의 모양	장력

2.탄성력 실험

통제변인	조작변인	종속변인
제작 재료, 줄을 당기는 높이, 공의 종류 거미줄 굵기	거미줄의 모양	탄성력

실험 방법

준비물: 다용도 로프, 실리콘 와이어, 칼, 가위, 테이프, 나무판자, 못, 탁구공, 골프 공, 탄성 고무줄

1.탄성

㉠ 실리콘와이어를 25cm간격으로 4번 접는다.

㉡ 접은 실리콘 와이어4개를 *모양으로 엮는다.

㉢ 엮은 거미줄 사이마다 탄성 고무줄을 엮는다.

㉣ 60cm 높이에서 공을 떨어트려 실험을 진행 한다.

2.장력

㉠ 실리콘와이어를 25cm간격으로 4번 접는다.

㉡ 접은 실리콘 와이어4개를 *모양으로 엮는다.

㉢ 엮은 거미줄 사이마다 탄성 고무줄을 엮는다.

㉣ 줄을 일정한 거리 7cm 높이에서 줄을 튕긴다.

실험결과

1. 장력 실험

중앙 집중망

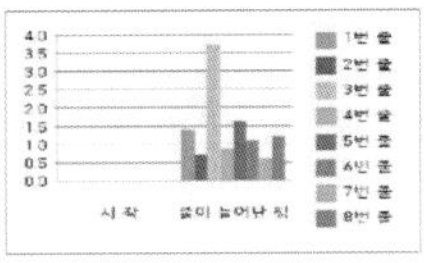

일반 거미줄

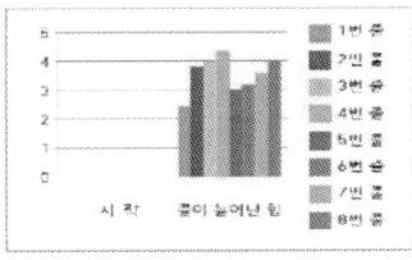

일반 거미줄 보다 중앙 집중 망에 장력이 더 좋다

2. 탄성력 실험

중앙 집중망

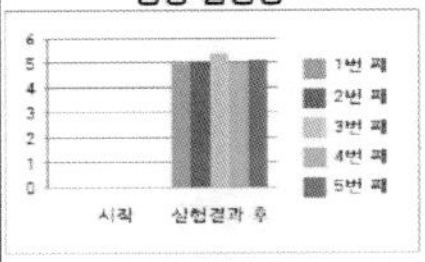

일반 거미줄

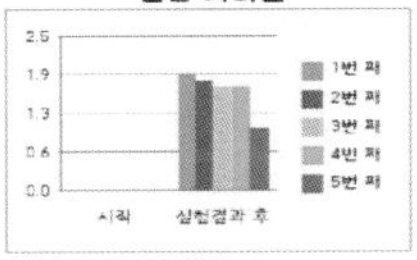

일반 거미줄보다 중앙 집중 망의 탄성력이 더 좋다

실험 결론

중앙 집중망이 일반 거미줄보다 안쪽 줄이 더 많이 엮여있기 때문에 탄성력과 장력이 높다.

더 알 수 있는 점

중앙 집중망

- 안쪽 줄: 사이사이 간격이 짧고 많이 엮일수록 외부에서 받는 힘을 완화시킴
- 외곽 줄: 거미줄의 지탱 줄과 지탱 줄의 사이 간격이 길수록 받는 힘이 적다

제4절

프로젝트 수행 과정에서 나타나는 문제점을 어떻게 해결할 것인가?

프로젝트 주제가 좋고 변인통제, 연구 과정이 잘 되어있어도 실험 결과를 제대로 얻지 못하는 경우도 많이 있다. 그 이유는 학생들이 연구를 시작할 때 예비실험으로 밝혀내야 할 것들을 미리 인지하지 못하는 경우가 많기 때문이다.

가. 산화아연 나노 구조를 이용한 항균 Q드럼 제작

학생들이 주제로 많이 선정하는 것이 항균 실험이다. 천연 항균제 제작이나 천연 손소독제 제작 등 다양한 항균 실험을 하고 있다. 그 과정에서 대장균의 농도를 제대로 맞추지 않은 상태에서 실험한 경우에는 원하는 실험 결과를 얻지 못할 수 있다.

1) 이 프로젝트에서 산화아연 나노구조의 항균성을 확인하기 위하여 대장균을 이용하여 실험을 진행하였다. 그런데, 산화아연 도말[1]을 한 경우에도 항균효과가 나타나지 않았다는 결과가 나왔다는 것이다. 학생들에게 실험 과정을 확인한 결과 대장균의 농도를 희석시키지 않고 구입한 그대로 사용했다는 문제점을 발견할 수 있었다.
2) 항균 실험에서 실험에 사용할 대장균의 농도를 확인하지 못하고 실험한 경우에는 실험 결과를 얻지 못할 확률이 높다. 아무리 좋은 항균제라도 대장균의 농도가 높으면 항균 효과를 보기 어렵다. 항균 효과 실험을 하기 위해서는 에탄올 70% 용액이 99% **항균 효과를 보여주는 대장균의 농도로 희석하여 사용할 필요가 있다.** 그러기 위해서는 다양한 농도로 희석하여 항균 효과를 실험하는 사전 실험이 필요하다.

---

1) 도말: 배지에 균을 바르는 작업

3) 배지에 대장균을 도말하는 과정에서 오류가 있을 가능성이 높다. 도말하는 대장균의 농도를 일정하게 해야 하는데, 사람이 하는 일이라 도말하는 과정에서 대장균이 많이 도말되는 곳도 있고, 적게 도말되는 곳도 있다. 이러한 실험의 오류로 인하여 결과가 다르게 나타내므로 한 가지 조건에 3개 이상의 실험군을 넣어서 비교하는 것이 좋다.

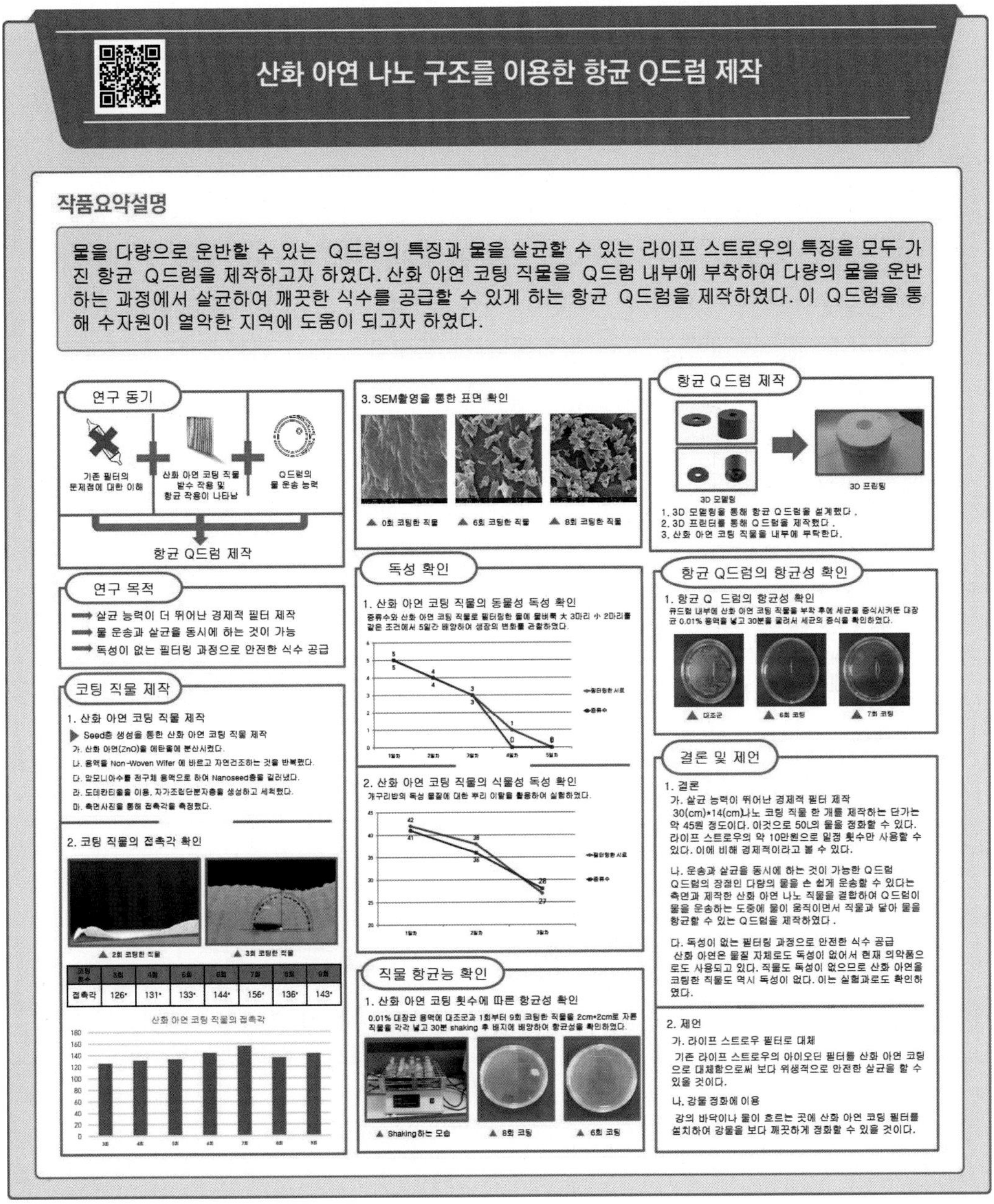

나. 다리 구조의 유형에 따른 견고성 측정에 관한 연구

대표적으로 많이 사용되는 다리의 유형을 통하여 어떤 종류의 다리가 가장 무게 분산이 잘 되어 많은 무게를 잘 버틸 수 있는지에 대하여 알아보는 연구이다. 이 연구를 위하여 현수교, 사장교, 아치교, 트러스트교를 스티로폼으로 제작하고, 중심에 동일한 무게의 추를 매달아 다리가 버티는 시간을 측정하였다.

1) 통제 변인의 문제 해결

다리의 모양이 다르므로 사용되는 재료의 양이 달라지는 문제가 발생할 수밖에 없다. 이 연구에서의 핵심은 동일한 양의 재료를 사용할 때 객관적인 비교가 가능하다. 이 문제를 해결하기 위하여 최대한 동일한 무게가 되도록 다리를 만들고, 만들어진 다리의 무게를 측정한다. 실험 결과인 다리가 버틴 무게를 다리의 무게로 나누어서 g(그램)당 지탱하는 시간을 구하면 통제변인의 문제를 해결할 수 있다.

2) 실험 과정의 문제

다리의 중심에 줄을 매달고, 그 줄에 추를 매달아 다리가 버티는 시간을 측정하였다. 하중이 분산되는 능력에 따라 어느 한 지점의 무게를 지탱하는 능력이 달라지기 때문에 실험방법이 오류라고는 할 수 없지만, 실제 다리는 어느 한 지점만 하중이 가해지는 것은 아니기 때문에 중심에 줄을 매다는 것보다 추를 직접 올리는 것이 더 객관적인 방법이 될 수 있다.

다. 백합, 안개꽃, 국화의 염색 효과성에 대한 연구

자연적으로 보기 어려운 다양한 색의 꽃은 특수 용액에 의해 염색된 것이다. 다양한 재료를 이용하여 효과적인 백색 꽃 염색을 위하여 실생활에서 이용되는 잉크나 수성 싸인펜, 수채화 물감, 염색 물감, 식용색소를 이용하여 백색 꽃의 염색 정도를 연구하였다.

1) 재료 선정의 문제

• 처음에 학생들은 수성 싸인펜과 수채화 물감, 염색 물감을 가지고 실험을 진행하였다. 수채화 물감이나 염색 물감의 경우 입자가 크기 때문에 식물세포를 통과하기 어렵다는 문제점이 있다. 학생들은 식물은 물관을 통하여 꽃잎까지 물이 이동한다는 것과 세포를 통과해야 물관으로 이동할 수 있다는 개념을 모르고 실험을 진행하였다.
• 학생들에게 물관은 식물세포이기 때문에 큰 입자는 통과할 수 없다는 것을 인식시키고, 각 재료의 입자의 크기를 알아볼 것을 조언하였다. 또한, 입자의 크기가 아주 작은 식용색소를 재료에 추가하면 좋을 것이라고 조언하였다.

2) 실험 방법의 문제

• 염색 효과를 알아보기 위하여 꽃잎이 염색될 때까지의 시간을 측정하였다. 이는 꽃대의 길이에 따라 달라지며, 많은 시간이 요구되어 정확한 시점을 찾아내기 어려운 문제점이 있다.
• 일정 시간동안 염색을 진행한 후, 물관을 잘라서 염색된 길이를 측정하는 방법을 제시하였다. 우선 가로로 촘촘히 자르면 염색된 면을 확인할 수 있다. 이때 동일 시간동안 이동한 거리를 측정하면 결과를 쉽게 얻을 수 있다.

3) 대조군 실험에 따른 변인통제

• 날마다 온도와 습도는 다르다. 실험할 때 같은 날 실험을 진행해도 온도와 습도는 달라진다. 비교를 위해서는 동일한 환경에서 실험을 해야 한다.
• 한 가지 가설에 대해서는 동시에 실험을 진행되도록 하였다. 예를 들어 염색 재료에 따른 염색정도 확인에서는 염색 재료 5가지를 동시에 실험하는 것이다. 그러면 실험 도중에 온도나 습도 등 외부환경이 달라져도 동시에 달라지기 때문에 실험환경에 따른 통제변인의 오류를 줄일 수 있다.

4) 관찰을 위한 연구

• 염색이 잘되는 조건을 탐구하는 것이므로 학생들은 꽃잎이 염색이 되는 것을 기준으로 선정하였다.
• 꽃을 선정할 때 외떡잎식물인 백합과 쌍떡잎식물인 국화, 쌍떡잎식물이지만 너무 가늘어서 물관을 잘 확인하기 어려운 안개꽃을 선정하였다. 안개꽃은 색이 흰색이

어서 다양한 색으로 염색을 많이 하는 꽃이라서 선정하였다

- 꽃대를 가로, 세로로 잘라서 색이 변하는 모양을 관찰하도록 조언하였다. 외떡잎식물과 쌍떡잎식물의 물관은 모양이 다르기 때문에 염색한 모양이 다르게 나온다. 이런 관찰을 통하여 연구 과정을 통한 공부가 될 수 있도록 하였다.

라. 패드의 재질과 디자인에 따른 미끄럼 방지 효과에 관한 연구

> 마찰력은 물질과 바닥이 접촉하고 있는 면적의 크기에는 영향을 받지 않고 접촉면의 거친 정도와 물질의 무게에 영향을 받는다는 것을 알게 되었다. 신발 밑창의 마찰력에 영향을 주는 요인을 찾기 위하여 디자인과 재질에 따른 마찰력의 차이를 실험으로 확인하였다.

1) 거칠기에 따른 마찰력을 비교하기 위하여 같은 크기의 고무판에 시판되는 신발 밑창의 모양을 본따서 가로, 와플, 지그재그 모형을 제작하고, 용수철 저울로 움직이기 시작할 때의 힘의 크기를 측정하였다. 그런데 마찰력의 차이가 거의 없다는 결과가 나왔다.
   - 고무판은 그 자체로 마찰력이 아주 높은 소재이므로 어느 정도 이상의 깊이로 파지 않으면 차이가 없으므로 무늬를 깊게 파도록 조언하였다.

2) 측정 도구의 문제
   - 용수철 저울을 사용하면 움직이기 시작할 때의 힘을 확인하기 어렵다. 용수철을 계속 보고 있어도 순식간에 값이 바뀌기 때문에 값을 읽기 어렵다는 문제가 있다. 그래서 다양한 방법을 찾도록 하였다.
   - 힘센서를 사용하여 최대정지마찰력을 측정: 힘센서는 컴퓨터에 값이 계속해서 기록되므로 최대정지마찰력을 찾아내는 것이 쉽고 정확하다.
   - 기울기를 올리면서 미끄러지기 시작하는 각도를 측정: 기울기를 변화시키면서 미끌어지기 시작하는 각도를 측정하는 것이므로 객관성이 있고, 정확한 값을 측정할 수 있다.
   - 일정 각도의 기울어진 판에서 움직일 때까지 걸리는 시간 측정: 일정 시간 이상 지나도 미끄러지지 않는 경우가 있으므로 움질일 때까지 걸리는 최대 시간을 정해놓고 실험하는 것이 효율적이다.

마. 파장에 따른 식물의 발아와 생장 탐구

1) 햇빛에서 식물이 잘 자라는데 햇빛은 모든 파장의 빛을 가지고 있다, 식물을 실내에서 키울 경우 빛을 쬐어 주어야 하는데, 이때 가시광선인 400~700nm의 파장 중 식물의 발아와 생장에 영향을 주는 파장을 확인하려고 연구를 진행하였다. 또한 음악에서도 파고가 높은 락음악과 파고가 낮은 클래식 중 식물이 잘 자라는 음악을 확인하려고 하였다. 이 실험에서 학생들은 처음에는 셀로판지를 사용하여 특정 파장의 빛을 주려고 하였다. 그러나, 스펙트로미터 측정기로 파장을 확인한 결과 셀로판지는 특정 파장만 통과시키는 것이 아니라는 것을 알게 되었다.

2) 문제상황 및 해결 방안

문제상황	해결방안
일정한 파장의 빛을 식물에게 주기 위하여 어떤 방법을 사용할까?	특정 색깔의 셀로판지가 특정 파장을 통과시킬 것이라고 생각하여 셀로판지를 사용하였다.
빛이 비치면 온도가 올라간다. 온도가 올라가면 광합성 정도가 달라지는데, 이를 해결할 수 있을까?	2시간 동안 LED를 사용하여 빛을 비춰주면서 물의 온도 상승을 확인한 결과 온도가 거의 변하지 않는 것을 확인하였다.
셀로판지가 원하는 파장의 빛만 통과시킬까? 이를 확인할 수 있는 방법이 무엇일까?	MBL 센서인 Visible 스펙트로미터[2)]를 사용하면 파장을 분석할 수 있다. 분석 결과 셀로판지는 3장을 겹쳐서 사용해도 원하는 파장만 아니라 넓은 범위의 빛이 통과하였다. 그래서 LED를 사용하기로 하였다.
원하는 파장의 빛만 식물이 받을 수 있는 방법은 무엇일까?	하드보드지로 30cm×30cm의 상자를 만들고 LED를 설치하여 각각 파장의 상자 안에 식물을 넣고 매일 아침 8시부터 저녁 6시 30분 까지 빛을 비춰주었다.
식물이 자란다는 것은 광합성을 한다는 것이다. 일정한 파장에서 광합성을 한다는 것을 발아와 생장만으로 설명할 수 있을까?	각 파장에 따른 물풀의 광합성량을 비교하는 실험을 진행하였다. 이때 광합성을 한다는 것을 확인하기 위하여 MBL DO(용존 산소)센서를 이용하여 용존산소량을 측정하였다.
발아와 생장은 다른 관점이다. 이를 분리해야 하지 않을까?	발아는 무순과 강낭콩의 발아로 확인하고, 생장은 비교적 빠르게 자라는 토마토와 조롱박 모종으로 실험을 진행하였다.
들려주는 음악에 따라 발아 정도가 달라질 것이라는 실험을 변인통제 하는 방법은?	음악은 클래식과 락의 두 종류로 하고, 음악의 파형을 분석하여 실험을 진행하였다.

2) Visible 스펙트로미터: 전체 파장 스펙트럼(흡광도, % 투광도, 세기)을 측정하는 MBL 센서

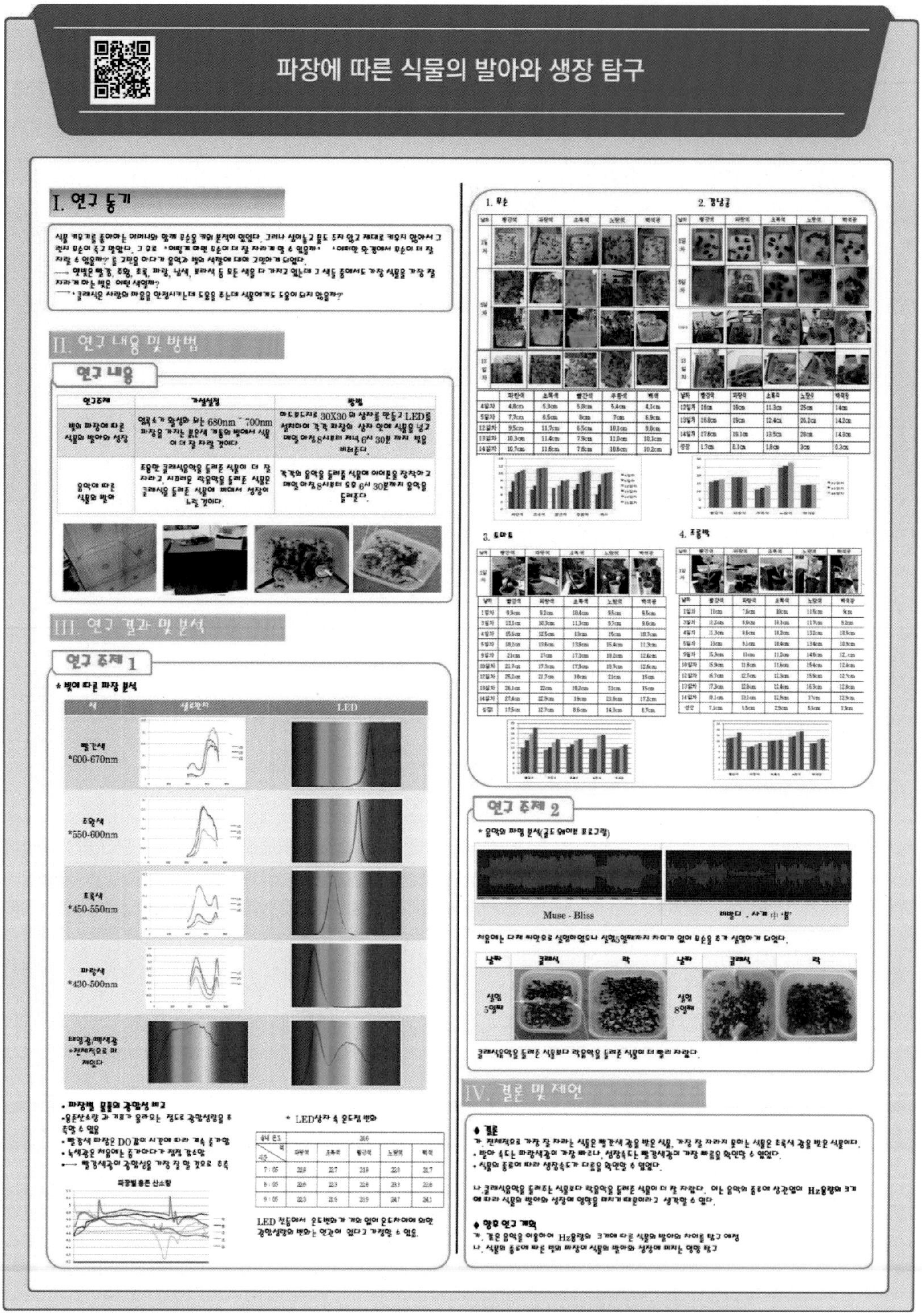

파장에 따른 식물의 발아와 생장 탐구

I. 연구 동기

식물 키우기를 좋아하는 어머니와 함께 무순을 키워 본적이 있었다. 그러나 심어놓고 물도 주지 않고 제대로 키우지 않아서 그런지 무순이 죽고 말았다. 그 후로 '어떻게 하면 무순이 더 잘 자라게 할 수 있을까' '어떠한 환경에서 무순이 더 잘 자랄 수 있을까?'를 고민을 하다가 음악과 빛의 색깔에 대해 고민하게 되었다.
→ 햇빛은 빨강, 주황, 초록, 파랑, 남색, 보라색 등 모든 색을 다 가지고 있는데 그 색들 중에서도 가장 식물을 가장 잘 자라게 하는 빛은 어떤 색일까?
→ 클래식은 사람의 마음을 안정시키는데 도움을 주는데 식물에게도 도움이 되지 않을까?

II. 연구 내용 및 방법

연구 내용

연구주제	가설설정	방법
빛의 파장에 따른 식물의 발아와 성장	엽록소가 활성화 되는 680nm ~ 700nm 파장을 가지는 붉은색 계통의 빛에서 식물이 더 잘 자랄 것이다.	하드보드지로 30X30의 상자를 만들고 LED를 설치하여 각각 파장의 상자 안에 식물을 넣고 매일 아침 8시부터 저녁 6시 30분 까지 빛을 비춰준다.
음악에 따른 식물의 발아	조용한 클래식음악을 들려준 식물이 더 잘 자라고, 시끄러운 락음악을 들려준 식물은 클래식을 들려준 식물에 비해서 성장이 느릴 것이다.	각각의 음악을 들려줄 식물에 이어폰을 장착하고 매일 아침 8시부터 오후 6시 30분까지 음악을 들려준다.

III. 연구 결과 및 분석

연구 주제 1

* 빛에 따른 파장 분석

색	셀로판지	LED
빨간색 *600-670nm		
주황색 *550-600nm		
초록색 *450-550nm		
파랑색 *430-500nm		
태양광/백색광 *전체적으로 퍼져있다		

- 파장별 물풀의 광합성 비교
- 용존산소량과 기포가 올라오는 정도로 광합성량을 추측할 수 있음
- 빨강색 파장은 DO값이 시간에 따라 계속 증가함
- 녹색광은 처음에는 증가하다가 점점 감소함
- → 빨강색광이 광합성을 가장 잘 할 것으로 추측

파장별 용존 산소량

* LED상자 속 온도점 변화

실내 온도	20.6				
시간 \ 색	파랑색	초록색	빨강색	노랑색	백색
7:05	22.8	22.7	21.8	22.6	21.7
8:05	22.6	22.3	22.8	23.1	22.8
9:05	22.3	21.9	23.9	24.7	24.1

LED 전등에서 온도변화가 거의 없어 온도차이에 의한 광합성량의 변화는 연관이 없다고 가정할 수 있음.

1. 무순

	파란색	초록색	빨간색	주황색	백색
4일차	4.8cm	5.3cm	5.8cm	5.4cm	4.1cm
5일차	7.7cm	6.5cm	8cm	7cm	6.9cm
12일차	9.5cm	11.7cm	6.5cm	10.1cm	9.8cm
13일차	10.3cm	11.4cm	7.9cm	11.0cm	10.1cm
14일차	10.7cm	11.6cm	7.8cm	10.6cm	10.2cm

2. 강낭콩

날짜	빨강색	파랑색	초록색	노랑색	백색광
12일차	16cm	19cm	11.3cm	25cm	14cm
13일차	16.8cm	19cm	12.4cm	26.2cm	14.2cm
14일차	17.6cm	19.1cm	13.5cm	28cm	14.3cm
성장	1.7cm	0.1cm	1.8cm	3cm	0.3cm

3. 토마토

날짜	빨강색	파랑색	초록색	노랑색	백색광
1일차	9.9cm	9.2cm	10.4cm	9.5cm	8.5cm
3일차	13.1cm	10.3cm	11.3cm	9.7cm	9.6cm
4일차	15.6cm	12.5cm	13cm	15cm	10.7cm
5일차	18.2cm	13.6cm	13.8cm	15.4cm	11.3cm
9일차	21cm	17cm	17.3cm	19.2cm	12.6cm
10일차	21.7cm	17.3cm	17.9cm	19.7cm	12.6cm
12일차	25.2cm	21.7cm	18cm	21cm	15cm
13일차	26.1cm	22cm	18.2cm	21cm	15cm
14일차	27.4cm	22.9cm	19cm	23.8cm	17.2cm
성장	17.5cm	12.7cm	8.6cm	14.3cm	8.7cm

4. 조롱박

날짜	빨강색	파랑색	초록색	노랑색	백색광
1일차	11cm	7.6cm	10cm	11.5cm	9cm
3일차	13.2cm	8.0cm	10.1cm	11.7cm	9.2cm
4일차	11.3cm	8.6cm	10.2cm	13.2cm	10.5cm
5일차	13cm	9.1cm	10.4cm	13.4cm	10.9cm
9일차	15.3cm	11cm	11.2cm	14.6cm	12..cm
10일차	15.9cm	11.8cm	11.6cm	15.4cm	12.4cm
12일차	16.3cm	12.7cm	11.3cm	15.9cm	12.5cm
13일차	17.3cm	12.8cm	11.4cm	16.3cm	12.8cm
14일차	18.1cm	13.1cm	11.9cm	17cm	12.9cm
성장	7.1cm	5.5cm	2.9cm	5.5cm	3.9cm

연구 주제 2

* 음악의 파형 분석(골드 웨이브 프로그램)

Muse - Bliss	비발디 - 사계 中 '봄'

처음에는 다채 씨앗으로 실험하였으나 실험5일째까지 차이가 없어 무순을 추가 실험하게 되었다.

날짜	클래식	락	날짜	클래식	락
실험 5일째			실험 8일째		

클래식음악을 들려준 식물보다 락음악을 들려준 식물이 더 빨리 자랐다.

IV. 결론 및 제언

◆ 결론

가. 전체적으로 가장 잘 자라는 식물은 빨간색 광을 받은 식물, 가장 잘 자라지 못하는 식물은 초록색 광을 받은 식물이다.
- 발아 속도는 파랑색광이 가장 빠르나, 성장속도는 빨강색광이 가장 빠름을 확인할 수 있었다.
- 식물의 종류에 따라 생장속도가 다름을 확인할 수 있었다.

나. 클래식음악을 들려주는 식물보다 락음악을 들려준 식물이 더 잘 자랐다. 이는 음악의 종류에 상관없이 Hz용량의 크기에 따라 식물의 발아와 성장에 영향을 미치기 때문이라고 생각할 수 있다.

◆ 향후 연구 계획

가. 같은 음악을 이용하여 Hz용량의 크기에 따른 식물의 발아의 차이를 탐구 예정
나. 식물의 종류에 따른 빛의 파장이 식물의 발아와 성장에 미치는 영향 탐구

바. 숯의 효능 연구

1) 숯은 다공성이 있어 일상생활에서 제습제나 냄새를 흡착하는 용도로 사용되고 있으며, 유해 물질을 흡착하여 새집증후군을 예방할 수 있다고 알려져 있다. 학생들은 이렇게 알려진 숯의 효능을 실험으로 확인하기 위하여 가습효과, 물 흡수능력, 유해 물질 흡수능력을 확인하는 실험을 진행하였다.

2) 문제상황 및 해결 방안

문제상황	해결방안
가습효과가 있다는 것을 어떻게 증명할 것인가?	대조군으로 식물인 로즈마리와 행운목을 사용하고, 아무것도 없을 경우의 습도도 측정하여 서로 비교하였다.
유해 물질의 흡수를 실험으로 확인할 수 있는 방법은 무엇인가?	새집증후군의 원인은 클로로폼으로 알려져 있다. 클로로폼은 실험실에서 실험할 수 없으므로 흄후드[3]내에서 실험을 진행하였다. 2012년에 실험이 진행되어 유해 약품 사용에 대한 지침이 완전히 마련되지 않았기 때문에 실험에 사용할 수 있었지만, 지금은 유해 화학물질은 사용이 금지되어 있다.
공기 중에서 클로로폼의 양을 어떻게 확인할까?	인터넷 검색을 통하여 측정기가 있다는 것을 알았지만 100만원 이상으로 학교에서 구입하기에는 고가의 장비였다. 그래서 클로로폼의 농도를 알려주는 '아나기와사' 종이를 사용하였는데, 이는 0.3mg/L, 0.5mg/L, 1.5mg/L, 그 이상으로만 표시되므로 정확한 수치는 알 수 없고, 상대적인 비교만 가능하였다. 클로로폼 디텍터를 사용하면 노랗게 변하는 부분의 면적이 클수록 공기 중에 많은 양의 클로로폼이 있다는 것을 뜻하므로 상대적 비교가 가능하였다.

3) 흄후드: 화학불질에서 유해물질을 실험할 때 사람에게 해가 되지 않도록 일정한 공간 안에서 공기를 빼내는 장치

숯의 효능 연구

I. 연구 동기

• 새집증후군이란 새집에서 건축자재 또는 벽지, 풀 등으로 인해 여러 유해 물질들이 발산되고 이러한 유해물질들이 약하게는 두통 기침 천식 강하게는 폐 질환 암 유발 기관지 염 등 발생하는 것을 말함
• 새집증후군을 방지할 수 있는 방법에 대한 탐구
• 숯의 기공에 의한 유해물질 흡착

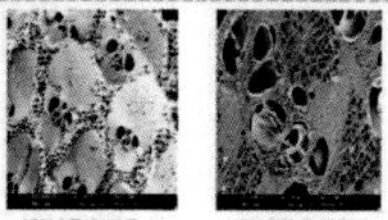
〈참나무숯기공 〉 〈대나무숯기공〉

II. 연구 내용 및 방법

연구 내용

실험주제	가설	실험설계
가습효과비교	•숯은 기공이 많아 가습효과가 식물보다 더 뛰어날 것이다.	•같은 부피에 빠른 측정을 위해 10ml의 물을 첨가하고 숯과 식물 습도계를 넣은 후 측정
수분 흡수 능력 탐구	•숯은 물질을 배출하는 효과가 있으면 반대로 흡수하는 효과가 있을 것이다.	• 같은 부피에 스프레이를 한번 뿌려 습도를 99%를 맞춘 후 대나무 숯과 참나무 숯을 넣고 습도계로 측정
유해 물질 흡수 능력 비교	•숯이 일반적으로 알려진 포름알데히드 제거 식물보다 더 좋은 효과를 낼 수 있을 것이다.	•같은 부피 상자 안에서 포름알데히드 1ml를 넣은 다음 기화 시켜 숯과 식물을 넣은 후 야나기사와 센서로 측정
적정 숯의 양 탐구	•. 숯의 양이 많아질수록 효과가 커질 것이다.	•같은 부피에 포름알데히드를 1ml씩 넣고 기화시킨 후 대나무 숯 양을 달리 하여 넣은 후 야나기사와 센서를 이용하여 측정

가습 효과 비교 실험　흡수 능력 탐구　유해 물질 흡수 능력 비교　적정 숯의 양 탐구

III. 연구 결과 및 분석

연구 주제 1

▪가습효과 비교 실험

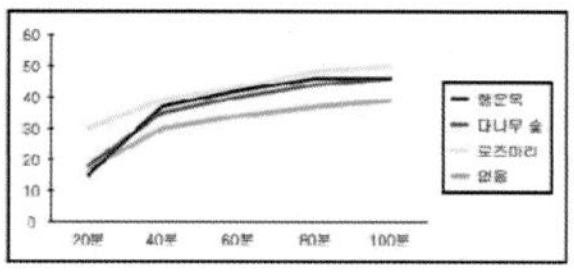

로즈마리가 가장 좋은 효과를 내고 대나무 숯과 행운목은 비슷한 가습량을 보였다

연구 주제 2

▪ 수분흡수 능력 탐구

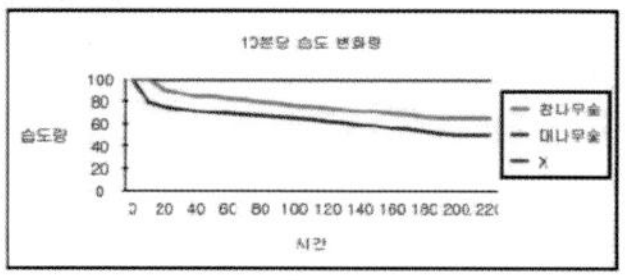

• 숯은 공기 중 수분을 흡수하여 습도를 낮추는 능력을 가지고 있음을 알 수 있다.
• 참나무 숯보다 대나무 숯이 더 좋은 효과를 냈음을 알 수 있다.

연구 주제 3

▪ 유해 물질 흡착 실험

1. 야나기사와로 측정(단위 : mg/L)

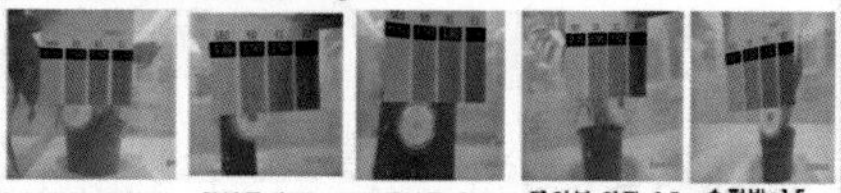
0.3<스파트 플럼<0.5　참나무 숯≈0.5　0.3<대나무 숯 <0.5　테이블 야자≈1.5　슈퍼바≈1.5

•이 test 결과를 농도표에 비교해 보면 모두 민감한 사람들이 병적 증상을 보이는 수준이다
• 스파트 플럼과 대나무 숯이 가장 좋은 효과를 보였다.
• 스파트 플럼은 포름알데히드 흡수 후 죽어감
• 결론적으로 대나무 숯이 새집증후군의 유해물질을 흡수하는 능력이 가장 좋았다고 볼 수 있음

2. 포름알데히드 detector로 측정

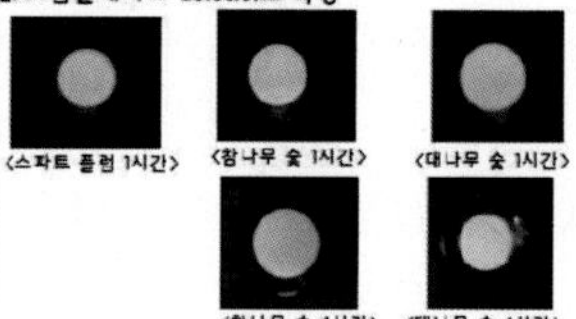
〈스파트 플럼 1시간〉 〈참나무 숯 1시간〉 〈대나무 숯 1시간〉
〈참나무 숯 4시간〉 〈대나무 숯 4시간〉

• 노랗게 변한 부분의 면적이 클수록 공기 중에 포름알데히드가 많다고 할 수 있다.
• 실험 결과 스파트 플럼과 대나무 숯이 거의 같은 면적으로 나오는 것을 확인
• 대나무 숯 1시간 후가 더 깨끗한 결과로 보임
• 야나기사와 센서와 같은 결과 값을 보여 줌

연구 주제 4

▪적정 숯의 양 탐구

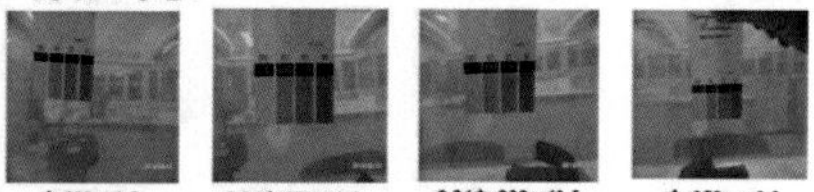
숯 100g≈0.5　0.3<숯 150g<0.5　0.3<숯 200g <0.5　숯 250g ≈ 0.3

• 숯 200g과 250g은 농도분석에서 우리나라 기준 정상 수치에 들어 있음
• 숯 200g과 250g은 큰 차이를 보이지 않는 것으로 보아 이 양에서 3.3m³으로 계산할 때 200-250g 정도 사용하는 것이 적당함

IV. 결론 및 제언

▪ 가설검증

• 숯은 기공이 많아 가습효과가 식물보다 더 뛰어날 것이다.
→ 숯보다는 로즈마리(식물)가 더 높은 가습효과를 나타냄. 증산작용이 다공성 물질 보다 좋은 효과를 나타낸 것으로 판단되며 이 가설은 맞지 않다고 할 수 있다.

• 숯은 물질을 흡수하는 효과가 있을 것이다.
→ 숯을 넣은 상자의 습도가 많이 낮아졌다.
• 참나무 숯에 비해 대나무 숯이 좀 더 높은 흡수율을 보여 주었는데, 이는 숯의 기공에 따라 흡수율이 달라지기 때문으로 판단할 수 있다. 따라서 위의 가설은 맞았다고 볼 수 있다.

•숯이 일반적으로 알려진 포름알데히드 제거 식물보다 더 좋은 효과를 낼 수 있을 것이다
→ 숯보다는 스파트 플럼이 더 좋은 효과를 내었다 그러나 실험 후 스파트 플럼은 곧 죽었기 때문에 장기적으로 보면 숯이 더 좋다는 것을 알 수 있다 따라서 이 가설은 약간 어긋났다.

•숯의 양이 많아질수록 효과가 커질 것이다.
→ 숯의 양이 많을 수록 효과가 크지만 실험 결과로 1평의 250g 이상을 써도 모두 적정 농도치에 들어 오기 때문에 큰 차이는 보이지 않다고 본다

▪ 결론

• 숯을 이용한 여러 가지 실험을 하면서 식물을 이용하는 것보다 숯을 이용하는 것이 좀 더 효과적이라는 사실을 알 수 있었다. 또한 숯 중에서도 대나무 숯이 참나무 숯에 비해 가습효과나 포름알데히드의 흡착효과가 더 좋은 것으로 나왔다.
• 실험 결과 대나무 숯을 사용할 경우, 1평당 약 300g 정도를 사용하면 새집증후군에 충분한 효과를 볼 수 있을 것으로 생각된다

▪ 향후계획

지금까지는 센서가 정확한 수치를 나타나는 것이 아닌 상대적인 비교를 할 수 있는 데에서 제한되었다. 그래서 포름알데히드를 수치화 시킬 수 있는 기기를 사용하여 수치를 정량화 할 계획이다. 또한 숯의 표면적 넓이를 구하여 좀 더 정확한 실험을 할 계획이다

사. 고추를 잘 키우기 위한 친환경 농법 제안

1) 옛날 조상들은 고추나무를 심을 때 옆에 강낭콩을 같이 심었다고 한다. 그 이유는 강낭콩을 옆에 심으면 고추나무에 진딧물이 생기지 않아서라고 한다. 이 연구에서는 정말 강낭콩 나무에 방충 효과가 있는지를 알아보려고 하였다. 줄기와 뿌리 중 어느 곳에 성분이 많은지를 알아보고, 농업에 식물의 타감 작용을 활용하면 어떤 이익을 볼 수 있는지 알아보고자 하였다.

2) 이 연구는 처음 시작할 때는 강낭콩의 효과에 초점을 맞추었으나 연구가 진행되면서 너무 광범위한 주제보다는 실제 연구하고 있는 내용에 따라 강낭콩의 방충 효과 탐구에서 주제를 변경하여 고추를 잘 키우기 위한 친환경 농법 제안으로 주제를 변경하였다.

3) 문제상황 및 해결 방안

문제상황	해결방안
화분에 강낭콩과 고추나무를 심어서 고추나무 옆에 강낭콩을 0,1,2,3,4개로 배치하여 방충효과를 확인하였으나 밖에서 심어서 신뢰성있는 결과를 얻기 어려웠다.	밖에서 키울 경우 다양한 외부조건이 들어올 가능성이 높다. 외부 조건이 끼어들 수 없도록 실험실 내에서 화분을 키워서 효과를 확인하였다.
방충 효과가 있다는 것은 확인했으나 객관적인 데이터를 얻어야 연구의 신뢰성을 갖출 수 있다.	강낭콩의 줄기와 뿌리, 잎을 따로 분리하여 생즙, 삶은 물, 가루의 조건을 만들어서 고추나무에 뿌린 결과 고추나무에 생기는 진딧물이 가루에서 거의 없어짐을 확인하였다.
적용에서 고추나무에 진딧물이 생기지 않는다는 것을 확인하였으나, 실험실 조건(in vivo)에서 진딧물이 강낭콩 즙이나 가루를 뿌렸을 때 반응하는지 확인해야 연구의 신뢰성이 있다.	진딧물을 구하려고 했으나 시기적으로 9월이 넘어가서 진딧물을 구하기 어려웠다. 그래서 농생명연구소를 수소문하여 진딧물을 분양한다는 것을 알았으나 본교가 경기도에 있는데, 연구소는 2년 전에 전남으로 이전한 상태였다. 담당 박사님과 여러 번 통화하여 박사님이 서울 오시는 길에 진딧물을 가져오셔서 실험을 완성할 수 있었다.

고추를 잘 키우기 위한 친환경 농법제안

1. 탐구동기

동반재배를 통한 진딧물 방충효과 확인실험 진행

2. 거리에 따른 방충효과 확인실험

1) 실험1-1 데이터 평균 및 그래프

	평균값
대조군	264
20cm	0
30cm	0
40cm	0

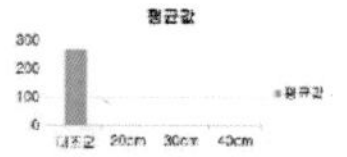

2) 실험1-2 데이터 평균 및 그래프

	평균값
대조군	246
20cm	1
30cm	0
40cm	0

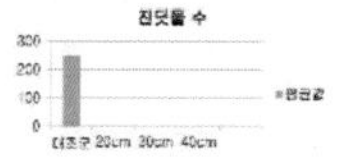

3) 실험1-3 데이터 평균 및 그래프

	평균값
대조군	207
20cm	1
30cm	2
40cm	3

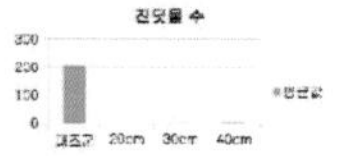

➡ 20cm일 때 가장 효과적

3. 거리에 따른 방충효과 확인실험

1) 실험1-1 데이터 평균 및 그래프

	평균값
대조군	100
20cm	26
40cm	26

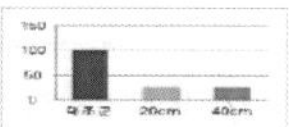

2) 실험1-2 데이터 평균 및 그래프

	평균값
대조군	100
20cm	25
40cm	26

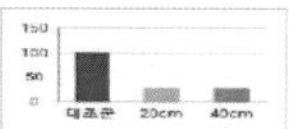

➡ 강낭콩과 고추나무의 거리가 20cm일 때 가장 효과적

4. 개수에 따른 방충효과 확인실험

1) 실험2-1 데이터 평균 및 그래프

	평균값
대조군	34
1개	0
2개	0
3개	0

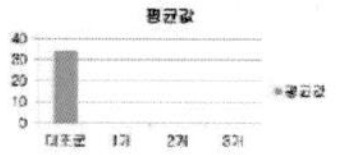

2) 실험2-2 데이터 평균 및 그래프

	평균값
대조군	40
1개	2
2개	1
3개	0

3) 실험2-3 데이터 평균 및 그래프

	평균값
대조군	139
1개	3
2개	1
3개	1

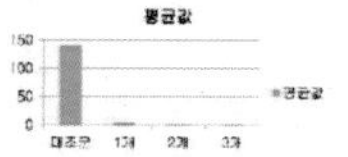

➡ 강낭콩 개수가 3개일 때 가장 효과적

5. 강낭콩 즙을 이용한 방충, 살충효과 확인실험

가. 접촉법

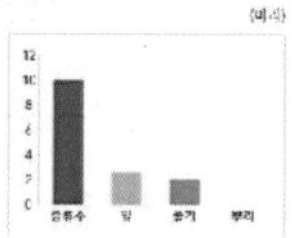

나. 훈증법

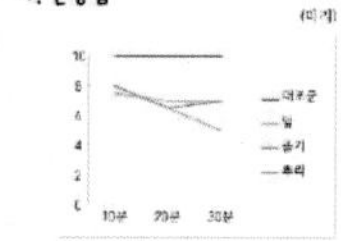

➡ 훈증법과 접촉법 모두 살충 효과 확인

6. 강낭콩추출물을 이용한 방충, 살충효과 확인실험

가. 접촉법

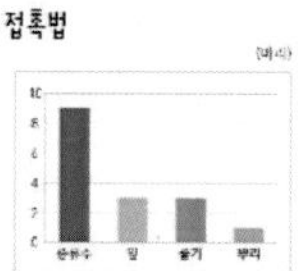

나. 훈증법

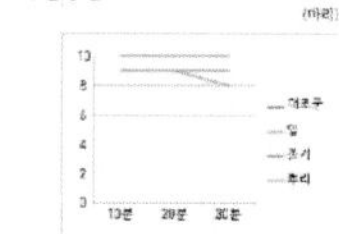

➡ 훈증법과 접촉법 모두 살충 효과 확인

7. 실험 결론

대조 군 잎 뒷면

실험 군 잎 뒷면

강낭콩이 진딧물에 대해

방충효과가 있음

강낭콩과 고추나무 사이의 거리가 가까울수록

강낭콩의 개수가 많을수록 방충효과가 뛰어남

훈증법과 접촉법 실험 모두 뿌리 추출물에서 가장 효과적

➡ **농사비용 절감 및 노동력 감소**

8. 향후 연구 계획 및 참고문헌

가. 향후 연구계획

1)강낭콩과 유사한 콩과 식물의 추출물을 방충효과 확인실험

나. 참고문헌

-변영웅 외 5명, 시설재배 고추에 발생하는 4종의 해충에 대한 천적이용 효과
한국응용곤충학회지 제51권 제2호, 2012.6, p.83
-박영섭, 서홍수 고추 주요병해충 방제를 위한 종합방제기술 농가실증
원예과학기술지 제26권 별호, 2008.5, p.55

아. 곡물의 껍질에 따른 온도 유지 능력 탐구

1) 우리 조상들이 찜질을 할 때 팥을 주머니에 넣고, 이를 가열하여 사용했다는 내용을 보고 곡물이 열을 유지할 수 있는 능력이 있으리라는 것에 착안하였다. 학생들은 어느 곡물이 열을 유지하는 능력이 높은지, 곡물 중에서 껍질과 알맹이 중에서 열을 유지할 수 있는 곳이 어딘지 알아보기 위하여 프로젝트를 진행한 사례이다.

2) 문제상황 및 해결 방안

문제상황	해결 방안
소재 선정의 문제	주변에서 가장 쉽게 접할 수 있는 곡물(대두, 팥, 녹두)을 선택하였다.
곡물을 전자레인지로 가열했을 때 껍질의 상태가 변하는지 확인하는 방법은?	학교에 위상차 현미경이 있어 이를 사용하였다. 위상차 현미경은 시료를 염색하지 않아도 되므로 살아 있는 시료를 관찰할 때 주로 사용된다.
전자레인지 가열 후 온도가 어떻게 변하는지 확인하는 방법은?	MBL 적외선 온도 센서를 사용하였다. 그냥 온도계를 사용하면 곡물이라 온도를 정확하게 측정하기 어렵다. 그래서 표면 온도를 측정할 수 있는 적외선 온도 센서를 사용하였고, 온도의 변화 양상을 보기 위하여 1분마다 온도를 측정하여 30분간 온도를 측정하여 온도변화 그래프를 확인하였다.

곡물의 껍질에 따른 온도 유지 능력 탐색

1 탐구 동기

우리나라는 경작지 비율이 약 20%로 적지 않으나 양곡소비량은 감소하는 추세에 있음

곡물을 가열하여 핫팩으로 쓸 수 있음을 알 수 있었는데 선행연구에서는 그 이유를 곡물 내의 수분으로 보았음

그러나 생팥보다 5년 된 팥의 온도 유지능력이 좋은 것으로 보아 다른 이유가 있을 것이라고 예상함

2 문제 제기

가. 곡물의 보온 능력에 질량이 영향을 미치는가?
나. 곡물의 보온 능력에 껍질의 유무가 영향을 미치는가?
다. 곡물의 보온 능력이 곡물의 종류에 영향을 받는가?

3 곡물의 껍질 유무에 따른 온도 유지 능력 실험

가) 팥

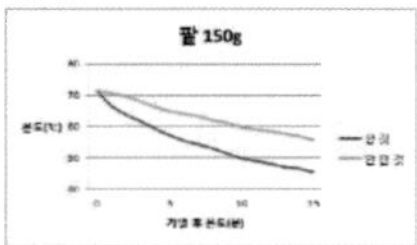

껍질이 있는 것의 그래프의 기울기가 완만하였으며 온도 또한 더 높은 것을 볼 수 있었다. 따라서 껍질이 있을 때, 온도유지능력이 좋다고 생각할 수 있다.

나) 녹두

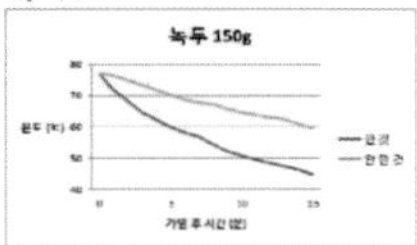

껍질이 있는 것의 기울기가 비교적 더 완만한 것을 볼 수 있었다. 따라서 껍질이 있는 것일수록 온도 유지 능력이 더 좋다고 볼 수 있다.

다) 백태

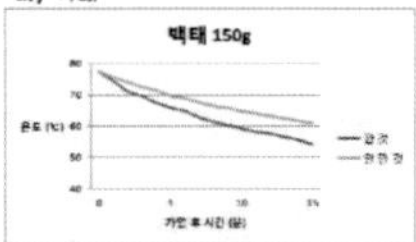

껍질이 있는 것의 기울기가 비교적 더 완만한 것을 볼 수 있었다. 따라서 껍질이 있는 것일수록 온도 유지 능력이 더 좋다고 볼 수 있다.

팥, 녹두, 백태 세 곡물 모두 껍질이 있을 때 온도 유지 능력이 뛰어났다.

4 곡물 껍질의 가열 전, 후 비교

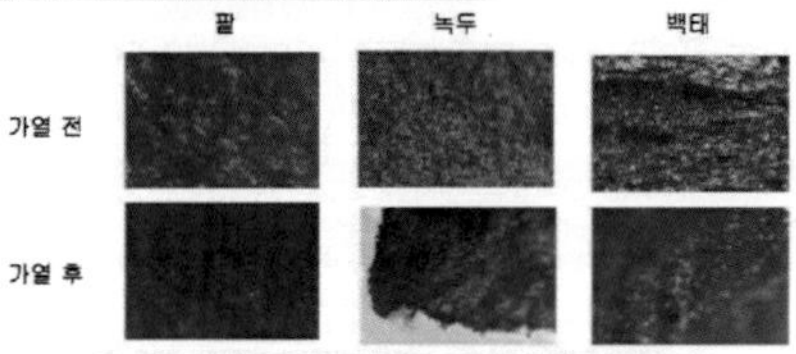

팥, 녹두, 백태 모두가열 전에는 구조가 뚜렷하게 보였으나 가열 후에는 이에 비하여 구조가 어둡고 흐릿해짐을 볼 수 있다.

5 곡물의 종류에 따른 가열 후 온도 변화 측정 실험

가) 곡물의 종류에 따른 그래프 (껍질 있을 때)

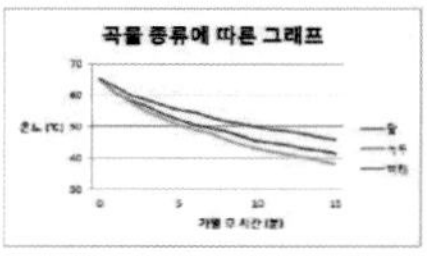

그래프의 기울기는 백태가 제일 완만하였고, 15분 후의 온도도 가장 높게 나타났다. 반면 녹두의 기울기는 가장 크고, 온도 또한 낮음을 볼 수 있다.

나) 곡물의 종류에 따른 그래프 (껍질 없을 때)

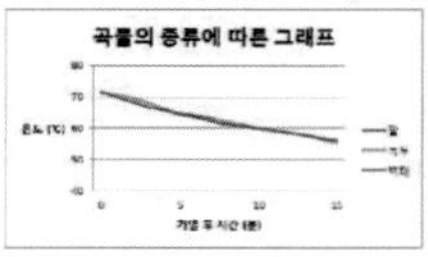

그래프의 기울기는 비슷하였다. 그러나 미세하게 팥의 온도를 나타내는 기울기가 더 작으며, 백태의 기울기가 큼을 알 수 있다.

단백질 함유량이 가장 높았던 백태가 온도 유지 능력이 뛰어났고, 탄수화물 함유량이 가장 높았던 녹두의 온도 유지 능력이 떨어졌다.

6 곡물의 질량에 따른 온도 유지 능력 실험

가) 팥

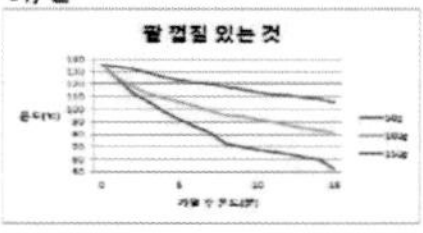

150g의 그래프가 가장 완만하고, 온도 또한 높은 것을 볼 수 있다. 반면 50g은 정반대의 결과가 나타났다. 따라서 150g의 온도 유지 능력이 뛰어나다고 볼 수 있다.

나) 녹두

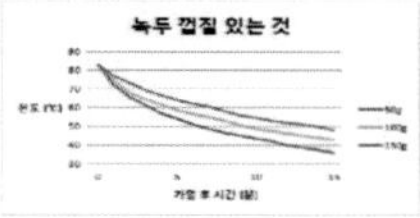

150g의 그래프가 비교적 가장 완만하고, 15분 후의 온도가 가장 높다. 따라서 150g이 온도 유지 능력이 가장 뛰어나다고 볼 수 있다.

다) 백태

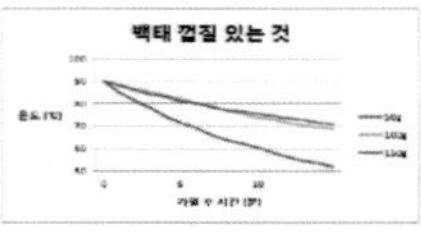

150g의 기울기가 가장 완만하고, 온도 또한 높게 나타났다. 하지만 백태의 경우에는 150g의 그래프의 기울기가 100g과 큰 차이가 나지는 않았다. .

팥, 녹두, 백태 세 곡물 모두 질량이 많을수록 온도 유지 능력이 좋았고 온도유지 능력이 좋은 백태는 100g이상과 비슷한 결과를 보임.

7 향후 연구 계획

전문가에게 곡물의 껍질 성분, 특징에 대해 자문 구함	열량계를 이용하여 껍질의 열량을 측정하고 비교
핫 팩을 제작하여 실험 결과와 비교하고 그 효율을 측정	핫팩 외에도 머그컵, 보온병 등 온도유지능력이 필요한 곳에 활용

8 참고 문헌

□ 김석희, 김승연 「찜질팩 안의 팥은 전자레인지에 의해 타거나 익지 않고 왜 계속 뜨거워질까」. 2013.
□ 2012 양곡년도 양곡소비량 조사, 통계청, 2012
□ 한국민족문화대백과사전

자. 집먼지진드기의 문제 해결에 대한 연구

1) 주변 상황에 관심을 가지고 불편한 상황을 해결하기 위한 연구 주제이다. 집먼지진드기는 이불이나 베개 등 섬유제품에 서식하며 사람의 몸에서 떨어진 각질과 비듬을 먹고 산다고 한다. 이 집먼지진드기에 의하여 많은 알러지 유발물질이 만들어져서 문제가 되고 있고, 학생들은 한약찌꺼기로 집먼지진드기 문제를 해결할 수 있을 것이라고 기대하였다. 또한, 이 연구는 학교에서 가능한 연구이지만, 재료의 문제(집먼지진드기를 구하기 어려웠고, 키우는 것도 어려웠다) 때문에 주변의 전문가에게 도움을 받은 사례이다.
2) 집먼지진드기는 이불이나 베개 등 섬유제품에서 서식하며 사람의 몸에서 떨어진 각질과 비듬을 먹고 산다고 한다. 이 집먼지진드기에 의하여 많은 알러지 유발물질이 만들어져서 문제가 되고 있고, 한약 찌꺼기로 집먼지진드기 문제를 해결할 수 있을 것이라고 기대하고 프로젝트를 진행한 사례이다.

집먼지 진드기의 살충 및 방지효과 방안에 대한 탐구

주제 선정 동기

가설설정

1. 계피와 비슷한 성질을 가진 약재는 살충효과를 지닐 것이다.
2. 살충효과가 계피>세신>건강 순으로 높을 것이다.
3. 특수원단의 이용한 집먼지 진드기의 개체수가 가장 적을 것이다.

실험설계

ㄱ. 살충 실험

1. 집먼지 진드기를 각각 30마리씩 페트리 접시에 넣는다.
2. 한 페트리 접시에는 먹이와 진드기를 같이,
   다른 페트리 접시에는 먹이와 진드기 사이에 천을 둔다.
3. 진드기가 나오지 못하도록 밀봉을 한 후
   3일, 6일 ,10일 이후에 진드기의 마리 수를 측정한다.

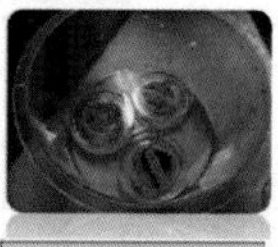

독립변인		종속변인
통제변인	조작변인	
실험관, 진드기 수, 빛의 세기, 진드기 먹이의 양, 한약재의 양	한약재의 종류 (계피, 세신, 건강)	일정 기간이 지난 후 집 먼지 진드기의 수, 상태변화

ㄴ.방지 실험

1. 집먼지 진드기를 50마리 이상씩 4개의 페트리 접시에 넣는다
2. 페트리 접시의 덮개부분의 중앙에 일정한 크기의 구멍을 제작한다.
3. 위의 완성된 페트리 접시와 덮개 사이에 각각 일반원단, 특수원단, 일반바느질 천과 특수바느질 천을 넣고 접시의 측면을 밀봉한다.
4. 페트리 접시 뚜껑의 구멍을 통해 원단 위에 진드기 먹이(0.5g)를 투입한 후 알레르망으로 위 구멍을 막는다.

독립 변인		종속변인
통제변인	조작변인	
집먼지 진드기의 개체 수 (50마리이상), 먹이의양(0.5g), 페트리 접시의 크기	원단(면, 알레르망) 천(일반바느질,특수바느질)	집먼지 진드기 먹이 안에 포함된 집먼지 진드기 개체수

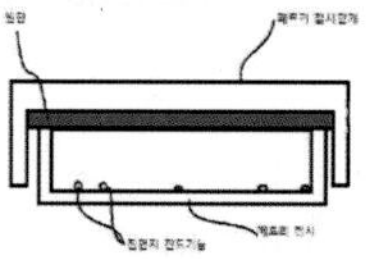

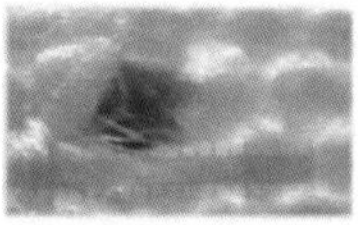

-바늘구멍

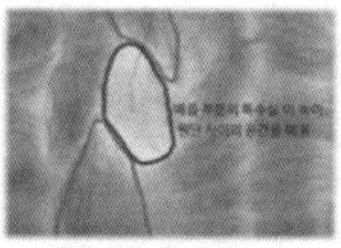

-특수 바느질 원단

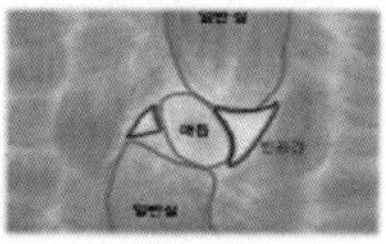

-일반 바느질 원단

살충 및 방지 효과 실험 결과

ㄱ. 집먼지 진드기 살충효과 실험(결과1)

	2차 실험	3차 실험	4차 실험	살충효과
계피	0	0	11	O
세신	3	16	19	O
건강	30	30	30	X

ㄴ. 집먼지 진드기 살충효과 실험(결과2)

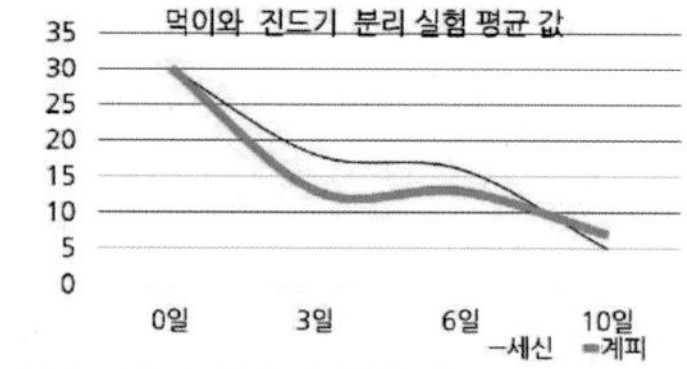

ㄷ. 집먼지 진드기 방지효과 실험결과

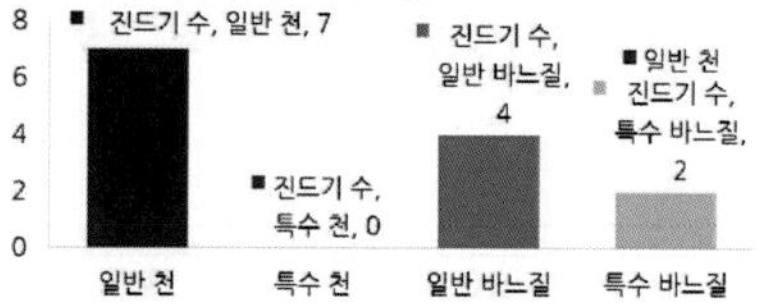

연구 결론

1. **계피와 비슷한 성질을 가진 약재는 살충효과를 지닐 것이다.**
   → 결과 1에서 계피의 감소한 집 먼지 진드기 수에 따른 집먼지 진드기의 살충효과가 계피와 세신에서 나타남
2. **집먼지 진드기의 살충효과가 한약재의 향의 확산 받는다.**
   → 결과 2에서 집먼지 진드기가 시간이 경과함에 따라 점점 개체 수가 감소하였으나 3일~6일 사이에 수의 변화가 없어서 효과가 미약함
3. **특수 바느질과 특수천의 집먼지 진드기 투과량이 일반천과 일반 바느질보다 더 적을 것이다.**
   → 일반 바느질에 비해 특수 바느질의 통과한 집먼지 진드기 개체수가 더 적고 일반천이 특수천보다 통과한 집먼지 진드기 개체수가 많아 특수천과 특수 바느질한 천의 집먼지 진드기 방지효과가 더 크게 나타남

향후 연구계획

연구결론2와 같이, 한약재의 향에 따른 집먼지 진드기의 살충효과가 적게 나타나 실생활에서 쓰이는 세제 등과 같은 재료를 이용한 한약재의 향의 확산 정도에 따른 집먼지 진드기 살충효과 실험을 추가로 진행할 예정

참고문헌

-집먼지진드기 배양 및 습성에 관한 실험적 연구 (2001년)
(동양미래대학 논문집-동양미래대 김동희 교수)

3) 문제상황 및 해결 방안

문제상황	해결방안
집먼지진드기를 찾아라	1. 집먼지진드기를 찾기 위하여 침대를 청소한 청소기 먼지를 가지고 현미경으로 찾았으나 찾을 수 없었다.(집먼지진드기는 대개 길이 0.4mm, 폭 0.3mm 정도의 크기) 2. 집먼지진드기를 연구한 문헌을 찾아서 그 연구를 하신 분을 찾아보니 인근 대학에서 집먼지진드기에 대한 연구를 하고 계셨다. 처음에는 이메일로 집먼지진드기 분양에 대한 의뢰를 했더니 흔쾌히 진먼지 진드기를 분양해주셨다.
집먼지진드기를 살려라	집먼지진드기를 50마리 분양을 받아 실험하려고 보니, 실험도 하기전에 모두 죽어버렸다. 어느 곳에서나 잘 산다고 생각했는데, 세심한 돌봄이 필요한 것이었다. 그래서 다시 교수님께 연락을 드렸더니 학교에서 대학교가 가까우니까 주말에 대학교 교수님 연구실에서 실험을 할 수 있도록 집먼지진드기와 실험장소를 제공해주셔서 실험을 진행할 수 있었다.

4) 전문가에게 도움을 받는 방법

① 관련 논문을 찾도록 한다. 그러나 일반적으로 학생들이 이해하기 어렵기 때문에 그 논문을 쓴 저자의 소속을 확인한다.

② 관련 논문 저자의 소속을 찾아 이메일 주소를 확인한다. 일반적으로 대학이나 연구소에서 이메일은 공개하기 때문에 쉽게 찾을 수 있다.

③ 이메일로 필요한 부분을 요청하도록 한다. 반드시 자신의 소속과 이름을 밝히고 필요하다면 전화번호도 남긴다. 논문 저자에게 요청하는 사항을 구체적으로 밝히도록 한다. 예를 들면 '저는 00학교 0학년 000입니다. 제가 000에 대하여 00 연구를 하고 있는데, 00 부분을 해결할 수가 없습니다. 제가 생각하는 000가 어떤 문제가 있는지, 00문제를 해결할 수 있는 방법을 알려주시면 정말 감사드립니다. 바쁘신데 읽어주셔서 감사드립니다. 제 연락처는 000-0000-0000입니다.' 이런 방법으로 이메일을 쓴다.

제5절

사회적 약자를 위한 연구에서 나타나는 문제점을 어떻게 해결할 것인가?

우리 주변의 사회적 약자에 관심을 가지고 연구 주제를 선택한 경우이다. 실제로 사회적 약자를 위한 연구를 찾아보면 많은데, 이렇게 접근하면 주제를 찾기도 쉽고, 공익을 위한 연구라는 것으로 성취감도 높일수 있는 프로젝트 사례이다.

가. 청각장애인의 말소리 크기 인식의 향상 방안에 관한 연구

1) 청각장애인들이 입술 모양을 보고 말을 알아듣고 본인도 말을 하지만, 주변의 말소리가 들리지 않기 때문에 주변에 비해 목소리가 아주 크기도 하고 작기도 해서 어려움을 겪고 있다. 이러한 어려움을 해결하기 위하여 주변의 소음에 비하여 본인의 목소리가 어떤지를 알려주는 알림 장치를 제작하는 것이다.

2) 청각 장애인들이 자신의 목소리로 대화할 때 주변이나 본인의 목소리를 들을 수 없다는 문제를 어떻게 해결할까?
→ 소리가 아닌 다른 신호를 감지하여 자신의 목소리를 주변 소음 상황에 맞게 조절할 수 있도록 본인의 목소리에 마이크를 두고, 외부 소음을 측정하는 마이크를 비교하여 두 마이크의 소음의 크기가 비슷하면 LED의 불이 들어오도록 설계하여 아두이노로 알림이를 만든 사례이다.

청각장애인의 말소리 크기 인식의 향상 방안에 관한 연구

I. 연구 동기

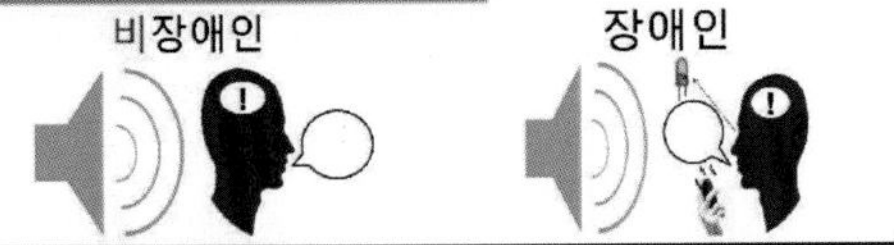

II. 실험 설계

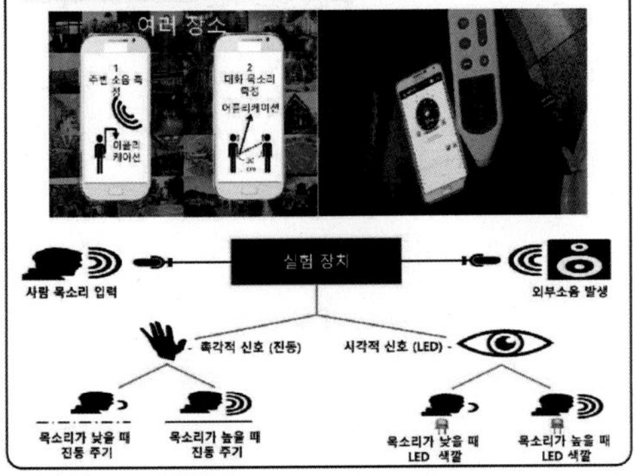

III. 목소리 알림 장치

1. 제작 과정

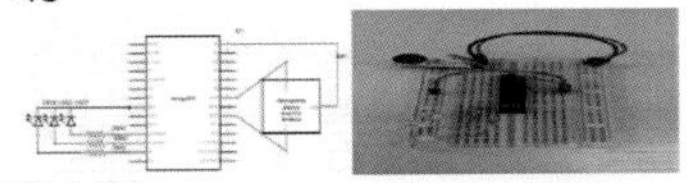

1차 실험장치 개발
문제점: 마이크가 하나뿐이라서 주변 환경 소음 측정 불가

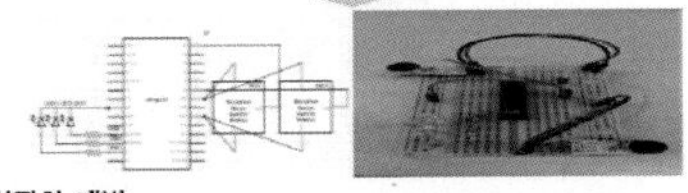

2차 실험장치 개발
문제점: 마이크와 마이크 사이의 거리가 가까워 서로 비슷한 값 측정

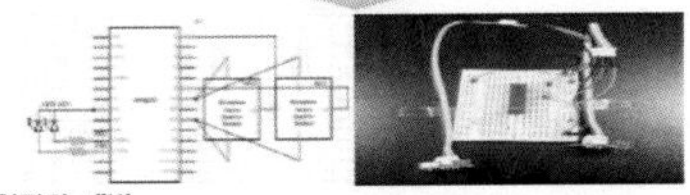

3차 실험장치 개발
문제점: 마이크로 목소리 측정 시 외부 소음 측정 작동의 오차 생성

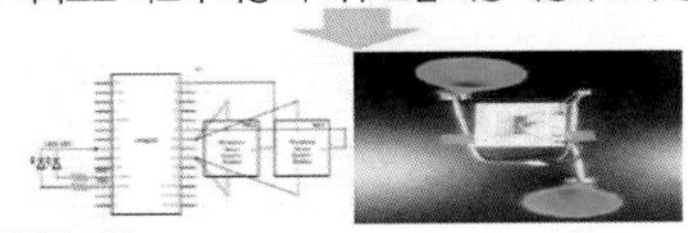

4차 실험장치 개발
문제점: 실제 지향성마이크가 아님

IV. 연구 결과

가. 장소에 따른 소음 측정 실험

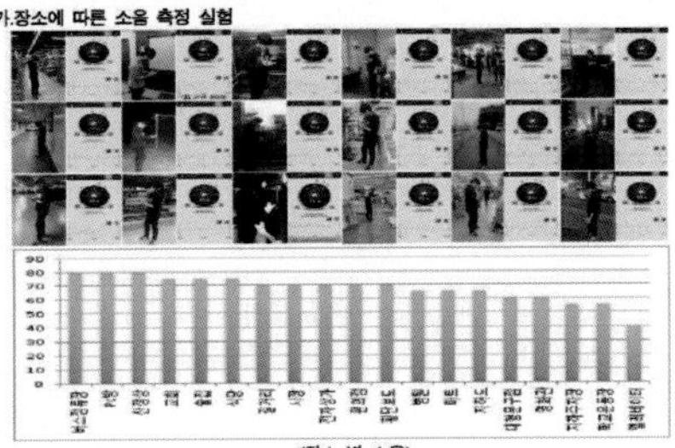

<장소 별 소음>

나. 소음에 따른 목소리 크기 조절 실험

1) 일정 소음 시 진동에 따른 목소리 크기 조절 시간

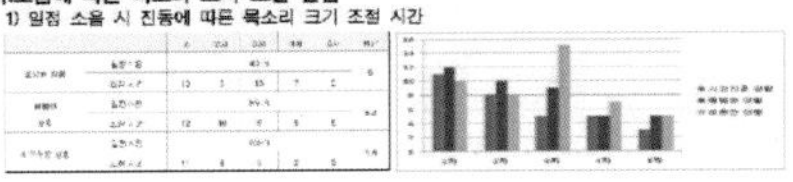

2) 일정 소음 시 LED에 따른 목소리 크기 조절 시간

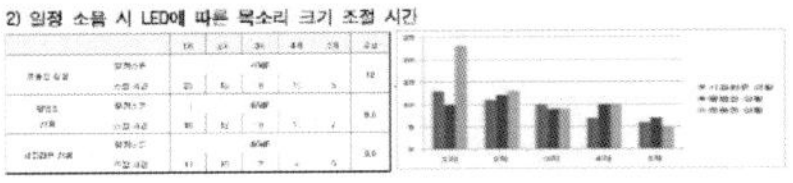

다. 불규칙 소음 시 신호에 따른 목소리 크기 조절 시간

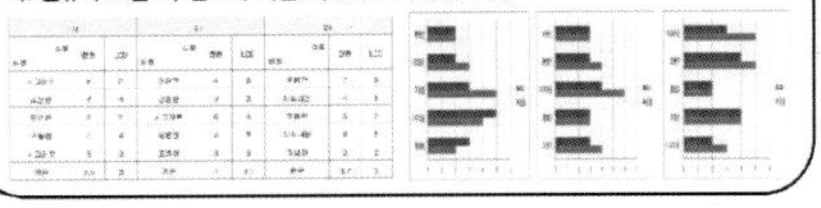

V. 향후 연구 계획

휴대폰 소음 측정 어플리케이션 보다 소음 측정기가 보다 더 정확

같은 장소 다른 시간대에 소음의 차이가 생김

외부 소음 시끄러운 상황(80 dB) 기준으로 이어폰은 약 20dB 차음
즉, 이어폰 사용시 청각장애 5급에 해당.

때문에 향 후

소음 측정기 사용으로 보다 더 정확한 외부 소음 & 소음 속 목소리 값 도출

다양한 장소를 세분화된 시간으로 소음측정

이어폰과 헤드셋 형 귀마개를 사용함으로 청각장애 1급 수준에서의 실험진행

VI. 효과 및 전망

효과

1. 자신의 목소리 인지 및 목소리 조절가능
2. 목소리 조절 훈련을 통해 조음 장애, 청각 장애 개선 가능

전망

1. 어플리케이션 개발을 통해 공공 장소에서의 에티켓 향상 가능
2. 농인, 난청인의 조음 훈련 기구로 발전 가능
3. 보청기, 스마트 웨어러블 디바이스등의 장치로 개발됨으로써 편리성 향상 가능

나. 부드러운 도로 턱 주행이 가능한 Tri-star 휠 개발 및 적용 탐구

1) 휠체어를 이용하는 사람들은 도로에 나가면 많은 어려움을 겪게 된다. 그 중 하나가 계단인데, 요즘은 사회적 약자를 배려하는 차원에서 엘리베이터가 설치되어 있거나 나선형 전용 출입구가 만들어져 있는 경우가 많다. 그러나 도로와 인접하는 턱을 피하려면 돌아가거나 주변에 있는 많은 사람들의 도움이 필요하다. 보호자 혼자의 힘으로도 턱을 쉽게 지나갈 수 있는 휠체어 바퀴를 만들어서 이들을 편리하게 만드는 프로젝트 수행 사례이다.

2) 문제상황 및 해결방안

문제상황	해결방안
바퀴를 만들려면 힘이 가해지므로 종이나 스티로폼 모형으로 실험이 어렵다.	3D 모델링을 통하여 3D 프린터로 출력하였고, 실제 소형 휠체어에 장착하여 실험이 가능한 크기로 출력하였다.
바퀴가 바뀌면 앉은 사람이 흔들려서 불편함이 있을 수 있다	일반 바퀴와 Tri-star 휠[4]을 장착한 휠체어의 계단 주행 시 휠체어의 흔들림 정도를 3측 가속도 센서(MBL 센서)로 측정하여 비교하였다.

4) Tri－star 휠: 바퀴 3개가 한개의 바퀴로 작용하는 것

부드러운 도로 턱 주행이 가능한 Tri-star 휠 개발 및 적용 탐구

동기 및 목적

깨짐, 이상한 턱 등 도보의 상태가 안좋음
→ 휠체어 이동에 문제

기존 휠체어 이동 보조장치 & 전동 휠체어
→경제적인 부담이 매우 큼

3D 프린터를 이용하여 휠체어 보조 바퀴 제작
→ 저렴한 가격으로 제공

가설 1

앞바퀴가 뢸로 3각형일 때 계단 주행에서 휠체어의 흔들림이 가장 작을 것이다.

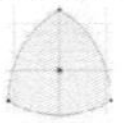

가설 2

Tri-star 휠의 바퀴가 뢸로 3각형일 때 계단 주행에서 휠체어의 흔들림이 가장 작을 것이다.

휠체어 바퀴 제작과정 : 3D 모델링, 출력

제작과정

일반 앞바퀴 제작

1차 모델	2차 모델	tri-star 모델	최종 출력물
1. 기존 휠체어 바퀴와 동일한 형태 2. 모델 출력 시간 (6시간)	1. 모델 출력시간 감축 6시간 → 4시간	1. tri-star 휠에 적용 가능	

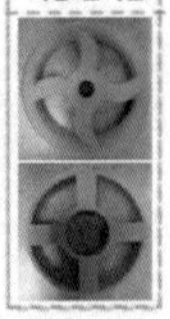

뢸로 삼각형, 오각형, 칠각형 모델

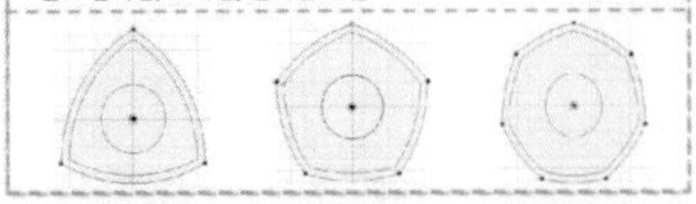

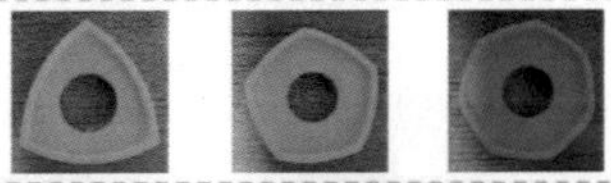

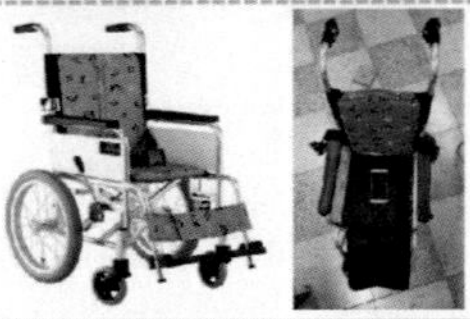

실험에 사용할 휠체어와 가속도 센서의 설치 위치

Tri-star 휠 제작과정 : 3D 모델링, 출력

제작과정

Tri-star

중앙의 축과 삼각형 모서리의 축이 각각 돌아서 턱이 있어도 부드러운 주행이 가능함

1차 모델

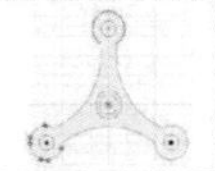

○ 바퀴와의 연결부가 너무 커서 바퀴 장착 불가능

2차 모델

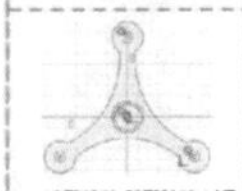

○ 바퀴와의 연결부가 너무 가늘음
○ 내구성 약함

3차 모델

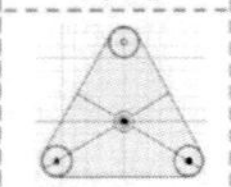

○ 내구성 강화
○ 6개의 부품
→ 조립에 문제 발생

최종 모델

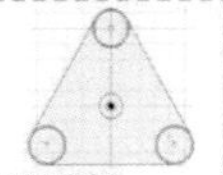

○ 내구성 강화
○ 조립 문제 해결

일반 바퀴 주행 시 흔들림 비교(가속도)

실험결과

(단위:㎨)

가속도	x축	y축	z축
일반	22.8	8.4	-5.1
3각	17.4	5.7	-4.6
5각	13.9	4.5	4.3
7각	9.4	4.3	2.4

○ 휠체어에 가속도 센서를 달고 난 후 계단에서 주행을 했을 때 나타나는 3축 가속도 센서의 각 축별 가속도 평균 변화량

○ 가속도 변화량이 작을수록 휠체어 주행 시 흔들림이 적은 것

○ 일반 휠체어 앞바퀴에 뢸로 7각형 바퀴가 장착되었을 경우 그 흔들림이 가장 작았다.

Tri-star 휠 주행 시 흔들림 비교(가속도)

실험결과

(단위:㎨)

가속도	x축	y축	z축
일반	7.3	3.1	-1.9
3각	12.6	6.5	-3.6
5각	9.9	4.8	-2.5
7각	8.7	4.4	-2.3

○ 휠체어에 가속도 센서를 달고 난 후 계단에서 주행을 했을 때 나타나는 3축 가속도 센서의 각 축별 가속도 평균 변화량

○ 가속도 변화량이 작을수록 휠체어 주행 시 흔들림이 적은 것

○ Tri-star 프레임에 원형 바퀴가 장착되었을 경우 그 흔들림이 가장 작았다.

3D 프린팅 도중 문제 발생 및 해결

해결과정

CREMAKER 3D PRINTER를 이용한 출력

→ 문제발생
→ 출력물 이상 발생

출력물

ROBOX 3D 프린터 이용

→ 문제 해결
→ 출력 시간 단축

결론

1. Tri-star 프레임을 통하여 가장 일반 바퀴로 주행할 때보다 흔들림을 줄일 수 있다.

2. Tri-star 프레임을 통하여 탑승자와 운전자 모두가 편한안 주행이 가능하다.

3. 일반 바퀴로 주행할 때 생기는 문제점을 Tri-star 프레임을 통해 해결할 수 있다.

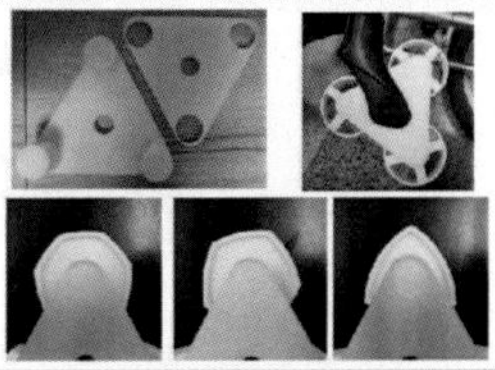

다. 적정기술을 이용한 연구

적정기술은 인류에게 도움이 되는 기술로, 많이 개발되고 있는 분야이다. 우리가 새로운 것을 개발하는 것이 어렵지만, 이미 개발되어있는 것을 개선하는 방식으로 프로젝트를 진행할 수 있다.

1) 패트병 전구의 효율 분석과 단점극복 방안 탐구

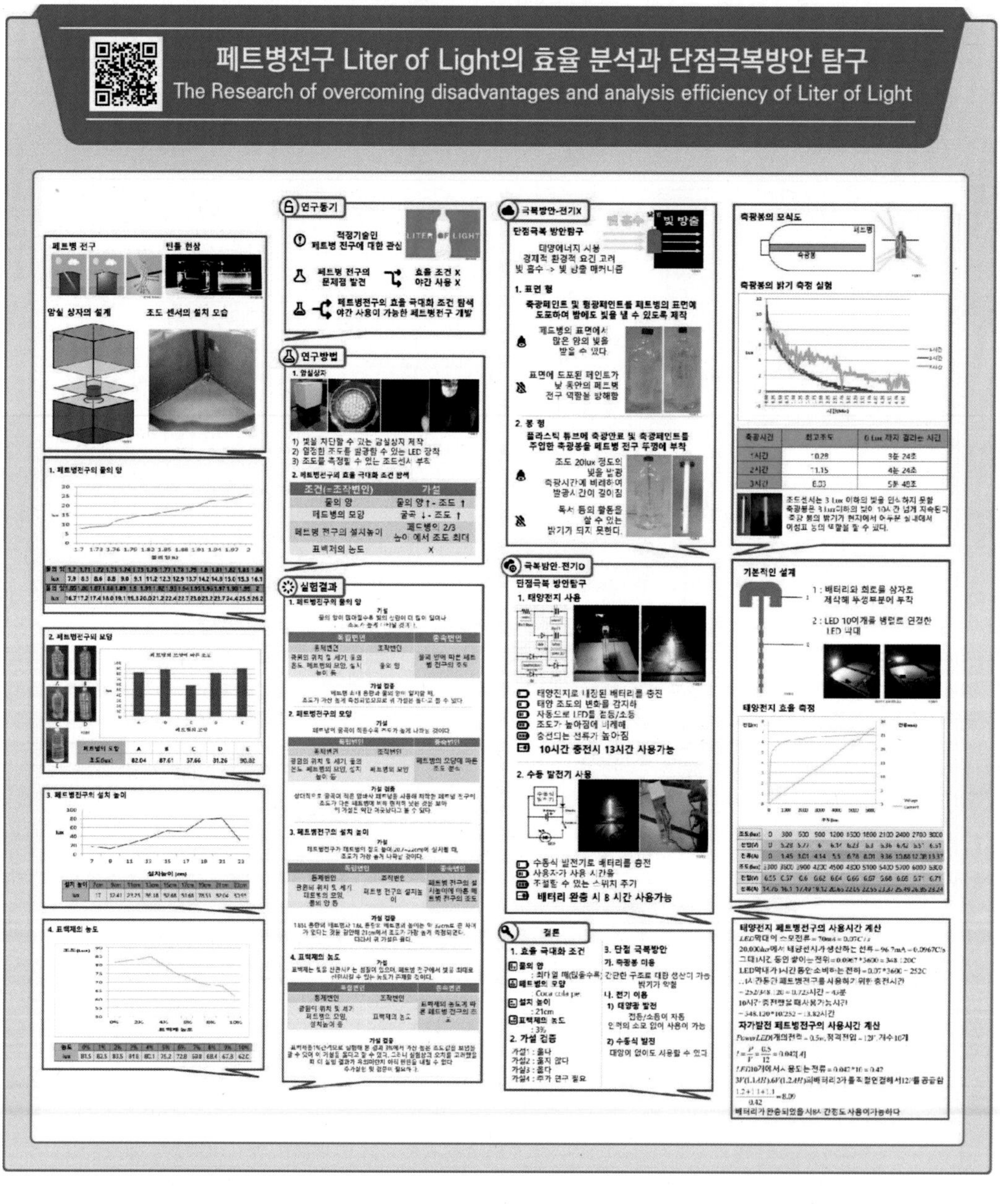

가) 패트병 전구는 전기가 들어오지 않는 아프리카나 오지에서 집 안에 들어가면 어둡기 때문에 햇빛을 반사시켜 집 안으로 들어오게 하는 아주 단순한 발명품이다.

Liter of Light를 통해 실내의 모든 부분에 빛이 닿게 할 수 있다.

나) 처음에는 아주 단순하게 시작하였다. 개념은 동일하게 시작하여 좀 더 햇빛 반사가 잘 되는 조건을 찾고자 하였다.

(1) 패트병에 채워지는 물의 양에 따라 내부로 반사되는 양 측정

(2) 페트병 모양에 따라 햇빛이 내부로 반사되는 양 측정

- 시판되는 생수병과 음료수병을 사용하였다.

(3) 패트병 전구의 설치 높이에 따라 내부로 반사되는 양 측정

(4) 패트병에 채워지는 물에 들어가는 표백제의 양에 따라 내부로 반사되는 양 측정

(5) 반사되는 햇빛의 양은 '**조도센서**'를 사용하여 측정하였다.

다) 연구 과정에서의 문제점과 해결 방안

문제점	해결 방안
실험을 태양빛으로 하게 되면 실험을 할 때마다 처음 비춰지는 빛의 조도가 달라진다. 일정한 빛을 유지할 수 있는 방법은 무엇일까?	LED등을 이용하였다.
빛의 반사와 산란, 굴절이 최대화 될 수 있는 위치를 찾아야 하지 않을까?	빛이 패트병 바로 위에 있을 때(직각)보다 45도 지점에 있을 때가 반사와 산란, 굴절이 더 잘 일어난다는 것을 실험으로 확인하였다.
조도를 측정하는 위치에 따라 조도가 달라지는데, 이를 해결할 수 있는 방법은 무엇일까?	페트병전구가 산란하는 빛의 양이 많을수록 실내에 더 많은 빛이 비춰지게 되는 것이므로, 구멍을 통해 들어오는 빛의 반대방향에 조도센서가 페트병전구를 향하게 설치하였다.

라) 여기까지만 실험하는 것이 일반적이지만, 수준 높은 프로젝트라고 하기는 어려운 면이 있었다. **좀 더 확장시킬 필요**가 있었다. 여기서 주목할 것은 햇빛이 있을 동안에만 빛을 산란시켜 내부를 밝게 할 수 있다는 것이다. 햇빛이 없을 때, 즉 구름이 끼거나 밤에는 효과가 없다는데 주목을 하고 학생들에게 이를 해결할 수 있는 방법을 찾도록 하였다.

문제점	해결 방안
패트병 전구를 밤에도 사용할 수 있는 방법은 없을까?	빛이 있을 때는 빛을 흡수하여 빛이 없을 때 방출하는 형광 페인트를 패트병 표면에 분사하였다.
페트병 전구의 옆 부분에 페인트가 뿌려져있기 때문에 태양 빛이 페트병 전구를 통과하는 데 방해를 받게 되고, 어두운 곳에서 발광이 되지 않는 문제점 해결 방법은?	축광 페인트를 페트병 전구의 표면에 바른 뒤, 태양빛에 노출 시켰을 때 빛을 발하였다. 1~6 lux정도의 약한 빛이지만, 빛이 존재하지 않는 빈민가의 밤에서는 이정표의 역할 등을 수행할 수 있다.
표면에 페인트를 바르는 것과 같은 방법은 빛의 진행을 방해하는 단점이 있는데, 이런 단점을 해결하는 방법은?	축광안료[5] 혹은 축광 페인트를 플라스틱 관에 채워 축광봉을 만든 뒤, 병뚜껑에 부착해 페트병 전구의 중심에 위치하게 만드는 방법을 설계하였다.  조도 13 lux의 빛을 발광하는 결과를 얻었으나 축광 시간에 따라 밝기가 빠르게 감소하였다.
축광 페인트를 사용해도 밤에 글을 읽거나 하는 활동은 어렵다는 결과가 나왔다. 근본적인 문제를 해결할 수 있는 방법은 무엇일까?	전기를 만들어서 LED를 사용할 수 있게 만들어보자 태양전지로 낮 동안의 태양에너지를 수집한 후 밤이 되면 빛을 발하는 과정을 자동으로 만들기 위해 다이오드와 트랜지스터를 사용하였다. 태양전지에서 출력되는 전압이 일정정도 이하로 떨어지게 되면 회로는 배터리의 전력을 이용해 LED를 점등하게 된다. 그 반대로 낮이 되어 태양전지의 전압이 일정 정도 이상으로 올라가면 LED에 걸리던 전압이 트랜지스터에 의해 옆으로 누설되어 LED의 불이 꺼지게 된다. 그와 동시에 태양전지로 배터리를 충전하는 시스템을 만들었다.

마) 이 프로젝트는 연구 결과로 만들어진 시스템을 아프리카에 전파했다는 것에 큰 의미가 있다. 이 연구 결과를 보고 아프리카에 봉사하는 선교사들이 페트병 전구 기술을 전수받아 아프리카 오지에서도 밤에 전구를 사용할 수 있도록 만든 좋은 사례이다.

5) 축광안료: 빛을 모아 두었다가 빛이 없을 때 내보내는 페인트

나. 자전거 폐타이어를 이용한 Q드럼 개선방법 연구

1) 이 프로젝트는 적정기술과 환경 개선을 동시에 생각하여 연구 주제로 선정한 작품이다.
2) 한스 헨드릭스와 피에트 헨드릭스 형제가 개발한 Q드럼[6]은 무거운 양동이를 이고 다니는 대신, 바퀴처럼 생긴 모형 중앙에 난 구멍에 줄을 넣어 수레처럼 끌고 다닐 수 있도록 디자인되었다.
3) 학생들은 Q드럼이 아주 잘 닦여진 도로에서 사용하는 것이 아니라 울퉁불퉁하고 언덕이 많은 흙길에서, 돌이나 나뭇가지에 의하여 끄는 데 방해가 될 수 있는 장소에서 사용한다는 것에 주목하였다.
4) 실제 Q드럼에 물을 넣으면 50L 정도 들어가므로 50Kg 이상의 무게로 매우 무겁다. 이렇게 무거운 무게를 끌고 다니는 것은 아이들에게 어려울 것으로 예상되어 좀 더 쉽게 끌 수 있는 방안을 생각하였다.
5) 바퀴에 타이어를 장착하면 잘 굴러가듯 Q드럼에 폐기되는 자전거 폐타이어를 장착하면 **자원 재활용 측면과 효율 측면**을 만족할 수 있을 것으로 예상하였다.

6) 문제점과 해결 방안

문제점	해결 방안
Q드럼은 방향전환이 어렵고, 물을 가득 담으면 굴리기 어렵다.	Q드럼의 양쪽에 자전거 폐타이어를 끼우기로 하였다.
실험에 사용할 Q드럼을 구할 수 없다.	실제 Q드럼은 아프리카에 제공되는 것으로 실험에 사용하려고 보니 구할 수 없었다. Q드럼 모양으로 제작하여 사용하였다.
끄는 데 드는 힘을 어떻게 측정할까?	힘센서를 이용하여 최대정지마찰력을 구하였다.
우리는 아프리카와 비슷한 환경이 없는데 어디서 시험결과를 얻을까?	학교 복도와 포장로, 잔디가 많은 밭, 주변의 흙길에서 실험을 진행하여 서로 비교하였다. 실험군은 폐타이어를 장착한 Q드럼, 대조군은 일반 Q드럼으로 실험하여 값을 비교하였다.

6) Q드럼: 아프리카에서 물를 쉽게 길러오기 위해 제공되는 적정기술

자전거 폐타이어를 이용한 Q드럼 개선방법 탐구

작품요약설명

적정기술의 대표적인 예로 알려진 Q드럼은 고효율 물 운반 장치이다. Q드럼은 굉장히 활용적인데도 불구하고 상용화 되지 못하였다. 왜냐하면 많은 단점이 있었기 때문이다. 이번 연구에서는 다양한 Q드럼의 단점을 확인하고, 이를 보완하기 위하여 환경적인 문제로 생각되고 있는 폐타이어를 장착하여 효율적인 Q드럼 사용방안을 제안하였다. 여러 가지 실험결과 폐타이어를 장착하였을 때 더 사용하기 편리하다는 사실을 알 수 있었다.

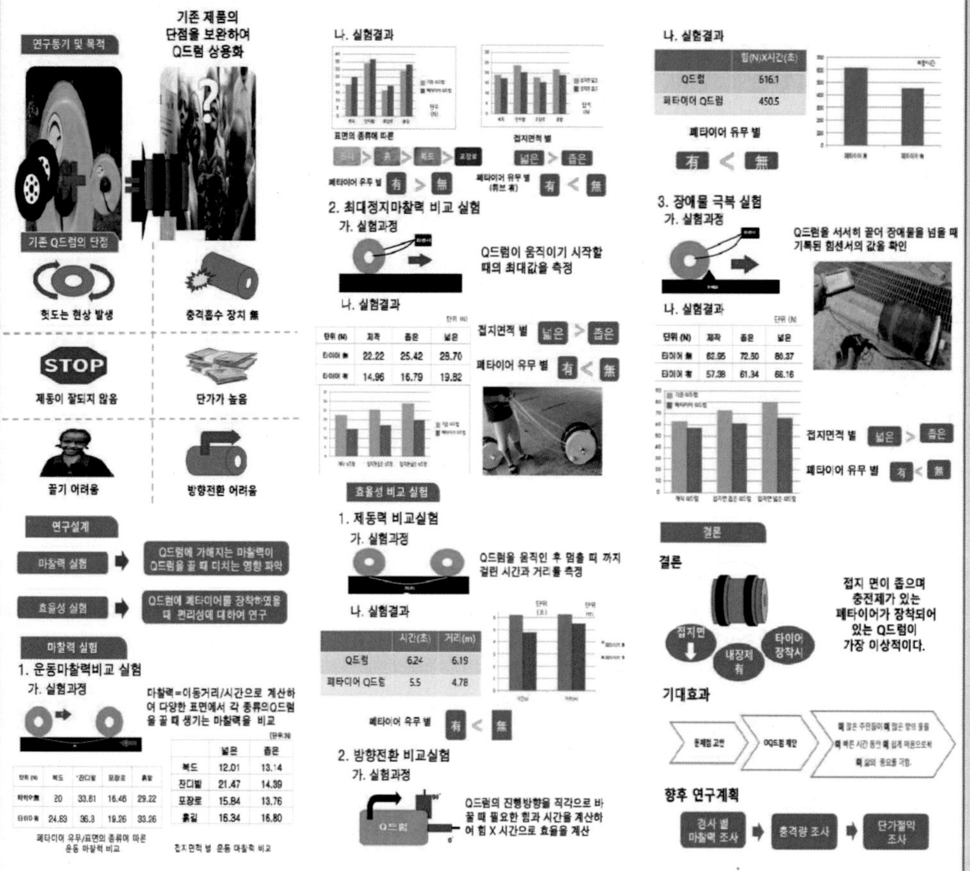

제6절

환경 개선을 위한 연구에서 나타나는 문제점을 어떻게 해결할 것인가?

지구온난화로 인한 녹조현상, 이상 기후 등 수많은 문제가 발생하고 있다. 이에 착안하여 환경문제를 개선하는 연구가 많이 진행되고 있다.

가. 불가사리 흡착 반응을 이용한 토양의 염분 제거 방안 연구

1) 불가사리는 영하 30도에서도 버티는 생존력이 강한 생물로 번식력도 강하지만, 사람에게 골칫거리 중 하나이다. 식성이 좋기 때문에 조개 등을 양식하는 어민들에게 해충이나 다름없기 때문이다. 이 불가사리는 식용으로는 거의 불가능하다.
2) 불가사리는 단백질과 골편으로 구성되어 있어, 농가에서는 불가사리를 발효시켜 액비로 사용하며, 이 액비는 효과가 좋아 광합성을 촉진하여 수확량과 당도를 증대시키는 직접적인 효과와 작물의 줄기를 튼튼하게 하고 뿌리 발달을 촉진해 병충해에 강하고 작물의 쓰러짐을 방지하는 부가적인 효과가 있다고 알려져 있다.
3) 이 연구에서는 발효하고 남는 **골편이 다공성**이라는 부분에 초점을 맞추어 염화이온의 흡착력을 프로젝트 주제로 하였다.
4) 비닐하우스 농가에서 가장 문제가 되는 것은 같은 농작물을 계속해서 재배하면 생산력이 떨어진다는 것이다. 이는 비료 사용으로 인하여 땅의 염분 농도가 증가하기 때문이다.
5) 학생들은 바다의 골칫거리인 불가사리를 재활용 한다는 측면과 농가의 문제를 해결한다는 측면에서 연구 주제를 선정한 사례이다.

불가사리의 흡착반응을 이용한 토양의 염분제거방안 연구

Research of developing exclusion of salt by using starfish's absorption

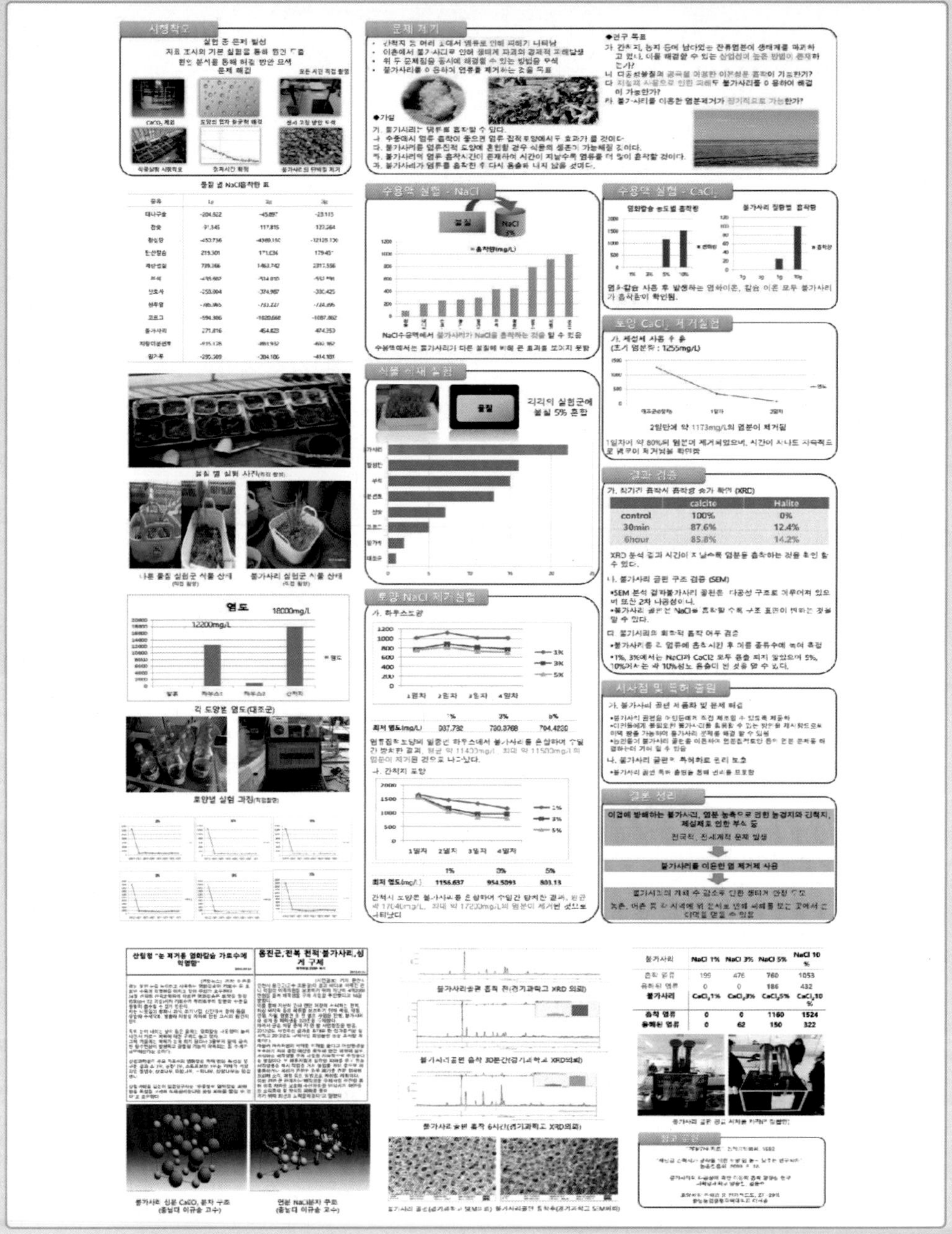

6) 문제점과 해결 방안

문제점	해결 방안
불가사리 골편을 어떻게 구할 수 있을까?	바닷가에 가면 몇 마리 정도의 불가사리는 구할 수 있지만 실험에 사용할 정도로 많은 불가사리를 구하기는 어려웠다. 다행이 바닷가 어촌계에 연락하여 많은 불가사리를 구할 수 있었다. 불가사리를 발효하는 것은 시간이 많이 걸리기 때문에 단백질 분해효소를 사용하여 불가사리를 분해하여 불가사리 골편을 얻었다.
염분 농도를 어떻게 측정할 것인가?	MBL 센서 중 염화이온 센서를 이용하여 농도를 측정하였다.
염분이 높은 흙은 어떻게 구할까?	인근에 간척지가 있어서 간척지의 흙을 사용하였다.
흙의 염분은 어떻게 측정할까?	동일한 양의 흙과 골편을 섞은 후 흡착이 일어날 수 있는 일정 시간이 지나고 나서, 일부분의 시료를 물에 녹여서 물의 염분을 측정하였다.
흙의 염분 제거가 식물의 생장에 미치는 영향을 어떻게 확인할 수 있을까?	주변 농가에서 모(자라서 쌀이 열리는 벼가 됨)를 얻어 생장 실험을 진행하여 실험 결과를 얻었다. 대조군으로 일반 흙과 간척지 흙을 넣고, 실험군으로 불가사리 골편 외 다공성으로 알려진 참숯, 활성탄, 부석 등을 섞은 흙으로 실험을 진행하였다.

7) 확장: 창업과의 연계

불가사리 골편이 염화이온을 잘 흡착한다는 실험 결과를 확장하여 친환경 제설제를 만들어서 창업하였다.('스타스테크' 검색)

불가사리 유래 다공성 구조체를 포함하는 친환경 제설제 조성물 PDF 원문보기

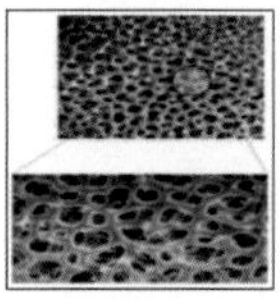

크게보기

- 국가/구분 한국(KR)/등록특허
- 국제특허분류 (IPC8판) C09K-003/18 IPC 상세
- 출원번호 10-2018-0008069 (2018-01-23)
- 등록번호 10-1903171-0000 (2018-09-20)
- 우선권정보 대한민국(KR) 1020170104021 (2017-08-17)
- DOI http://doi.org/10.8080/1020180008069
- 발명자 / 주소 양승찬 / 서울특별시 관악구 남부순환로***길 ** , ***호(신림동)
  강선화 / 경기도 안산시 상록구 안산천서로*길 **-**, ***호
- 출원인 / 주소 주식회사 스타스테크 / 서울특별시 마포구 월드컵북로 *** ,연구개발타워***호(상암동,누리꿈스퀘어)
- 대리인 / 주소 해움특허법인
- 심사청구여부 있음 (2018-01-23)

초록

본 발명은 불가사리로부터 단백질을 제거하여 얻어지는 탄산칼슘 다공성 구조체에 의하여 염화이온을 흡착 가능한 친환경 제설제 조성물에 관한 것이다. 본 발명에 따른 친환경 제설제 조성물은 불가사리 유래의 다공성 구조체를 사용하여 제설제 조성물에 포함되는 염화이온을 흡착하기 때문에 도로, 시설물 및 차량 등의 부식에 미치는 영향이 적고, 가로수, 하천 등의 환경 오염을 감소시킬 수 있으며, 동시에 기존의 염화칼슘 제설제와 비교하여 동등한 수준의 융빙 성능을 발휘하는 것이 가능하다. 또한, 생태계에 악영향을 미치고 처치가 곤란한 불가사리를 이용하기 때문에 친환경적이고 비용 경제적이다.

대표 청구항

염화물, 불가사리 유래 다공성 구조체 및 헥사메타인산나트륨을 포함하는 친환경 제설제 조성물로서,상기 조성물은 물에 용해시 헥사메타인산나트륨이 이온 형태로 불가사리 유래 다공성 구조체에 배위결합하는 것을 특징으로 하는, 친환

나. 생태계 교란 외래종 식물을 이용한 녹조 방제

1) 지구온난화로 인한 녹조나 적조 문제는 물의 수질 문제 때문에 사회적인 문제가 되고 있다.

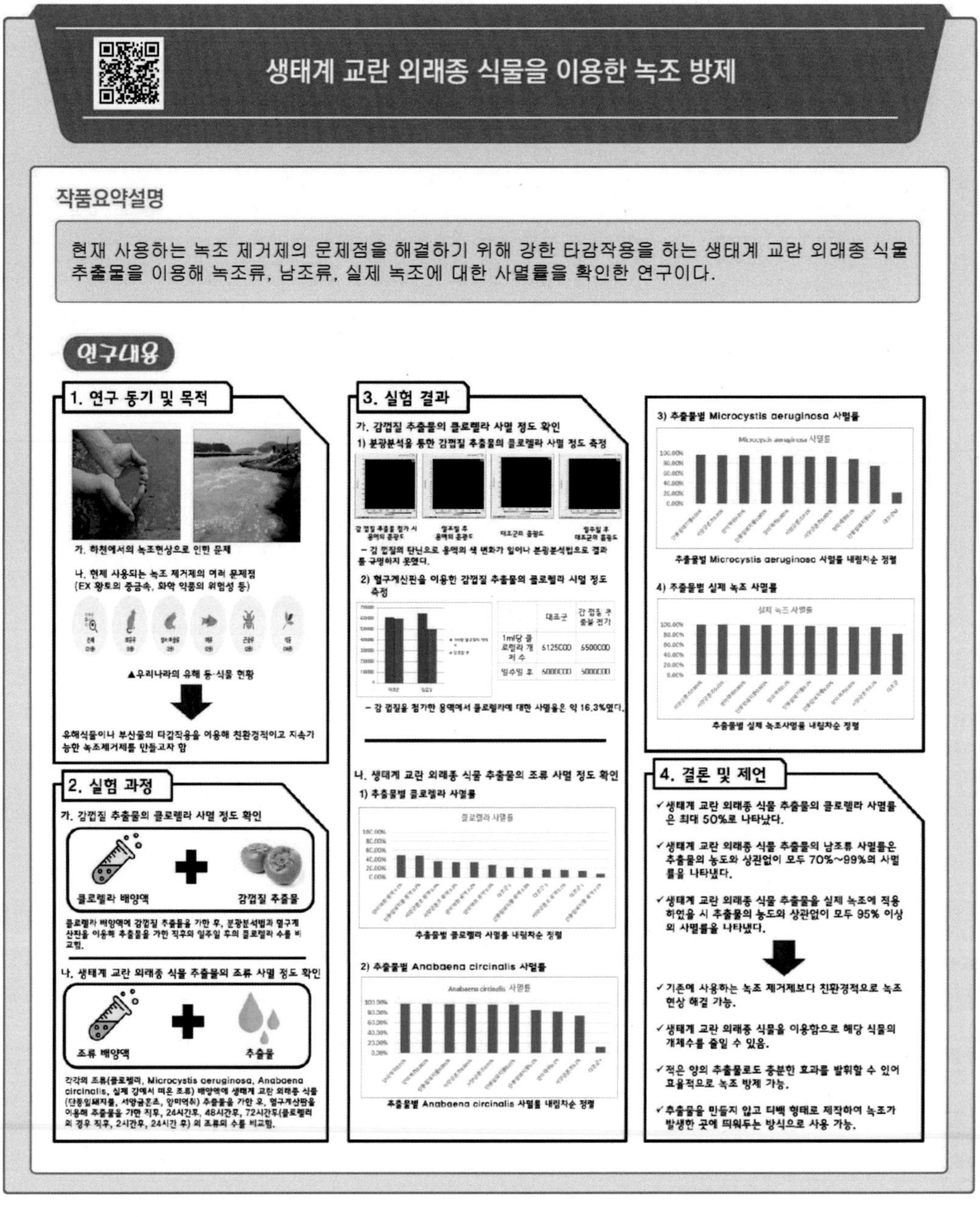

2) 녹조현상으로 인해 물속까지 빛, 산소 등이 전달되지 못해 물속에 사는 생물들이 죽어 나가는 등 생태계가 파괴되고 있으며 물 위에 떠 있는 부패한 생물의 사체와 녹색으로 변한 물뿐만 아니라 그 자체로 심미적인 문제와 악취를 초래한다.

3) 번식력이 강한 외래종은 자연생태계에 유입되면서 토종서식지를 잠식하여 생태계의 균형을 깨고 종의 다양성을 떨어뜨리는 등 심각한 문제를 일으킬 수 있다.

4) 이 연구에서는 외래종의 문제점과 녹조 문제를 동시에 해결하는 방법으로 유해 귀화식물의 타감 작용[7]을 이용하는 연구이다.

5) 문제점과 해결 방안

문제점	해결 방안
유해 희귀식물을 어떻게 구할 수 있을까?	처음에는 타감 작용을 일으킨다고 알려진 탄닌과 탄닌이 많이 들어있는 감 껍질로 실험했으나, 서양 유해식물인 서양 금흔초, 단풍잎 돼지풀, 양미역취를 실험 대상으로 하였다. 우리 주변에서 쉽게 볼 수 있는 식물이 아니라 채취가 어려웠다. 그래서 '국립낙동강생물자원관 생물자원은행'에서 샘플을 얻어서 연구를 진행하였다.
녹조를 어떻게 채취할 것인가?	녹조를 일으키는 식물성 플랑크톤은 다양하다. 그래서 처음에는 '클로렐라'(구입 가능)를 이용하여 녹조 실험을 진행하였다. 이후에 전문가의 도움을 받아서 우리나라의 녹조는 거의 남조류로 되어있다는 사실을 알고, '국립낙동강생물자원관 생물자원은행'에서 샘플을 얻어서 연구를 진행하였다. 실제 녹조방제 효과를 확인하기 위해서 주변의 하천에서 녹조를 직접 채취하였다.
녹조가 사멸했다는 것을 어떤 방법으로 측정할 것인가?	녹색의 흡광도[8] 변화를 측정하였다. 그러나, 녹조는 사멸하여도 녹색은 그대로 남아있어 흡광도로 결과를 얻는 것은 신뢰성이 낮다는 문제점이 발견되었다. 그래서 cell counting 기법[9]으로 녹조의 사멸을 확인하였다.
실험실에서 자연 사멸하는 경우도 있는데, 이를 어떻게 확인하는가?	대조군으로 아무런 용액도 넣지 않고 증류수만 추가하여 '대조군'의 사멸 정도도 같이 확인하였다.

7) 타감 작용: 식물계의 종 사이에 흔히 볼 수 있는 것으로, 식물에서 나오는 휘발성 물질의 영향을 받아 다른 생물의 생장, 생존, 생식에 영향을 미치는 것을 말한다.

8) 흡광도: 어떤 물질이 빛 등의 에너지 복사를 비추었을 때, 투과하는 복사량에 대한 비추어준 복사량의 비율을 가리키는 용어

9) cell counting 기법: 현미경을 사용하여 직접 녹조를 세는 것이다. 이를 위해서는 최대한 희석하여 1㎖에 있는 녹조의 개수를 세어 계산하는 방법을 사용하였다.

다. 환경 문제를 해결하기 위하여 자원을 재활용하는 연구

1) 증가하는 커피 인구에 따른 커피찌꺼기의 증가로 문제가 되고 있다. 커피찌꺼기는 다양한 부분에서 활용되고 있었다. 신발장에서 냄새를 흡수하는 탈취제부터 화분에 사용하는 영양제와 거름, 주방용품의 기름때를 제거할 때 사용되고 있다. 그러나 이러한 것들은 소극적인 이용으로 버려져서 환경오염물질이 된다는 것은 동일하다는 문제가 있다.

2) 커피찌꺼기 업사이클링(소재를 주제로 발전시킨 경우)

가) 원래는 커피찌꺼기를 말려서 사용하려고 하였으나, 조금만 습기가 많아도 곰팡이가 생기는 문제점이 있었다.

나) 커피를 탈취제로 사용한다는 것은 다공성이 있다는 것이다. 다공성을 증가시키는 방안으로 탄화를 진행하였다.

다) 문제점과 해결 방안

문제점	해결 방안
커피찌꺼기를 가공하지 않은 상태로 그대로 사용할 시 쉽게 곰팡이가 피기 때문에 빨리 버려야하는 문제점이 발생	커피찌꺼기를 탄화시키면 곰팡이가 피지 않을 것이라고 생각하고 처음에는 프라이팬에서 탄화를 진행하였다. 일정하게 탄화가 되지 않아 도자기를 굽는 '로'를 사용하여 온도별, 시간별 탄화를 진행하였다.
어떤 주제로 실험을 진행할 것인가?	문헌에서 탄화 커피찌꺼기로 대기 오염물질을 제거할 수 있다는 것과 커피찌꺼기로 만든 필터가 하수에서 나오는 냄새 성분인 황화수소 기체를 흡수할 수 있다는 연구 결과를 확인하였다.
우리는 무엇을 실험할까?	여름에 깁스를 하고 있으면 씻지를 못하여 냄새가 난다는 사실에 주목하여 탄화커피찌꺼기를 포함한 석고 깁스를 만들면 이를 해결할 수 있지 않을까?
말린 커피찌꺼기를 "로"에 넣으면 불이 붙음	커피찌꺼기에 있는 유분 때문에 발생하는 현상으로, 에탄올로 세척하여 유분을 제거한 후 탄화를 진행하였다.
탄화커피찌꺼기의 다공성을 어떻게 확인할까?	눈으로는 확인이 불가하며, 현미경으로도 불가능하였다. 한국과학기술원 특성분석센터에 의뢰하여 SEM(주사전자현미경) 사진을 찍었다.
다공성의 성능을 확인할 수 있는 다양한 실험 모색	염분 적정 실험: 염화나트륨 흡착 능력 확인하였다. 중금속 흡착능력 확인하였다.

커피찌꺼기 업사이클링

1. 연구 동기 및 목적

매 년 커피의 수요 증가 ➡ 커피찌꺼기의 증가 ➡ 처리 비용과 이산화탄소 증가

버려지는 커피찌꺼기를 소극적으로 활용하는 것이 아닌, 적극적인 업사이클링을 하는 것

2. 실험과정

- **커피찌꺼기를 이용한 다공성 물질 제작**

		100℃	200℃	300℃	400℃	500℃	600℃
30분	유분 제거X	O	O	O	O	O	X
	에탄올	O	O	O	O	O	O
	착유기	O	O	O	O	O	O
60분	유분 제거X	X	X	X	X	X	X
	에탄올	X	X	O	X	O	X
	착유기	X	X	O	X	O	X

(O는 탄화를 진행한 것이고, X는 탄화를 진행하지 않은 것이다.)

- **커피찌꺼기의 염분 흡착 실험**
  - 커피찌꺼기로 염분 적정 실험을 진행하여 커피찌꺼기가 흡착한 염분의 양을 측정.

- **커피찌꺼기의 중금속 흡착 실험**
  - 50ppm의 납, 크롬, 카드뮴의 중금속 용액을 제조 한 후 세척 방법과 탄화 정도에 따른 커피찌꺼기의 중금속 흡착률을 측정
- **커피찌꺼기의 암모니아 흡착 실험**
  - 암모니아 수용액을 이용하여 암모니아 흡착 정도 측정
- **커피찌꺼기를 이용한 석고 깁스의 하중 실험**
  - 석고와 커피찌꺼기를 일정한 비율로 섞어 석고 깁스를 제작 하중측정기를 이용하여 혼합물의 비율 별 세기를 측정
- **커피찌꺼기를 혼합한 석고 깁스의 암모니아 흡착 실험**
  - 암모니아 수용액을 이용하여 커피찌꺼기를 혼합하여 제작 석고 깁스의 암모니아 흡착 정도를 측정

3. 실험결과

< 유분 제거 방법에 따른 커피찌꺼기의 다공성 비교>

X 100℃ 30분 탄화 / 에탄올 100℃ 30분 탄화 / 착유기 100℃ 30분 탄화

- 유분을 제거하지 않은 커피찌꺼기가 공극이 가장 크고 많은 반면에 착유기로 유분을 제거해 준 것은 공극이 매우 작게 생성됨.
- 에탄올 세척으로 유분을 제거한 것의 공극이 착유기로 유분을 제거한 것보단 크지만 유분을 제거하지 않은 것 보다 작다.

< 탄화 시간에 따른 커피찌꺼기의 다공성 비교>

X 200℃ 30분 탄화 / X 300℃ 30분 탄화 / X 500℃ 10분 탄화

탄화 온도가 200℃에서 300℃로 상승한 경우, 원래 있던 구멍도 모두 막힌 것을 확인 할 수 있다. 하지만 다시 탄화 온도가 500℃로 상승하면 다시 공극이 많아지고, 개수 또한 상승하는 것을 알 수 있다.

< 탄화 온도에 따른 커피찌꺼기의 다공성 비교>

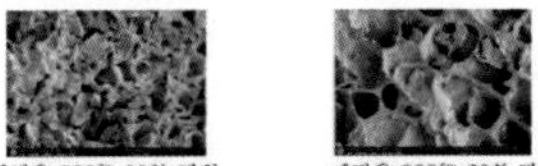

에탄올 300℃ 30분 탄화 / 에탄올 300℃ 60분 탄화

탄화 시간이 30분 증가하였을 때 공극의 크기, 공극 내부의 질감 등이 크게 변한 것을 알 수 있다. 그에 대한 변화로는 공극의 크기가 커졌으며 공극의 내부도 비교적 깔끔해진 것을 확인할 수 있었다.

<커피찌꺼기의 염분흡착 정도>

아무런 처리를 하지 않거나 에탄올로 유분을 제거한 경우에는 탄화온도가 높을수록 흡착력이 좋고, 착유기로 처리한 경우에는 높은 온도에서 탄화시켜도 흡착성이 낮다.

<세척방법과 탄화 정도에 따른 중금속 흡착 정도>

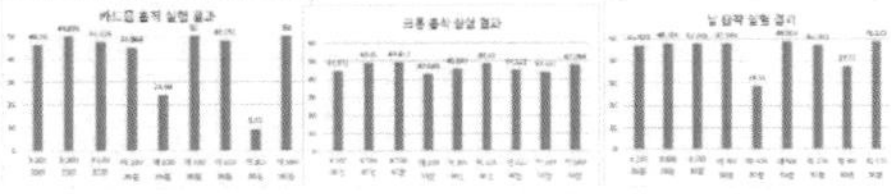

카드뮴은 유분을 제거하고 500℃ 에서 30분 탄화시킨 것이 흡착성이 가장 좋음.
크롬은 아무런 처리를 하지 않고 200℃ 30분 탄화, 500℃ 30분 탄화, 착유기 사용 500℃ 30분이 가장 좋음. 납은 유분을 제거하고 300℃ 30분 탄화한 것을 제외한 모든 것이 좋음

<커피찌꺼기를 이용한 석고 깁스 제작>

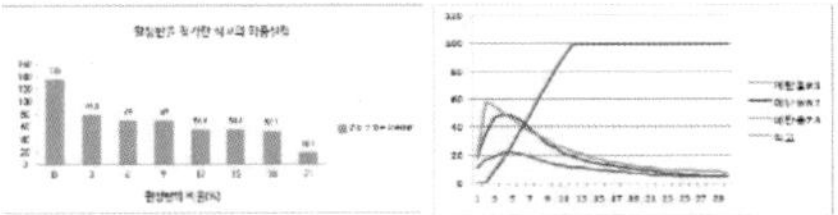

<하중 실험> / <암모니아 기체 흡착 실험>

하중 실험 결과 석고 자체가 가장 단단하고 3%~18% 는 거의 차이가 없음.
암모니아 흡착 정도는 30%가 가장 좋지만 20%도 비슷한 효과가 있음.
이 두 가지를 고려할 때 커피찌꺼기 20% 사용 시 강도와 흡착력이 모두 만족 가능

4. 연구 결론

실험 결과를 종합해서 보면 커피찌꺼기를 탄화시키면 다공성 물질이 되는 것을 확인 할 수 있었다. 유분을 제거해 준 다음 200℃, 500℃에서 60분간 탄화를 진행한 커피찌꺼기가 모든 면에서 실험 결과가 좋게 나타났다. 따라서 탄화 효율이 가장 좋은 것 또한 200℃, 500℃에서 탄화를 진행한 것임을 알 수 있다.

제7절

생활 속의 불편함을 개선하는 과정에서 문제점은 어떻게 해결할 것인가?

층간소음은 아파트나 빌라 등 공동주택에 거주하는 사람들에게 항상 문제가 제기되고 있다. 여기에서 문제점을 찾아 층간소음의 원인 탐구를 통한 층간소음 방지 알림이를 제작하는 주제로 프로젝트를 진행하였다.

가. 연구의 시작은 아주 단순하다. 층간소음의 원인이 무엇인지 확인하는 단계였다. 그러나 층간소음의 원인은 너무 많기 때문에 이를 파악하는 문제는 한계가 있었다. 그래서 윗층에서 내는 소리와 진동이 아래층에서 어떻게 느껴지는지를 확인하는 실험을 진행하였다.

나. 문제점과 해결 방안

문제점	해결 방안
소리는 소음측정기(dB)로 측정이 가능하지만 견디기 힘든 진동은 소음측정기로 측정할 수 없음	가속도 센서로 진동을 측정하였으나, 가까운 거리에 있는 진동만 측정이 가능하였다. 소음 측정센서로 진동을 동반하는 소리의 전달을 측정하였다.
소음을 발생시키는 곳과 아랫집의 소음의 차이만 측정하는 것은 연구의 한계가 있음	층간소음이 문제가 되는 것은 소음을 내는 윗집에서 심각성을 느끼지 못하는 경우가 많으므로 본인이 소음을 낸다는 것을 자각하는 알리미를 아두이노로 제작하기로 하였다(일정 데시벨 이상의 소리를 내면 소리로 알려줌).
알리미를 소리로 알려주면 또 다른 층간 소음이 될 수 있음	알리미를 빛으로 알려줄 수 있도록 제작하였다.

층간 소음의 원인 탐구를 통한 층간 소음 방지 알림이 제작

작품요약설명

사회적 문제로 대두되고 있는 층간 소음 문제의 해결을 위해 층간 소음원인 파악을 토대로 위층사용자에게 소음 발생여부를 알리고 스스로의 행동패턴 변화를 유도하는 장치 개발에 관한 연구 이다.

1 탐구동기 및 목적

1.탐구동기

층간 소음 문제 대두 ⇨ 소음에 대한 기준발표 ⇨ 층간 소음 알림 시스템 구축

2.탐구 목적

가. 형태에 따른 소음의 정도 파악
나. 소음 전달 시 위층과 아래층에서 진동의 차이를 알아 시스템에 반영
다. 실생활에 적용 가능한 알림 시스템구축

2 층간 소음 탐구 - 학교

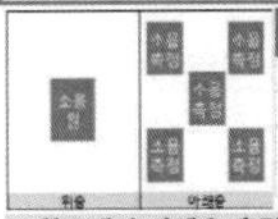

소음의 종류	위층 측정값	아래층 측정값	차이
책상 끄는 소리	93.8	62.58	31.22
[illegible]	96.88	62.2	34.68
[illegible]	92.64	78.36	14.28
문 닫는 소리	97.72	63.06	34.04

학교에서 아래층 측정위치 바꿔 측정 실험

➡ 바닥 면의 진동이 아래층으로 전달

3 층간 소음 탐구 - 가정집

1. 다양한 종류의 소음측정실험

소음의 종류	위층 측정값	아래층 측정값	차이
피아노 소리	79.6	66	13.6
걷는 소리	73.6	51.8	21.8
뛰는 소리	72.2	55.2	17
떠드는 소리	76	61	15
노래 소리	72.2	59.6	12.6
[illegible]	80.4	58.2	22.2
공 튀기는 소리	72.2	60.4	11.8
의자 끄는 소리	73	62.8	10.2

일반 가정집에서 발생되는 소음군 측정실험

➡ 진동을 통해 아래층으로 소음 전달

2. 진동이 많이 포함된 소음측정실험

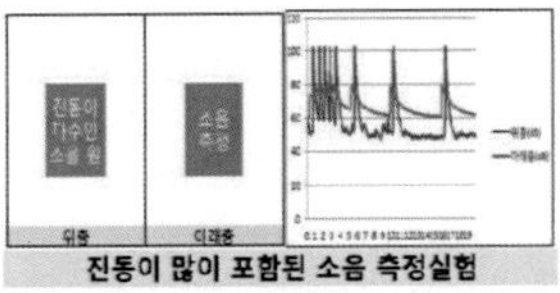

진동이 많이 포함된 소음 측정실험

➡ 소리마다 진동이 지속되는 시간이 다르다.

4 제작 과정 및 결과

1. 제작 동기

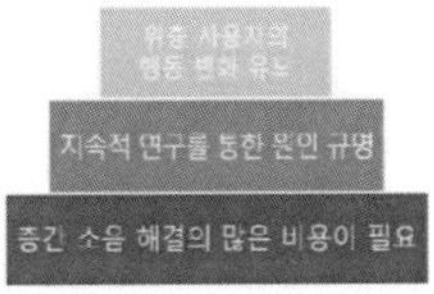

2. 제작 과정

1차 제품
장점 : 진동의 정밀측정가능
단점 : 센서간 거리 차에 의한 소음 발생 시간차 오류

2차 제품
장점 : 센서의 정보 웹 페이지에서 관리 가능
단점 : 와이 플라이 쉴드의 단가가 높음

3차 제품
장점 : 중앙하드웨어 추가로 센서 관리 용이 및 블루투스 사용으로 인한 비용절감
단점 : 배터리 소모가 크고, 알림 소리가 또 다른 소음 유발

4차 제품
장점 : LED를 이용하여 또다른 소음 방지

➡ 층간 소음 해결에 기여 및 예방 가능

5 결론 및 제언

1. 결론

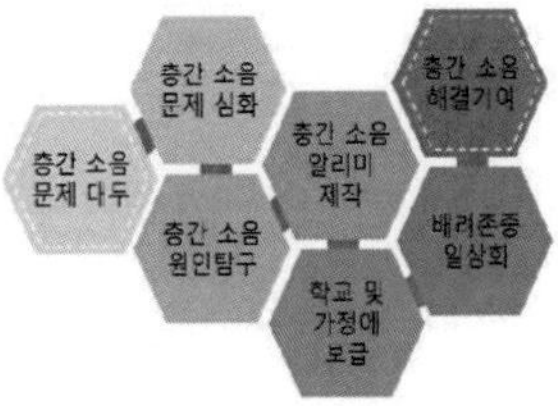

2. 제언

층간 소음은 개인차가 심하기 때문에 층간 소음을 해결하기 위해서 심리적인 부분이 필요하다. 하지만 층간 소음 알림이에는 그런 부분을 적용하지 못했기 때문에 이후 탐구에서는 그것을 개선할 것이다.

제8절

생체모방 연구에서 나타나는 문제점을 어떻게 해결할 것인가?

생체모방은 실험연구뿐 아니라 모형제작, 발명에서도 많이 활용되고 있다. 도꼬마리풀을 이용한 찍찍이, 연잎의 모양을 이용한 방수제품 등 다양한 분야에서 생체모방이 활용되고 있다. 버섯의 균사를 활용하는 방법은 2010년부터 꾸준하게 개발되어 환경오염을 줄일 수 있는 제품으로 만들어지고 있다.

가. 조건에 따른 버섯 균사의 성장 비교

1) 기존 스티로폼 단열재는 화재에 취약하고 유독가스의 발생 때문에 인명 피해가 발생한다. 버섯 균사는 생물체이므로 토양에서 쉽게 분해될 수 있으므로 단열재로 이용할 수 있다면 환경적인 측면, 사회적인 측면에서 유리한 부분을 차지할 수 있다.
2) 단열재를 만들기 위한 균사를 만들 때, 버섯을 키우는 농가에서 버려지는 농업 폐기물을 이용하여, 2차로 고부가가치 물질로 가공하여 단열재를 만든다면 농가에 많은 이익이 되어 서로 상생할 수 있다.
3) 처음에 진행한 연구도 단열재 제작을 목표로 연구를 시작하였으나, 버섯균의 종류에 따라 균사가 자라는 정도, 균사의 생장 조건 등을 연구하는 데 시간이 많이 걸렸다. 그러다보니 단열재를 만들어서 단열재의 성능을 확인하는 연구를 진행하지 못하고 1년이 끝나는 상황이 발생하였다.

4) 문제점 및 해결 방안

문제점	해결 방안
버섯의 균사를 어떻게 구할까?	시중에서 버섯 균사를 팔지도 않고 버섯 농가에 연락해도 도움을 받을 수 없었다. 그래서 '버섯 키우기' 키트를 구입하여 이를 물에 녹여서 종균으로 사용하였다.
균사를 키우기 가장 좋은 조건을 어떻게 찾을까?	문헌을 통하여 균사가 잘 자란다고 알려진 온도와 습도 조건을 찾은 후에, 온도 조건을 결정하였다. 그러나 다른 조건들은 알려진 것이 많지 않아 실험을 진행하면서 찾을 수밖에 없었다. 그래서 종균 배양부터 배지 조건 등 다양한 조건 실험을 진행하였다.
'버섯 키우기' 키트는 종류가 한정되어 다양한 버섯을 실험하기 어려웠다. ⇒ 균사 단열재로 적합한 버섯을 찾기 위함	다양한 버섯 종균을 구하기 위하여 버섯 균사를 이용한 연구 보고서를 찾아서 그 연구를 진행한 교수님을 찾았다. 부산에 있는 해양대학교에서 연구가 진행되었는데, 부산까지 가기에는 부담이 큰 상황이었다. 그래도 버섯 연구에 자문을 계속해 주셨고, 서울로 출장이 잡혀있으니 서울에서 만나자고 하셔서 버섯 종균을 얻을 수 있었다.
학교에서 실험을 진행하느라 생장 조건을 통제하는 어려움이 있었다.	생장 조건을 유지하기 위하여 항온기를 사용하였는데, 온도와 습도를 동시에 통제하는 어려움이 있었다. 온습도기를 항온기에 넣어서 습도가 낮을 경우에는 비커에 물을 넣어서 증발하도록 하고, 습도가 높을 경우에는 제습제를 넣어서 일정 습도를 유지하려고 하였다. 상온에서 실험할 경우, 여름에는 온도가 너무 높아져서 에어컨을 켜서 유지를 해야하는 문제도 있었다.

조건에 따른 버섯 균사의 성장비교

연구동기

의정부 화재 문제점

외부 단열재의 유독가스 발생 및 불의 확산

친환경 · 불연소 단열재를 찾아 봄

스트로폼 대체재 그린슬레이트를 알게 됨

다양한 방법으로 단열재를 제작

시행착오

균사 생장 조건

균사 생장 조건	버섯의 균사가 호기성 균이라는 점.
	버섯의 균사가 잘 자라는 온도.

재로별 특징 미 파악

특징	지푸라기 왕겨의 무게 균사의 무게 다르다.
	지푸라기 보관 시 벌레 생김.

실험 개요

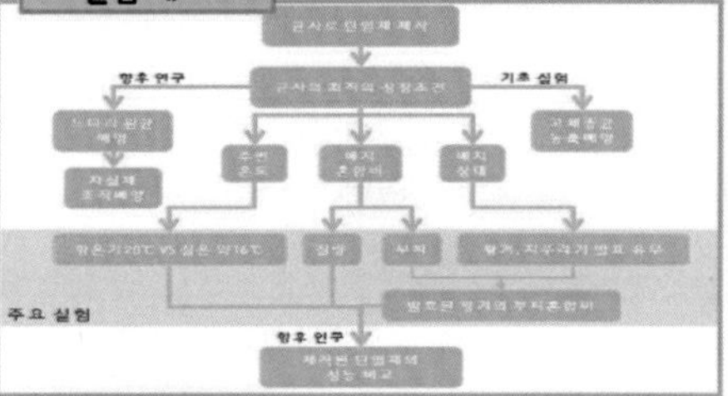

실험 과정

가. 버섯 종균 농축배양

농축배양 시 고체상태의 종균을 액체상태로 가공하여 활용범위를 확장시키기 위해 실험을 설계

액체배지에 고체 종균을 넣어 배양

나. 버섯 별 온도에 따른 균사 성장

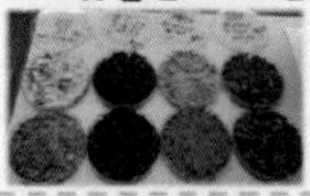

온도차이 별 균사의 최적의 성장환경을 확인하기 위해 실험을 설계

각각의 항온기와 상온에서 성장시킴

다. 배지의 발효유무에 따른 균사 성장

발효를 하였을 때와 하지 않았을 때 어느 것이 성장이 빠른지 확인하기 위해 실험을 설계

발효의 유무로 나누어서 성장속도 비교

라. 무게 비에 따른 균사 성장

무게 비로 실험 시 어느 비율이 가장 잘 자라는 지 보기 위해 실험을 설계

왕겨/지푸라기와 종균의 비율을 무게 비로 나누어 실험 진행

마. 부피 비에 따른 균사 성장

부피 비로 실험 시 어느 비율이 가장 잘 자라는 지 보기 위해 실험을 설계

왕겨/지푸라기와 종균의 비율을 부피 비로 나누어 실험 진행

시행착오. 왕겨 발효 후 부피 비 별 균사성장

발효를 하였을 때와 하지 않았을 때 어느 것이 더 잘 자라는지 보기 위해 실험을 설계

발효된 왕겨/종균의 비율을 부피 비로 나누어 실험 진행

실험결과 및 결론

가. 버섯종균 농축배양

느타리 농축 배양액에서 균사 확인

=> 액체 배지에 균사가 자라기 때문에 고체 배지에 접종 가능

나. 버섯 별 온도에 따른 균사 성장

느타리버섯과 팽이 버섯만 성장

=> 균사 단열재로 사용할 수 있는 특정 버섯의 종류가 있음

다. 지푸라기와 왕겨 발효에 따른 균사 성장

발효로 인한 비커 속 온도 상승 및 기체 형성

접종하는 배양액 문제로 곰팡이 생성(실험 실패)

라. 무게 비에 따른 균사 성장

지푸라기와 왕겨 균사 사이의 무게 차이

균사가 자라지 않음 (실험 실패)

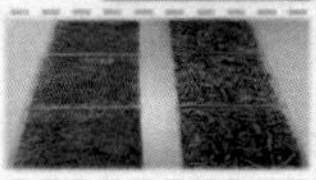

마. 부피 비에 따른 균사 성장

왕겨와 느타리 종균을 섞었을 때 왕겨에서도 균사가 자람

=> 왕겨에서 균사가 자라므로 왕겨의 장점까지 얻을 수 있음

시행착오. 왕겨의 발효 후 부피 비에 따른 버섯성장 비교

발효를 하였을 때 5:5비율에서 제일 잘 자람

=>발효를 하여서 일반 부피 비에 비해 성장속도가 더 빠름

향후 연구계획

지푸라기와 왕겨 가공 방식 변경

느타리 원균으로 앞서 시작한 실험들을 다시 진행할 계획이고, 다양한 상태에 따른 성장을 본 후 가장 빨리 성장하는 가공방법을 찾고 그 방법을 토대로 하여 최대한 많이 만들어서 실험 한다.

단열재의 효율 측정 실험

만들어진 균사 단열재의 내연, 조습, 단열 성능을 각각 성능에서 가장 좋은 성능을 보이는 단열재와 비교하며 추가로 단열재의 밀도차이 까지 본다.

나. 버섯의 균사를 이용한 단열재 제작

1) 이 연구는 '조건에 따른 버섯 균사의 성장 비교'에 관한 연구를 이어서 한 연구이다. 선행 연구 보고서를 읽고 그 주제를 이어서 프로젝트를 진행한 사례이다.
2) 균사 단열재를 만들고, 균사 단열재에 커피찌꺼기를 추가하여 단열재를 만드는 등 제작과정을 발전시켜 균사 단열재의 효능을 확인하여 연구를 완성시켰다.

3) 문제점 및 해결 방안

문제점	해결 방안
균사로 단열재를 어떻게 만들 것인가?	균사가 배양된 톱밥을 물에 풀어준 후 일정 크기의 틀에 담아서 균사가 잘 자라는 환경인 온도 15~20℃, 습도 70~90%를 유지시킨다. 항온 수조를 활용하면 쉽게 환경을 만들 수 있다.
균사를 재배한지 6~7일이 되면 균사가 자라면서 균사의 호흡이 발생하면서 열이 나오는 재발열 현상이 발생	재발열이 생기면 균사가 사멸하므로 자라는 동안 재발열 현상을 해결해야 한다. ⇒ 균사 패널이 어느 정도 만들어진 상태이므로 틀에서 들어내어 통풍이 되도록 하고, 균사 패널 위에 키친타올을 올리고 물을 뿌려 온도를 낮춘다.
균사를 재배할 때 상단과 하단의 온도차가 많이 나서 상단은 온도가 높아 고온 피해를 받는 반면, 하단은 저온 장애를 받아 피해를 받는 현상이 일어남	하층 환풍기에 송풍기를 설치하여 바닥의 찬공기를 밖으로 강제 배출하여 상단의 더운 공기를 역류하는 방법을 사용하거나 천정 환기구만 이용하여 상단의 더운 공기를 하단으로 보내는 방법으로 선풍기를 이용하여 환기를 하는 방법을 사용하였다.
균사 패널이 단단해야 단열재로서의 상품성을 가짐	균사가 완전히 자란 후 5~7일 동안 더 배양하면 균의 처리로 외부환경에 대한 저항력을 높여줌. 다른 방법으로는 고온, 고압 처리를 하는 방법이 있는데, 학교 상황에서 할 수 없었다.
단열성만 측정하면 스티로폼 단열재의 불이 잘 붙는다는 문제점을 해결한다는 것을 어떻게 증명할 것인가?	상자 내부의 온도, 물의 온도, 단열재의 표면 온도, 외부의 온도를 측정하고, 온도 값을 통하여 단열재의 열전도율, 열관류율을 계산하였다.

버섯의 균사를 이용한 단열재 제작

연구 동기 및 목적

기존 단열재의 문제 및 농업 문제

화재 시 유독 가스	약품으로 인한 처리 문제	버려지는 농업 폐기물

난연성이며 유독가스가 적은
친환경적인 단열재의 필요성

단열패널 제작

30cmx30cm
사이즈 틀에
균사 톱밥배지를 배양

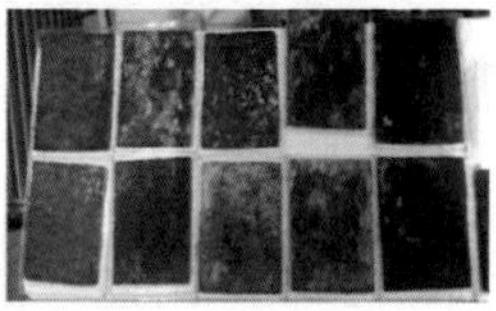

- 온도:15~20℃
- 수분함량: 70~90%
- 주기적으로 자연광에 노출시켜 주어야 함.

균사 단열 패널의 단열성 검증

- 실험과정

1. 끓는 물을 금속용기에 담고 실험 상자에 넣는다.
2. 상자내부온도, 물의 온도, 단열재 온도, 외부온도 30분간 측정한다.
3. 측정한 값을 통해 열전도율을 구한다.

- 실험결과

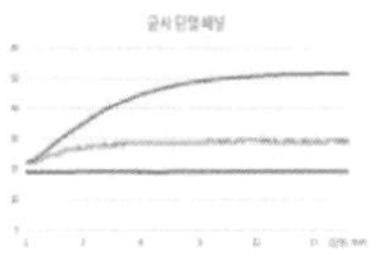

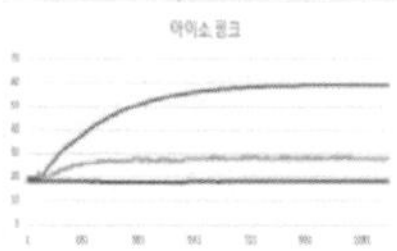

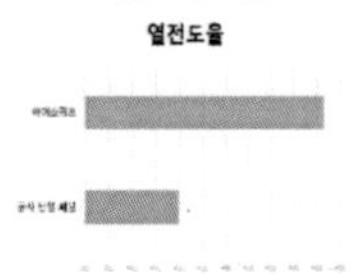

	균사 단열 패널	아이소핑크
열전도율 (cal/m·min·℃)	419.474	482.919

※ 30cm x 30cm 사이즈의 균사 패널을 사용함

균사 단열 패널이 아이소핑크보다 단열성이 좋다.

커피찌꺼기 함유량에 따른 균사 생장 속도 비교

-제작과정

커피찌꺼기와 균사의 혼합 비율

	0%	1%	3%	5%	7%	10%
커피(g)	0	2.5	7.5	12.5	17.5	25
균사(g)	250	247.5	242.5	237.5	232.5	225

커피를 농도 별로 혼합하여 샬레에 배양 → 매일 생장속도 비교

커피의 비율이 3%일 때 가장 자라는 속도가 빠름

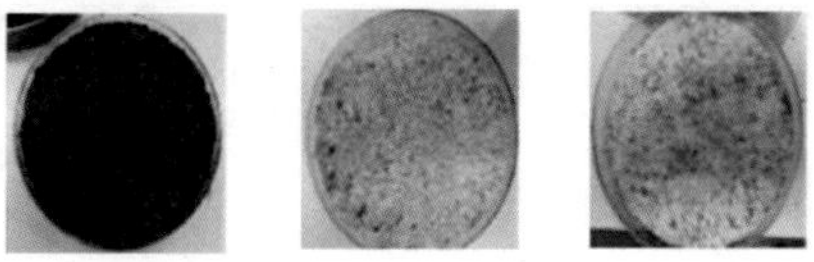

커피찌꺼기 혼합한 균사 단열재 샘플 단열성 검증

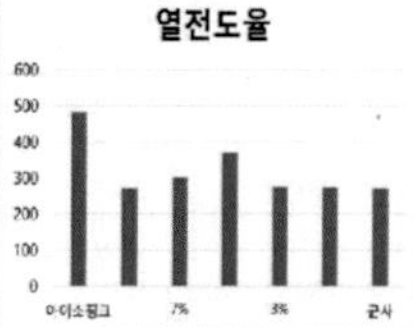

단위:cal/m·min·℃

	아이소핑크	10%	7%	5%	3%	1%	균사
열전도율	483	271	303	372	277	275	271

지름 10cm 의 원형 균사 패널을 사용함

단열성능 비교

아이소핑크 < 5% < 7% < 3% < 10% < 1%

커피찌꺼기 1% 가 가장 단열성이 좋다.

커피찌꺼기 활용 →
- **경제성**
- **속도**
- **친환경** ↑

시행 착오 및 향후 연구 계획

재발열	→	통풍과 습도조절
환기	→	환기구로 공기 역류
원기형성	→	자연광과 온도 조절

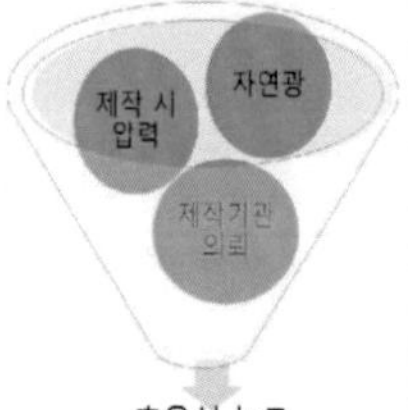

효율성 높고
정밀한 단열재 제작

제9절

연구 과정을 실험으로 할 수 없는 문제점은 어떻게 해결할 것인가?

프로젝트 주제가 실험대상에 대한 거부감이 크거나 직접접촉하기 어려운 것은 실험을 하기 쉽지 않다. 이런 경우 실험대상을 변경하거나 설문지를 이용하여 비슷한 효과를 가져올 수 있는 방법을 구상한다.

가. '미래식량 문제를 해결하기 위한 식용곤충의 인식변화 및 요리법 제안'은 물부족과 이산화탄소의 문제로 인하여 단백질을 육류가 아니라 곤충으로 대체해야 할 상황이 올 것을 대비하여 프로젝트를 진행한 것이다.

나. 연구를 진행할 당시 사회적으로 식용곤충의 필요성에 대한 이슈가 있었으며, 동아리(생물환경) 차원에서 밀웜을 단백질 대체제로 사용하는 방법을 찾고 있었다.

다. 단백질 덩어리로 알려진 밀웜은 애벌레 모양이므로 많은 사람들이 거부감을 나타낼 수밖에 없고 귀뚜라미나 다른 곤충들을 먹는 것에 대해 거부감을 가지는 사람이 많았다.

라. 문제상황 및 해결 방안

문제상황	해결방안
식용곤충은 안전한가?	식용곤충 분말을 구입하여 세균과 진균 검사를 진행하였다.
객관적인 데이터를 얻을 수 있는 방법은?	실험으로 데이터를 얻을 수 없기 때문에 선호도 부분은 설문조사로 진행하였다. 최대한 많은 학생들을 대상으로 설문을 실시하여 연구의 신뢰성을 높이려고 하였다.
식용 곤충을 혐오하는 문제점을 어떻게 해결할까?	식용곤충을 이용한 소세지, 고기 등을 만들어 겉보기에는 곤충이라는 것을 알 수 없도록 하였다.

미래식량문제를 해결하기 위한 식용곤충의 인식변화 및 요리법제안

연구동기 및 목적

지구 기후의 변화와 더불어 식량수급문제가 대두화 되면서 미래에 식량이 부족해질 것이라는 예측 아래 우리는 유엔식량농업기구(FAO)에서 내놓은 미래식량안보를 토대로 식량곤충을 소비자들의 입맛에 맞게 어떻게 맛을 낼 것이며 또한 어떻게 혐오감을 덜어 줄 수 있을 것인지에 대한 방안을 내놓고자 한다.

연구진행순서

귀뚜라미의 사육환경 조성

↓

귀뚜라미 분말 제조 후 유해성 검사

↓

곤충음식에 대한 인식을 조사 후 이를 해결할 수 있는 방법 고안 및 실행

곤충 사육환경 조성

사육환경 조성

온도·습도 변화

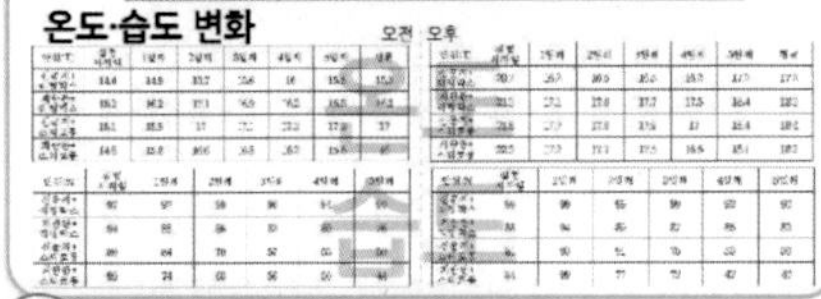

귀뚜라미 분말 제조

1차 제조

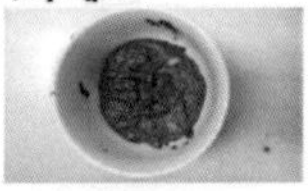

귀뚜라미를 먼저 분쇄 시킨 후 프라이팬을 통해 수분을 날리는 방법을 택함

→ 분말이 아닌 반죽형태로 제조됨

2차 제조

건조기로 먼저 건조시킨 후 분쇄시키는 방법을 택함

→ 원하던 형태의 분말제조

균 군집 검사

1차 검사

1) 세균검사

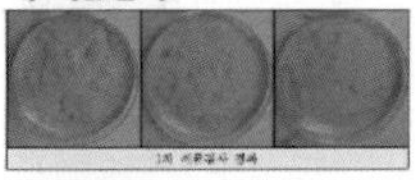

2) 진균검사

2차 검사

1) 세균검사

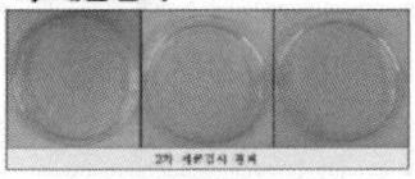

2) 진균검사

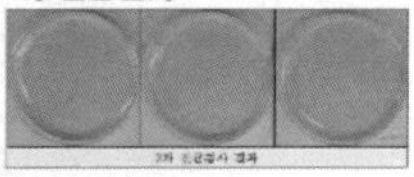

곤충음식 인식 변화 방법

귀뚜라미 분말을 이용한 머랭 쿠키 제작

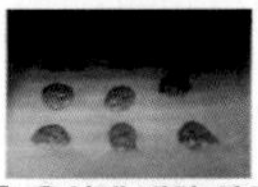

- 곤충으로 만든 음식에 대한 기존의 인식 변화

곤충 음식에 대한 인식 조사 결과

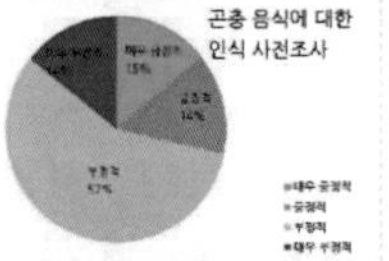

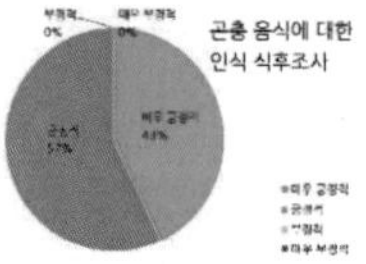

귀뚜라미 고기 제조

1차 제조

밀가루에서 얻은 글루텐을 이용해 고기 제작

→ 밀가루 떡 같은 질감

2차 제조

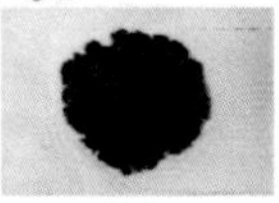

활성글루텐을 구매해 고기 제작

→ 기존 고기와 유사한 질감

결론 및 제언

우리가 진행한 실험을 토대로 사람들이 **현재 곤충에 대해 가지고 있는 인식이 긍정적으로 변화한다는 결론**을 도출 할 수 있습니다.

- 현대 밀에 의한 비만문제를 해결 → 밀로 만든 **기존의 음식과 버금가는 대중성을 지닌 음식**을 제작

제10절

중간보고서는 어떻게 작성하는가?

가. 중간보고서를 작성하는 이유

'모든 일은 계획서대로 되지 않는다.'라는 말이 있다. 프로젝트 계획서를 충실히 작성했다면 중간보고서를 비교적 쉽게 쓸 수 있다. 그러나 처음에 프로젝트 계획서 대로 실험을 진행하지만, 프로젝트 수행과정에서 계획했던 대로 실험 결과가 나오지 않는 경우가 많다. 중간보고서는 학생들이 실험을 진행하고 있는 자신들의 프로젝트의 방향성을 점검하는 과정이다. 프로젝트가 계획서대로 진행되지 않는 원인으로서 여러 가지가 있을 수 있다.

첫째, 계획서를 작성할 때 구체적인 실험방법이나 정확한 도구사용 방법을 알지 못하기 때문에 실험 과정에서 시행착오를 사전에 알아차리지 못하는 경우가 있다.

둘째, 학생들이 실험 과정에서 그들의 프로젝트 주제와 밀접하게 관련된 정보와 배경지식을 찾지 못하는 경우가 있다.

셋째, 실험 결과나 나왔어도 그것을 분석하는 방법을 잘 모르는 경우가 있으며 또한 예측하지 못한 결과에 대한 원인을 잘 찾지 못하는 경우도 있다.

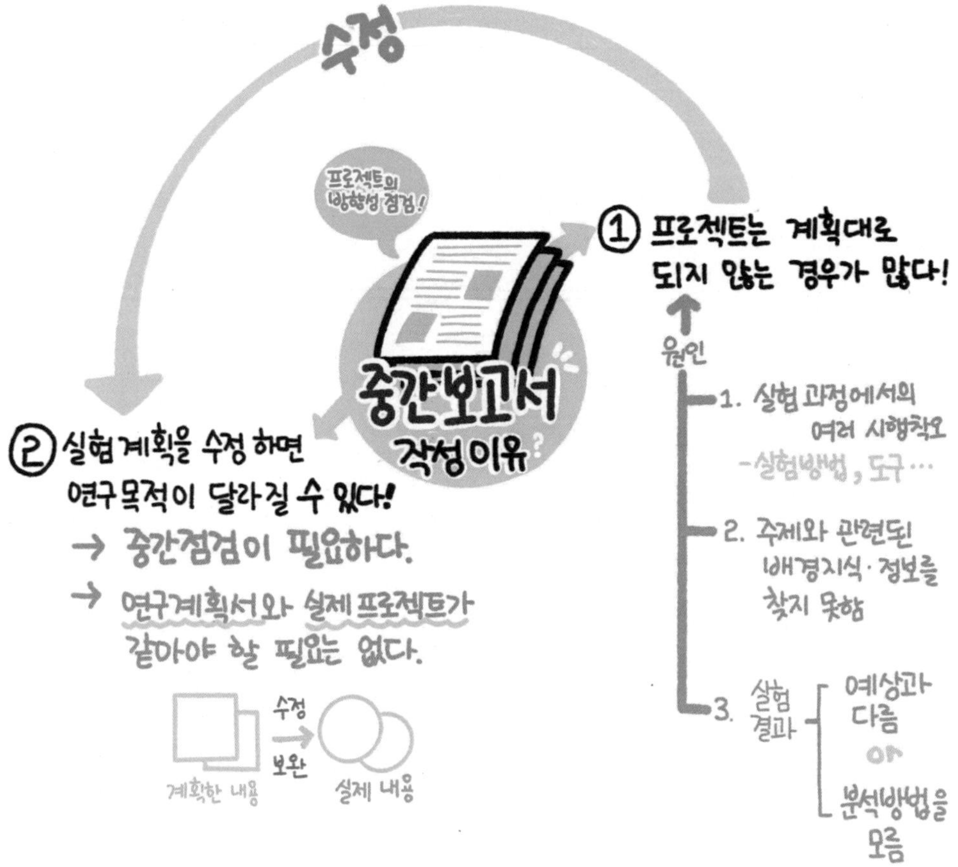

프로젝트 수행과정에서 예측하지 못했던 상황이 발생함에 따라 실험 계획도 수정하게 되면서 그 결과도 달라져서 처음의 연구 목적이 달라지는 경우도 생기게 된다. 따라서 학생들이 자신들의 프로젝트 진행 과정을 자발적으로 중간 점검하는 시간이 필요하다. 실제 프로젝트에서 처음 계획했던 연구 목적이 처음 계획서와 반드시 같아야 할 필요가 없으며, 중간보고서 작성 및 발표 이후 프로젝트가 진행됨에 따라 더 좋은 내용으로 프로젝트가 발전되어가는 경우가 많다. 다음에는 중간보고서 작성에서 나타난 예측하지 못한 원인에 관한 구체적인 사례와 해결 방법을 제시하고 있다.

나. 중간 보고서 작성 방법

1) 연구 동기와 목적은 실험의 진행에 따라 약간 달라질 수 있다. 실제 프로젝트 진행 과정에서 처음의 계획대로 실험 결과를 얻을 수 없는 경우가 있다.

> '층간소음 연구'를 진행할 때 처음 계획은 윗 층에서 내는 소리가 아래층에 어떻게 들리는지를 소음측정기로 측정하여 층간소음이 되지 않기 위해서는 어느 정도의 데시벨 이하의 소리를 발생해도 되는지를 연구하고자 하였다.
> 연구가 진행되면서 소리의 문제가 아니라 진동이 층간소음에 더 큰 문제라는 것을 알게 되고, 소리와 진동을 동시에 측정할 수 있는 방안을 찾게 되었다.

이렇게 프로젝트의 중간에 연구의 영역을 넓히거나 방법을 변경하는 등의 변화가 있을 수 있다.

2) 이론적 배경은 더 필요한 내용만을 추가한다.
처음에 프로젝트를 계획했을 때 필요한 이론을 찾아 학습하게 된다. 그 프로젝트의 주제를 중심으로 진행하는 과정에서 추가되는 내용을 읽고 학습하며 이러한 내용을 추가하게 되며 또한 필요하지 않은 내용은 빼내면 된다.

3) 실험설계에서는 가설이 변경되거나 추가될 수 있다.
- 실험이 진행되면서 새롭게 알게 되거나 계획과는 다른 실험 결과에 따라 가설을 변경할 수 있다.
- 변인 통제에서 통제 변인의 수도 달라진다. 실제로 실험하면 처음에 계획한 것과 다른 부분들을 확인하게 되고, 따라서 통제 변인의 수가 늘어나게 된다.
- 프로젝트가 진행됨에 따라 실행 과정은 정교하게 제시되어야 한다. 사용한 재료의 양과 실험을 진행한 시간 등을 실제 실험을 진행한 대로 자세히 제시한다.

4) 중간보고서에 새롭게 추가되는 부분은 실험 결과이다. 연구계획서에는 예측 결과를 간단하게 제시하지만 중간보고서에는 실험 과정과 결과를 추가로 기록한다.
- 실험을 진행한 사진 자료, 실험 목적에 따라서 얻은 실험 결과를 어떻게 처리할지를 고민해야 한다. 또한 실험 결과를 효과적으로 나타낼 수 있도록 그래프를 그리는 것이 좋다.

[예시]

'항아리 냉장고 적정기술의 효율성 향상에 관한 연구'에서 가장 시원한 항아리 냉장고를 만들기 위하여 두 항아리 사이에 넣는 충진제의 종류를 달리하여 실험을 진행하였다. 이 때 시간이 지남에 따라 외부온도와 내부온도를 측정하였다.

시간(분) / 온도(℃)	30	60	90	120	150	180	210	240	270	300	330
외부온도	31.1	33.2	34.6	30.4	32.7	29.9	30.8	33.2	32.1	30.7	31.8
내부온도	26.2	25.5	24.7	24.9	25.3	26.4	28.7	29.6	30.2	30.0	31.5
온도 차	4.9	7.7	9.9	5.5	7.4	3.5	2.1	3.6	1.9	0.7	0.3

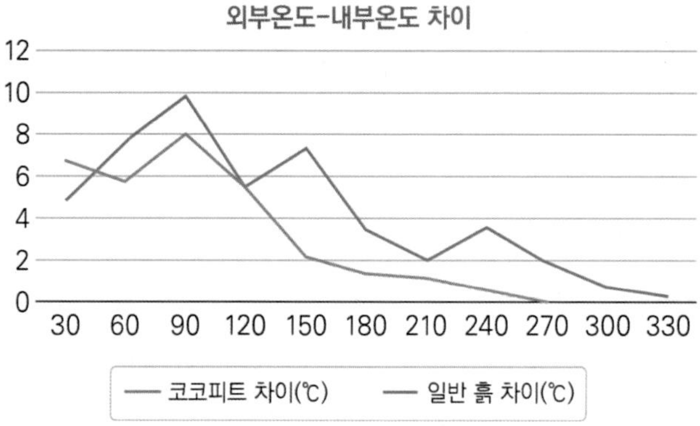

[외부온도-내부온도 차 비교]

5) 결론은 연구 목적과 가설을 바탕으로 실험 결과를 참고하여 서술한다. 그 후, 결론을 제시하게 된 과학적인 근거를 추가하여 보고서의 내용을 보완한다.

[결론 제시 사례]

코코피트가 수분을 잘 머금고 있어 일반 흙이 처음에는 기화가 더 잘 돼, 1시간 동안 측정한 결과는 일반 흙을 넣은 항아리의 내부 온도가 더 빨리 떨어진다.(실험 결과) 하지만 일반 흙은 기화가 빨리 진행 되고, 코코피트는 비교적 수분을 오래 머금고 있기 때문에 기화가 천천히 일어나(과학적인 근거) 항아리 속 냉기 유지가 오래 지속 되었다.(결론)

6) 추후 연구 계획

지금까지 수행한 프로젝트 내용을 정리하다 보면 계획서대로 실험하지 못한 경우도 있고, 추가로 실험을 해야하는 경우도 발생한다. 이러한 내용들을 모두 추후 연구 계획에 진술한다.

2. 중간 보고서 작성 양식

연구 주제	연구 주제 기술

1. 실험개요

가. 연구동기 및 목적

나. 이론적 배경

2. 실험설계

가. 가설설정

1)

2)

나. 변인통제

1) 실험 제목 1

독립변인		종속변인
통제변인	조작변인	

2) 실험 제목 2

독립변인		종속변인
통제변인	조작변인	

다. 실험내용

1) 실험 제목1 본인이 세운 가설에따라 쓴다.

가) 실험 준비물 실험할 때 사용한 재교, 기기 등을 모두 쓴다.

나) 실험 과정 본인이 실험을 한 과정을 순서대로 적으면 된다.

실험의 순차적인 단계에 대해 기술. 행동 하나하나를 자세하고 구체적으로 적어야 함.

(1)

(2)

(3)

다) 실험 결과 실험 과정에서 얻은 사진 자료, 실험을 통해 얻은 결과를 사진 자료나 결과 데이터(표와 그래프)를 나타낸다.

- 식물의 성장을 연구한 경우에는 식물의 사진
- 식물의 크기, 잎의 개수 등을 측정한 것을 표로 제시하고, 그래프로 나타냄

3. 결론

연구 목적에 맞게 실험결과를 적음

4. 추후 연구 계획

지금까지 한 실험을 바탕으로 추가해서 연구할 내용과 이유, 실험을 하지 않았다면 실험할 내용 등을 쓴다.

3. 작성 예시

백색꽃 염색에 대한 연구

연구 보고서(중간보고서)

연구주제	백색꽃 염색에 대한 연구

1. 실험개요

가. 연구동기 및 목적

흔히 볼 수 없는 특이한 색으로 염색된 꽃을 보면서 예쁘다는 생각과 동시에 어떻게 저런 색으로 염색이 되었는지에 대한 호기심도 들었다. 이 호기심 때문에 꽃은 어떤 원리로 염색이 되는지, 어떻게 하면 염색이 가장 효과적으로 될지 알고 싶어서 이 주제를 접하게 되었다.

설문조사 결과, 염색되지 않은 꽃보다 염색된 꽃이 선호도가 높은 것으로 나타났기 때문에 이번 연구를 통해 어떻게 하면 염색을 쉽고 효과적으로 할 수 있는지, 염색이 잘 되는 재료는 무엇인지, 염색이 되지 않는다면 그 이유는 무엇인지 탐구하는 것이 목적이다.

나. 이론적 배경

백색꽃 염색에는 크게 2가지 방법이 있다. 첫 번째는 흡수 염색법(물올림 염색법)이다. 뿌리에서 흡수한 물은 줄기 속 물관을 통해 잎까지 이동하게 되는데, 이를 활용한 방법이다.줄기의 절단면을 염색액에 담그는 방법으로 다소 시간이 걸리는 단점이 있지만 꽃의 전 부위가 착색되기 때문에 자연스러운 색상을 유지할 수 있다는 장점이 있다. 두 번째는 도료 염색법(스프레이 염색법)인데, 스프레이를 활용하여 꽃잎에 다른 과정 없이 바로 염색을 하는 방법이다. 염색액을 꽃잎에 뿌리는 방법으로 단시간에 착색시킬 수 있고, 여러 가지 색으로 염색이 된다는 장전이 있다. 그러나 골고루 착색되지 않고 외부의 꽃잎에만 착색되며, 착색 부위를 문지르거나 외부의 접촉이 있으면 지워진다는 단점이 있다.

백색꽃 엽색 재료로는 프리저브드 알파용액(탈색용)과 프리저브드 베타용액(착색.염색용)이 쓰인다.

2. 실험설계

가. 가설설정

1) 흡수염색법에서 염색전용 물감이 염색이 제일 잘될 것이다.

2) 도료염색법에서 수채화가 염색이 가장 잘 될 것이다.

3) 햇빛이 있는 곳에서 염색을 한 꽃이 염색이 잘 될 것이다.

나. 변인통제

1) 흡수염색법(물올림 염색법)에서 염색이 가장 잘되는 재료-백합

독립변인		종속변인
통제변인	조작변인	염색효과
염색방법, 재료의 농도 재료의 양, 꽃의 종류	염색 재료	

2) 도료염색법(스프레이 염색법)에서 염색이 가장 잘되는 재료-안개꽃

독립변인		종속변인
통제변인	조작변인	염색효과
염색방법, 재료의 농도 재료의 양, 꽃의 종류	염색 재료	

3) 빛의 세기에 따른 흡수염색법(물올림 염색법) 정도

독립변인		종속변인
통제변인	조작변인	염색효과
염색방법, 재료의 농도 재료의 양, 꽃의 종류, 염색 재료	햇빛	

4) 흡수염색법(물올림 염색법)에서 염색이 가장 잘되는 재료-안개꽃(실패)

독립변인		종속변인
통제변인	조작변인	염색효과
염색방법, 재료의 농도 재료의 양, 꽃의 종류	염색 재료	

5) 흡수염색법(물올림 염색법)에서 염색이 가장 잘되는 재료-백합(실패)

독립변인		종속변인
통제변인	조작변인	염색효과
염색방법, 재료의 농도 재료의 양, 꽃의 종류	염색 재료	

다. 실험내용

1) 흡수염색법(물올림 염색법)에서 염색이 가장 잘되는 재료

가) 실험 준비물

백합, 염색 물감, 수채화 물감, 식용 색소, 수성 싸인펜

나) 실험 과정

(1) 일정한 농도와 양으로 비커에 재료를 담는다.(물 20mL)

(2) 각 비커에 백합을 담그어 놓는다.(20분)

(3) 시간이 지난 후, 물관 속의 변화를 관찰해 가장 효과적인 염색 재료를 찾는다.

다) 실험 결과

	염색 물감	수채화 물감	식용 색소	수성 싸인펜
염색된 정도	0cm	0cm	9cm	8cm

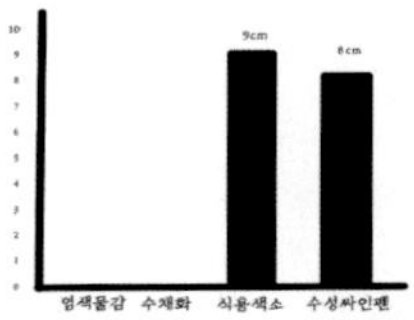

	가로	세로
물관	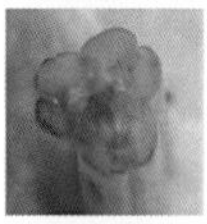 염색 전 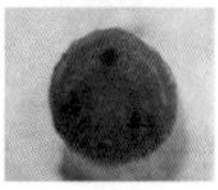 염색 후	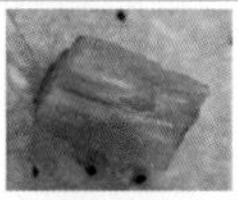 염색 전  염색 후

식용색소가 9cm로 가장 염색이 잘 되었고, 그 다음에는 수성 싸인펜이 8cm로 염색이 두 번째로 잘 되었다. 그리고 염색 물감과 수채화 물감은 염색이 되지 않았다. 이는 식용색소의 입자가 다른 재료의 입자들보다 고르기 때문에 일어난 결과이다.

2) 도료염색법(스프레이 염색법)에서 염색이 가장 잘되는 재료

가) 실험 준비물

안개꽃, 염색 물감, 수채화 물감

나) 실험 과정

(1) 일정한 농도와 양으로 스프레이에 재료를 담는다.(물 20mL)

(2) 안개꽃에 일정한 양을 뿌린다.(15번)

(3) 색이 가장 잘 착색된 염색 재료를 찾는다.

다) 실험결과

	염색 물감	수채화 물감
사진	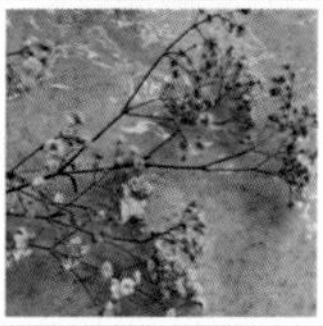	

물감의 종류와 관계없이 염색이 잘 되었고, 색의 차이도 거의 없었다.

3) 빛의 세기에 따른 흡수염색법(물올림 염색법) 정도

가) 실험 준비물

백합, 식용 색소

나) 실험 과정

(1)일정한 농도와 양으로 비커에 물과 식용색소를 담는다.(물 100mL, 식용색소 3개)

(2)백합을 비커에 담는다.

(3하나는 햇빛이 있는 곳에, 다른 하나는 햇빛이 없는 곳에 두고 실험결과를 확인한다.

다) 실험결과

	햇빛이 있는 곳	햇빛이 없는 곳
사진		

햇빛이 있는곳에 둔 백합이 염색이 잘 되었다. 눈으로 봐도 차이가 날 정도로 염색효과의 차이가 있었다.

4) 흡수염색법(물올림 염색법)에서 염색이 가장 잘되는 재료-안개꽃(실패)

가) 실험 준비물

안개꽃, 염색 물감, 수채화 물감, 식용 색소, 수성 싸인펜

나) 실험 과정

(1) 일정한 농도와 양으로 비커에 재료를 담는다.(물 20mL)

(2) 각 비커에 안개꽃을 담그어 놓는다.

(3) 시간이 지난 후, 안개꽃의 변화를 관찰해 가장 효과적인 염색 재료를 찾는다.

다) 실험결과

안개꽃이 모두 염색이 되지 않았다. 또한, 제시간에 확인을 하지 못해 이미 시들어 있었다.

5) 흡수염색법(물올림 염색법)에서 염색이 가장 잘되는 재료-백합(실패)

가) 실험 준비물

백합, 염색 물감, 수채화 물감, 식용색소, 수성싸인펜

나) 실험 과정

(1) 일정한 농도와 양으로 스프레이에 재료를 담는다.(물 100mL)

(2) 안개꽃에 일정한 양을 뿌린다.(20번)

(3) 색이 가장 잘 착색된 염색 재료를 찾는다.

다) 실험 결과(엑셀그래프, 표 포함)

수채화 물감	염색물감	식용색소	수성싸인펜
	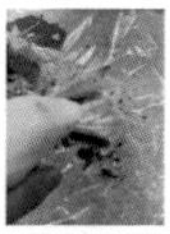	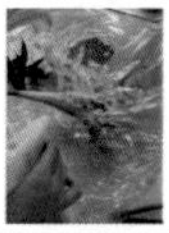	

백합 표면에 방수성질이 있는 것으로 추정되어 스프레이 염색이 되지 않았다.

3. 결론

흡수염색법(물올림 염색법)에서 염색이 가장 잘되는 재료는 식용색소였고, 그 이유는 식용색소 분자가 다른 재료의 분자에 비해 고르기 때문이라고 볼 수 있다. 도료염색법(스프레이 염색법)에서는 재료와 관계없이 꽃의 종류에 따라 염색이 잘 되고 안 되고가 결정되었다.

4. 추후 연구 계획

조건에 따른 염색 정도(예. 온도 차이)에 대한 실험을 진행하고, 염색이 되지 않았던 이유에 대한 탐구도 진행할 예정이다.

PART

09

보고서 작성하기

보고서는 프로젝트가 어떤 과정으로 진행되었으며, 어떤 결과를 얻었는지 독자가 프로젝트 내용을 쉽게 이해하도록 정리하여 문서로 만드는 프로젝트 활동의 최종 단계이다.

대부분의 학생들이 프로젝트를 충실하게 실행하고 연구하였으나 보고서를 작성하는 단계에서 어려움을 겪는 경우가 많은 것을 볼 수 있다. 왜냐하면 프로젝트 활동 경험이 많지 않을 뿐만 아니라 보고서 작성 방법에 대해 구체적으로 배울 기회가 없었기 때문이다. 평소에 수업에서는 학생들이 보고서의 양이 1~2쪽 내외의 분량을 작성하게 되나 프로젝트에서는 이보다 더 많은 분량의 보고서를 작성하게 된다. 따라서 학생들은 프로젝트 활동 내용을 보고서에 내용요소를 찾아 체계적으로 구성하는 방법에 대한 학습이 요구된다.

프로젝트 활동은 대부분 장기간 진행되는 연구 활동이다. 프로젝트 활동이 보고서로 작성되지 않으면 프로젝트를 수행한 학생 자신도 어떤 과정으로 프로젝트를 실행하였는지 잘 모르는 경우도 있다.

또한 프로젝트 활동은 과거의 지식을 학습하고 적용하기보다는 새로운 지식을 만들어가는 과정이다. 프로젝트 활동으로 새롭게 만들어진 지식은 수준이 높고 낮은 것에 관계없이 그와 똑같은 지식이 존재하지 않는다. 보고서는 프로젝트를 수행한 학생의 관점에서 볼 때 매우 의미있고 가치 있는 창조물이다. 이 창조적 결과물은 문서의 형태로 작성됨으로써 지식의 가치를 발휘하는 것이며 다른 사람들과 함께 공유할 수 있게 된다. 따라서 프로젝트 활동의 최종 결과물은 보고서로 작성되어야 한다. 디스플레이[1] 또는 프레젠테이션(ppt)은 보고서를 청중에게 발표하기 위하여 요약한 것이며 프로젝트 활동의 공식적인 결과물이라고 볼 수 없다.

학생들은 프로젝트를 수행할 때와 마찬가지로 보고서를 작성하면서 전문가처럼 생각하며 프로젝트 완성에 대한 기쁨과 만족감을 갖게 된다. 보고서는 프로젝트를 수행한 자신의 결과를 남겨놓는 작업이며 동시에 보고서를 읽는 독자와 보고서 발표에 참여한 청중을 위한 것이다. 따라서 프로젝트 활동 과정과 내용을 타인에게 이해하기 쉽게 정리하는 과정임을 염두에 두고 작성해야 한다.

프로젝트를 실행하면서 주제선정 과정, 배경지식, 실험과정, 준비물 준비와 제작과정 등을 사진, 동영상, 기록내용으로 자세히 기록해 놓게 된다. 보고서는 이러한 평소의 기록물을 모아서 다시 보고 분석하여 작성하게 된다. 보고서는 프로젝트 연구 활동의 마지막 단계에서 쓰는 과정이지만 활동 내용을 지속적으로 기록하기 때문에 보고서는 사실상 매일매일 쓰는 것이라고 볼 수 있다.

---

1) 디스플레이: 보고서를 요약하여 60cm×90cm 크기로 스티로폼 판넬에 요약한 것

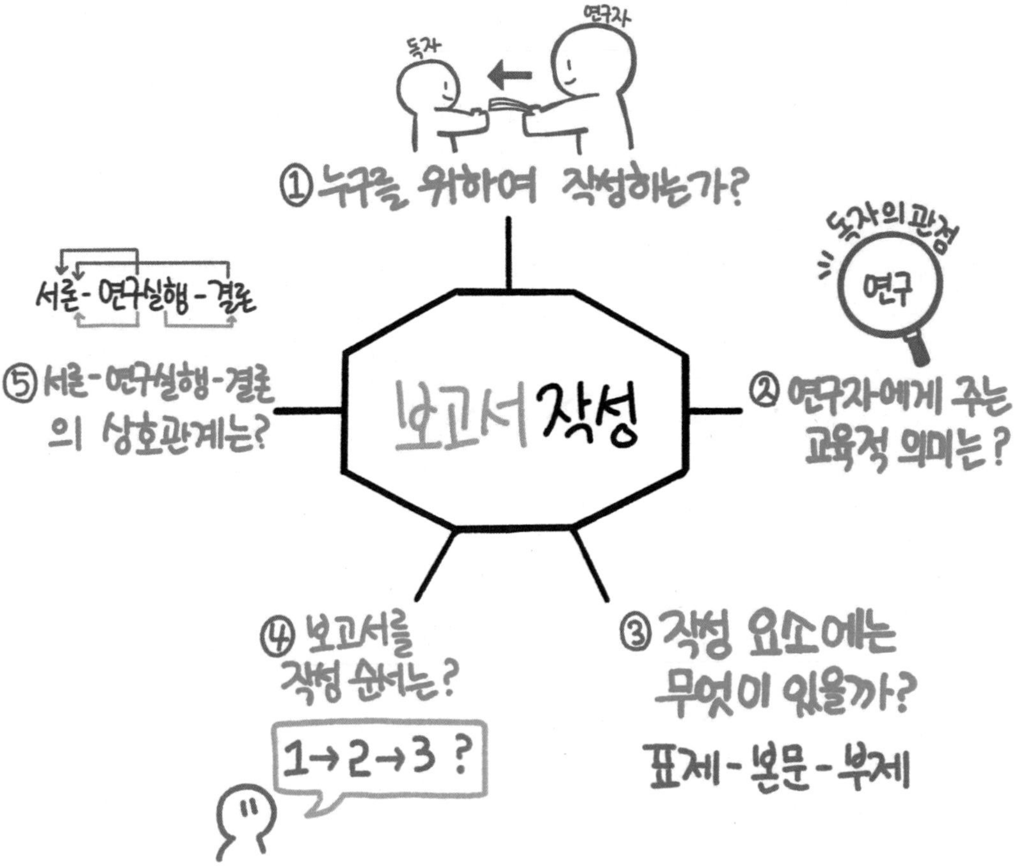
독자
연구자
①누구를 위하여 작성하는가?
독자의 관점
연구
②연구자에게 주는 교육적 의미는?
보고서작성
③작성 요소에는 무엇이 있을까?
표제-본문-부제
④보고서를 작성 순서는?
1→2→3 ?
⑤서론-연구실행-결론의 상호관계는?
서론-연구실행-결론

제 1 절

보고서는 누구를 위하여 작성하는가?

보고서는 문자 그대로 '보고'하기 위해서 쓰는 것이다. 프로젝트를 연구한 내용을 독자 또는 청중에게 보고하기 위해 쓰는 것이다. 많은 학생들이 보고서는 프로젝트를 수행한 자신들을 위해 쓴다고 생각하는 경우가 많다. 이런 경우 보고서의 내용을 잘 알고 있는 자신의 관점에서 작성하게 되어 내용을 어렵게 쓰게 되면서 독자가 이해하기 쉽지 않다. 프로젝트의 내용을 가장 많이 알고 있으며 가장 잘 알고 있는 자는 프로젝트를 수행한 연구자이다. 프로젝트를 안내하는 교사 또는 전문가들도 프로젝트 내용에 대해서 연구자보다 더 많이 알 수 없다.

보고서를 독자 또는 청중을 위해 쓰게 되면 보고서의 내용은 당연히 이해하기 쉽게 작성되어야 한다는 것을 알 수 있다. 학교 단위에서 독자 또는 청중은 발표에 참여한 관객, 학부모, 교직원, 프로젝트 지원 강사, 학생, 프로젝트 주제와 관련된 초청 전문가 등이 될 수 있다. 따라서 학생들은 보고서가 독자와 청중의 관점에서 이해하기 쉽게 작성되어야 한다는 것을 알고 있어야 한다.

제2절

보고서 작성 과정에서 학생은 무엇을 배우게 되는가?

보고서는 독자와 청중의 관점에서 작성되지만, 보고서를 작성하는 과정에서 학생들에게 주는 의미는 매우 크다. 보고서를 독자와 청중을 위해 쓰는 과정에서 학생들은 프로젝트를 수행한 연구 내용을 더욱 깊고 새로운 관점에서 보게 된다. 프로젝트 활동 과정에서 배경지식 탐색, 실험수행, 결과 분석을 할 때는 연구자의 관점에서 하게 된다.

그러나 보고서를 작성할 때는 독자와 청중의 관점에서 작성되기 때문에 프로젝트 수행과 보고서 작성의 관점이 반대로 바뀌게 된다. 다시 말해서 프로젝트를 수행할 때의 연구자의 관점을 보고서를 작성할 때는 독자 또는 청중의 관점으로 바꾸어야 한다. 이때 자신이 수행한 프로젝트 활동 과정이 어떻게 진행되었는지 어떤 결과를 보여주는지에 대해 전체적인 관점으로 보는 능력을 길러주게 된다.

아래는 보고서를 작성하는 과정에서 학생들이 배우게 되는 교육적 의미를 말하고 있다.

가. 보고서를 작성하면서 프로젝트 내용을 다시 되돌아보는 기회가 된다.

나. 표와 그래프를 작성하면서 프로젝트의 결과를 시각적으로 명확하게 알게 되며 연구 결과 및 결론을 발견하는 기회를 준다.

다. 표와 그래프를 만들면서 프로젝트 결과를 분명하게 알 수 있다.

라. 서론을 작성하면서 프로젝트 전체의 내용을 간단히 요약할 수 있다.

마. 이론적 배경을 쓰면서 프로젝트 수행 내용에 대한 이론을 다시 한번 읽게 되어 결론 부분을 새로운 관점에서 해석할 수 있는 기회를 준다.

바. 프로젝트를 수행할 때 보고서를 작성해야 한다는 것을 고려하기 때문에 실행 과정에서 수집해야할 사진, 자료를 충실하게 수집하게 된다.

사. 독자와 청중의 관점에서 작성하면서 보고서의 전체적인 내용을 통찰하게 되며 보고서의 논리적 전개와 충실도를 점검 및 평가하는 메타인지능력이 향상된다.

제3절

보고서 작성 요소에는 무엇이 있을까?

보고서의 구성은 크게 표제부, 본문부, 부제부의 세 영역으로 구분되어 작성된다. 표제부는 보고서의 제목과 목차를 제시하는 영역으로서 독자가 보고서를 읽을 때 가장 먼저 읽게 되는 영역이다. 특히 보고서의 제목은 프로젝트를 처음 시작하는 사람이 검색하여 찾을 수 있는 중요한 내용이다. 따라서 제목은 프로젝트 내용을 함축적으로 간결하게 진술하여 독자 또는 청중이 보고서의 내용을 곧바로 알 수 있도록 제시한다. 보고서 구성의 세부 항목과 내용은 아래 표와 같다.

구분	세부 항목		내용
표제부	①보고서 제목		• 보고서 전체 내용을 함축적으로 표현
	②목차		• 내용 목차 • 표 목차 • 그림 목차
본문부	③서론		• 보고서의 전체를 요약(동기, 목적, 결론)
	④이론적 배경		• 독자의 이해를 돕기 위한 용어의 정의 • 연구 내용을 지지, 납득시킬 수 있고 결과를 설명할 수 있는 자료나 지식
	⑤ 연구 내용	⑥실험 제목	• 수행하고자 하는 실험의 명칭 제시
		⑦가설	• 실험 프로젝트의 경우에만 가설 제시
		⑧변인 통제	• 실험 프로젝트의 경우에만 조작변인, 종속변인, 통제변인
		⑨준비물	• 실험에 사용된 재료, 실험 도구, 결과측정 도구
		⑨실험 절차	• 실험 순서대로 개조식으로 진술
		⑩결과	• 데이터, 수치, 개수, 관찰한 내용, 발견한 내용 • 표, 그림, 도식, 사진. 동영상
		⑪결론 및 제언	• 결론: 결과를 분석하여 해석한 연구자의 의견 • 제언: 프로젝트 과정에서 알게 된 더 좋은 연구
부제부	⑫참고문헌		• 연구에 참고, 인용한 책, 논문, 잡지, 사이트 등
	⑬부록		• 추가 사진, 동영상 등

보고서 구성의 세부 항목은 보고서 작성자에 따라서 아래와 같이 다양하게 사용된다.

- ③ [서론]을 [연구 개요], [탐구 개요]로 표현할 수 있다.
  [동기]를 [연구 동기], [탐구 동기]로 표현할 수 있다.
  [목적]을 [연구 목적], [탐구 목적]으로 표현할 수 있다.
- ④ [이론적 배경]을 [배경 지식], [관련이론 탐색]으로 표현할 수 있다.
- ⑤ [연구내용]을 [실험 방법 및 결과] 또는 [탐구 방법 및 결과] 또는 [탐구 내용 및 결과] 등 다양하게 표현할 수 있다. 일반적으로 실험 프로젝트를 제외한 조사연구 프로젝트, 모형제작 프로젝트, 발명 프로젝트에서는 [탐구 내용]라는 용어를 많이 사용한다.
- ⑥ [실험 제목]을 [탐구 과제] 또는 [탐구 주제]로 표현할 수 있다.
- ⑨ [실험 절차]를 [실험 순서], [실험 과정], [연구 절차], [탐구 절차] 등 다양하게 표현할 수 있다.

제4절

보고서 작성 내용에 대한 번호는 어떻게 부여하는가?

하위번호는 상위번호보다 한 칸씩 들여쓰기로 표시한다.

- 첫째 항목의 구분은 1., 2., 3., 4., … 로 표시한다.
- 둘째 항목의 구분은 가., 나., 다., 라., … 로 표시한다.
- 셋째 항목의 구분은 1), 2), 3), 4), … 로 표시한다.
- 넷째 항목의 구분은 가), 나), 다), 라), … 로 표시한다.
- 다섯째 항목의 구분은 (1), (2), (3), (4), … 로 표시한다.
- 여섯째 항목의 구분은 (가), (나), (다), (라), … 로 표시한다.
- 일곱째 항목의 구분은 ① , ② , ③ , ④ , … 로 표시한다.
- 여덟째 항목의 구분은 ㉮, ㉯, ㉰, ㉱, … 로 표시한다.

Ⅲ. 연구 실행

1.
 가.
  1)
   가)
    (1)
     (가)
      ①
       ㉮

제5절

보고서는 어떤 순서로 작성하는가?

많은 학생들이 보고서 작성 시 목차에 제시된 내용 순서대로 보고서를 작성해야 한다는 잘못된 생각을 하고 있다.

보고서의 본문 중에서 가장 앞부분에 있는 것이 서론이 있다. 학생들은 서론부터 쓰는 경향이 많으나 실제로 연구내용, 결론, 이론적 배경을 모두 작성한 후에 서론을 쓰게 된다. 왜냐하면 서론은 보고서 내용을 요약하여 보여주는 부분이기 때문이다. 따라서 본문 내용을 먼저 작성한 후에 서론을 쓰는 것이 자연스럽고 학생들이 힘들지 않게 쓸 수 있다. 학생들은 이러한 순서를 모르는 경우 내용을 쓰지 않고 전체 내용을 파악하지 않은 상태에서 보고서의 서론을 쓰기 때문에 보고서 작성 시작부터 부담을 갖게 된다. 따라서 보고서를 작성하는 연구자는 보고서 체제의 순서와 보고서 작성 순서가 다름을 아는 것이 중요하다.

보고서 구성 순서	보고서 작성 순서
A. 보고서 제목 (프로젝트 주제)	E. 연구 실행 / 탐구 방법 및 결과
B. 목차	1. 가설
C. 서론	2. 변인 통제(실험 설계)
D. 이론적 배경	3. 준비물
E. 연구 실행 / 탐구 방법 및 결과	4. 실험(탐구) 절차
1. 가설	5. 결과
2. 변인 통제	F. 결론 및 제언
3. 준비물	D. 이론적 배경
4. 실험(탐구) 절차	C. 서론
5. 결과	G. 참고문헌 및 부록
F. 결론 및 제언	B. 목차
G. 참고문헌 및 부록	A. 보고서 제목 (프로젝트 주제)

* 변인통제는 실험 프로젝트를 실행할 경우에만 해당된다.

제6절

서론은 어떻게 쓰는가?

가. 서론은 왜 쓰는가?

독자는 보고서의 내용에 대한 세부적인 것을 알기 전에 전체적인 내용을 알고자 한다. 이와 같이 보고서의 전체 내용을 한 쪽 또는 두 쪽으로 간단히 요약하여 제시한 것이 서론이다. 서론에는 프로젝트를 수행한 연구자의 연구동기와 연구목적을 포함하여 연구결과를 간단히 제시하여 보고서의 전체내용을 간단히 설명한다.

나. 연구 동기 쓰는 방법

연구 동기는 프로젝트를 왜 하는가?(why)를 독자에게 알게 하는 것이다. 프로젝트의 주제를 선정하게 된 과정을 독자에게 알려줌으로써 독자가 보고서를 읽게 한다. 독자의 주목도를 높이도록 최대한 간결하면서 쉽게 쓰도록 한다.

1) [연구 동기]에 포함되는 내용

- 제목(프로젝트 주제)을 선정과정에서 발견한 문제점, 계기, 이유, 관심 등을 제시한다. 최종 주제를 선정할 때를 상기하면서 자신을 되돌아보고 진솔하게 진술한다.
- 연구의 중요성 또는 필요성을 강조하여 제시한다.
- 연구 주제 또는 연구내용이 근거하고 있는 관련 배경지식 또는 관련된 연구내용을 핵심적인 내용만 요약하여 제시한다.

2) 연구 동기 진술 방법

연구 동기는 누구나 알 수 있는 일상적인 내용으로 시작하여 점점 범위를 좁혀 가면서 구체적인 내용으로 전개한다.

가) 연구자(3인칭)의 관점에서 수동태의 문장으로 진술한다.

연구동기를 작성할 때 나(1인치)의 관점이 아니라 연구자(3인칭)의 관점에서 작성한다. 작성된 보고서에 '나'의 1인칭 관점에서 진술되는 경우를 많이 볼 수 있다. 이런 경우 독자 또는 청중이 보고서의 내용을 객관적 의미보다는 연구자 자신의 주장이나 의견을 제시하는 느낌을 준다.

따라서 보고서가 객관적 관점을 갖기 위해서는 보고서에 제시되는 진술 동사들이

- ~이 요구된다.
- ~의 관심이 높다.
- ~문제가 있다.
- ~겪고 있다.
- ~필요성이 있다.
- ~이 제기되고 있다.
- ~이 진행되었다. 등으로 능동형보다 수동형으로 진술되어야 한다. 아래는 1인칭 관점으로 진술된 보고서를 연구자인 3인칭의 관점으로 수정하여 진술한 예를 제시한 것이다.

나(1인칭 관점)	나는 재질과 디자인에 관해 연구하기로 했다
연구자(3인칭 관점)	재질과 디자인에 관해 연구가 **제기되고 있다.**

나(1인칭 관점)	나는 장수벌레 움직임의 특징에 대해 알고 싶어 탐구하기로 했다.
연구자(3인칭 관점)	장수벌레 움직임의 특징에 대한 연구의 **필요성이 요구된다.**

나(1인칭 관점)	'나는 패러데이 법칙의 한계점이 있을까'라는 의문점을 갖게 되어 실험을 하였다.
연구자(3인칭 관점)	'패러데이 법칙의 한계점이 있을까'라는 의문점이 제기되어 실험이 **진행되었다.**

나) 1~2개 문단으로 구성하며 내용이 많은 경우 2개 문단으로 나누어 진술한다.

다) 서론은 현재시제 및 과거시제가 혼용되어 진술될 수 있다.

3) 서론의 첫 번째 문장을 진술하는 방법

보고서의 서론 중에서 연구동기 부분에서 첫 문장은 매우 중요하다. 독자가 보고서의 본문 내용을 처음으로 읽게 된다. 이 첫 문장이 독자에게 어렵게 느껴지면 이후 보고서의 내용에 대한 관심이 낮아지게 된다. 따라서 서론의 첫 문장을 매력적이면서 알기 쉽게 제시해야 한다.

가) 쉽고 친근한 내용으로 진술한다. 주제와 관련하여 누구나 알 수 있는 내용과 용어를 사용하여 독자의 집중을 유발할 수 있도록 한다.

나) 독자가 첫 문장을 읽고 서론 이후의 배경지식 및 연구내용을 계속하여 읽을 수 있도록 주목도를 높이고 매력이 있으며 독자를 집중시킬 수 있도록 한다.

다) 첫 문장의 시작은 독자의 공감을 유발하기 위해서 '많은 사람들이', '많은 연구에서', '요즈음', '최근에', '전 세계적으로' 와 같은 용어를 많이 사용한다.

최근 코로나19로 인해 바이러스의 감염을 예방하기 위한 많은 해결 방법이 제시되고 있다.

4) 첫 문장 이후 내용의 범위를 점점 좁혀가면서(narrow down) 연구자가 정한 주제를 중심으로 진술한다.

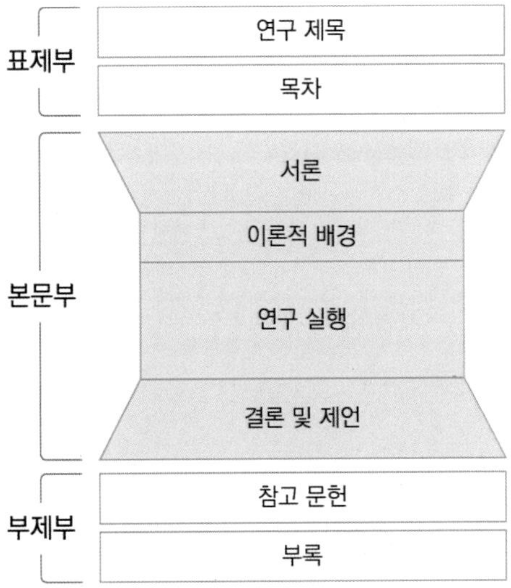

5) 서론은 일반적으로 A4용지 1~2장에 요약하여 제시한다.

다. 연구 목적 쓰는 방법

연구 목적은 프로젝트에서 수행한 내용과 얻은 결론을 독자에게 안내하는 것이다. 따라서 프로젝트에서 수행한 실험내용(what)과 결론 부분을 요약하여 제시한다. 연구목적은 비전 진술문, 연구 내용, 연구의 결론 요약 제시의 세 영역으로 구분하여 진술한다.

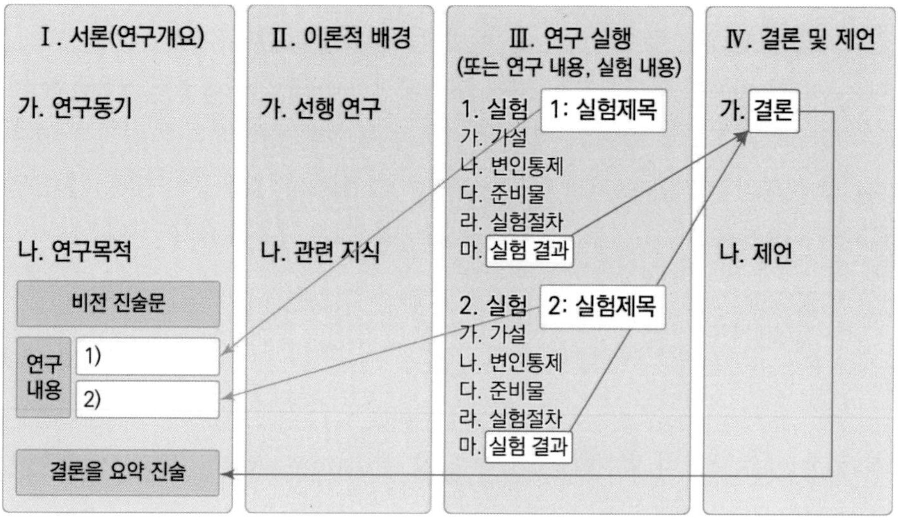

1) 비전 진술문

프로젝트 과정에서 수행한 실험 방법, 프로젝트 연구의 범위, 연구에 사용한 도구 및 재료에 관한 핵심적인 내용을 요약하여 진술한다.

2) 연구 내용

연구 내용은 수행한 연구 실행에서 쓴 실험 제목을 아래의 진술동사를 사용하여 연구자의 관점에서 진술한다.

~을 찾아보았다.	오랫동안 냉동상태를 유지할 수 있는 최적의 시간을 **찾아보았다.**
~을 탐구하였다.	국화꽃의 생김새, 구조의 특징을 **탐구하였다.**
~을 모색하였다.	장수벌레의 먹이와 음식물 처리 방안에 대해 **모색하였다.**
~을 조사하였다.	아듀이노의 코딩 과정을 **조사하였다.**
~을 알아보았다.	꽃을 쉽고 효과적으로 염색할 수 있는 방법을 **알아보았다.**
~을 만들었다.	천연항균물질의 항균성 실험에 필요한 추출물을 **만들었다.**
~을 제작하였다.	세균의 침입을 막기 위해 클린벤치를 **제작하였다.**

3) 결론을 요약 진술

독자 또는 청중이 프로젝트를 수행한 결과를 알 수 있도록 보고서의 결론 부분을 요약하여 간단히 제시한다. 필요한 경우 프로젝트를 수행한 기간과 장소를 제시할 수도 있다.

> 연구에서 알게 된 것은 ~~~ 이었다.

아래는 연구 목적의 비전 진술문, 연구 내용, 결론 요약을 구분하여 예시로 제시한 것이다.

연구 목적에 대한 비전 진술문
이 연구에서는 공중제비 물병의 성공률을 알아보기 위해 세 가지 종류의 페트병을 이용하여 실험실에서 각각 100회 이상의 실험을 진행하였다.
연구내용
가) 페트병의 종류에 따른 성공률을 알아보았다. 나) 내용물의 양에 따른 성공률을 알아보았다. 다) 던지는 각도에 따른 성공률 알아보았다.
결론 요약
세 가지 요인들 모두 착지를 할 때 안정성에 영향을 주므로 각각의 요인들을 변화시켜 페트병의 종류, 내용물의 양, 던지는 각도에 따른 연구를 실행한 결과 페트병의 종류는 삼다수, 물의 양은 1/3, 던지는 각도는 45도의 조건일 때 성공률이 가장 높았다.

서론 쓰기 사례

1. 연구동기

많은 사람들이 즐겨하는 놀이이자 스포츠인 공중제비 물병(Bottle flip)은 국내와 해외에서 많은 인기를 끌고 있다. 공중제비 물병은 던진 물병이 공중에서 한 바퀴 회전 후 바닥에 안전하게 착지하면서 성공하는 놀이이다. 이것은 단순히 던지는 것만으로는 성공하기 쉽지 않다. 교실에서도 가끔 공중제비 물병은 주변 학생들도 많이 즐기고 있다. 하지만 학생들은 물병을 던지며 그저 '운'을 기다리는 경향이 많다. 그것을 통해 이 물병 세우기에도 '운'이 아닌 과학적 원리가 있을 것으로 판단하면서 그 과학적 원리를 탐구하여 가장 성공적인 방법과 페트병을 찾아보려는 관심이 증가하고 있다. 공중제비 물병은 페트병의 종류, 내용물의 양, 손목과 물병 사이의 각도, 바닥 면과 팔 사이의 높이 등 고려할 점이 많다. 이러한 점들은 성공률에 다양한 영향을 준다.

그 원인으로서 물은 중력의 영향을 받기 때문에 페트병의 종류에 따라 물이 벽면에 부딪히며 이동하는 경로가 달라진다. 따라서 물이 바닥으로 떨어지는 각도가 모두 달라지며, 착지할 때 안정성에 차이가 생긴다. 또한 내용물의 양에 따라 페트병의 무게가 달라져 회전 속도에 영향을 준다. 따라서 착지를 할 때 안정성에 차이가 생긴다. 그 외에 던지는 각도에 따라 힘에 영향을 준다. 따라서 속력이 모두 달라지며 착지를 할 때 안정성에 차이가 생긴다.

2. 연구 목적

이 연구에서는 공중제비 물병의 성공률을 알아보기 위해 세 가지 종류의 페트병을 이용하여 실험실에서 각각 100회 이상의 실험을 진행하였다.

가) 페트병의 종류에 따른 성공률을 알아보았다.

나) 내용물의 양에 따른 성공률을 알아보았다.

다) 던지는 각도에 따른 성공률 알아보았다.

세 가지 요인들 모두 착지를 할 때 안정성에 영향을 주므로 각각의 요인들을 변화시켜 페트병의 종류, 내용물의 양, 던지는 각도에 따른 연구를 실행한 결과 페트병의 종류는 삼다수, 물의 양은 1/3, 던지는 각도는 45도의 조건일 때 성공률이 가장 높았다.

서론 쓰기 사례 분석

1. 연구동기

① 많은 사람들이 즐겨하는 놀이이자 스포츠인 공중제비 물병(Bottle flip)은 국내와 해외에서 많은 인기를 끌고 있다. ② 공중제비 물병은 던진 물병이 공중에서 한 바퀴 회전 후 바닥에 안전하게 착지하면서 성공하는 놀이이다. ③ 이것은 단순히 던지는 것만으로는 성공하기 쉽지 않다. ④ 교실에서도 가끔 공중제비 물병은 주변 학생들도 많이 즐기고 있지만 학생들은 물병을 던지며 그저 '운'을 기다리는 경향이 많다. ⑤ 그것을 통해 이 물병 세우기에도 '운'이 아닌 과학적 원리가 있을 것으로 판단하면서 그 과학적 원리를 탐구하여 가장 성공적인 방법과 페트병을 찾아보려는 관심이 증가하고 있다. ⑥ 공중제비 물병은 페트병의 종류, 내용물의 양, 손목과 물병 사이의 각도, 바닥 면과 팔 사이의 높이 등 고려할 점이 많다. 이러한 점들은 성공률에 다양한 영향을 준다. ⑦ 그 원인으로서 물은 중력의 영향을 받기 때문에 페트병의 종류에 따라 물이 벽면에 부딪히며 이동하는 경로가 달라진다. ⑧ 따라서 물이 바닥으로 떨어지는 각도가 모두 달라지며, 착지할 때 안정성에 차이가 생긴다. ⑨ 또한 내용물의 양에 따라 페트병의 무게가 달라져 회전 속도에 영향을 준다. 착지를 할 때 안정성에 차이가 생긴다. ⑩ 그 외에 던지는 각도에 따라 힘에 영향을 준다. 지금까지 다양한 관점에서 착지의 안정성에 대해서 연구한 사례가 많지 않았다.

① 연구자가 연구주제와 관련하여 사람들의 관심 끌고 있다.
② 관련주제와 관련된 용어의 정의와 정보를 독자에게 설명하고 있다.
③ 프로젝트 주제에 대한 현재 문제점을 제기하기 위한 객관적인 문제인식을 기술하고 있다
④ 프로젝트 주제와 관련하여 문제를 제기하고 있다.
⑤ 주제를 연구하는 필요성을 객관적으로 제시하고 있다.
⑥ 주제의 연구 목적에 접근하기 위해 이론적 배경과 근거를 제기하고 있다.
⑦-⑩ 주제에 대한 연구자가 연구한 내용과 연결시키기 위해 근거를 제시하고 있다.
점점 넓은 범위에서 연구주제와 연구 목적으로 범위를 좁혀가고 있다.

2. 연구 목적

⑪ 이 연구에서는 공중제비 물병의 성공률을 알아보기 위해 세 가지 종류의 페트병을 이용하여 실험실에서 각각 100회 이상의 실험을 진행하였다.

⑫

가) 페트병의 종류에 따른 성공률을 알아보았다.

나) 내용물의 양에 따른 성공률을 알아보았다.

다) 던지는 각도에 따른 성공률 알아보았다.

⑬ 세 가지 요인들 모두 착지를 할 때 안정성에 영향을 주므로 각각의 요인들을 변화시켜 페트병의 종류, 내용물의 양, 던지는 각도에 따른 연구를 실행한 결과 페트병의 종류는 삼다수, 물의 양은 1/3, 던지는 각도는 45도의 조건일 때 성공률이 가장 높았다.

⑪ 연구 목적과 관련하여 연구에 대한 전반적인 내용을 제시하고 있으며 이것을 연구 목적에 대한 비전진술문이라고 한다.
⑫ 연구 내용을 개조식으로 제시하고 있다.
⑬ 연구의 결론을 요약하여 제시하고 있다. 독자가 연구 실행의 최종적인 결론을 알 수 있는 부분이다.

제7절

이론적 배경은 어떻게 쓰는가?

이론적 배경은 학생들이 계획서 작성 및 프로젝트 실행 과정에서 읽고 학습한 내용을 요약하여 제시하게 된다. 연구에 필요한 지식이나 실험에 사용한 도구에 대해서 설명을 하게 되며 학생들이 프로젝트 활동 과정에서 어떤 학습을 하였는지 알 수 있다. 개념이나 용어를 제시할 때는 보고서를 읽는 독자의 관점에서 이해하기 쉽게 설명하도록 한다.

가. 이론적 배경에 쓰는 내용

1) 전문 서적, 잡지, 논문, 인터넷 자료 등을 인용
2) 프로젝트 학습 과정에서 학습한 개념이나 원리
3) 프로젝트 주제와 관련된 전문적인 용어
4) 주제와 관련하여 선행연구의 내용
5) 프로젝트 활동에서 사용한 소재의 특징
6) 사진이나 그림 제시

출처가 확실한 내용을 자신 이해하는 내용을 제시하며 네이버 지식인, 블로그, 카페 등의 인터넷 자료를 복사하여 붙여넣는 것은 저작권을 위반할 수 있으므로 내용을 읽고 자신이 이해하고 학습한 내용을 요약하여 제시하도록 한다.

나. 관련 이론 제시 방법

책, 잡지, 인터넷 내용을 읽고 주제와 관련된 지식을 제시한다. 관련된 지식을 제시할 때 반드시 프로젝트 주제와 관련된 내용만을 제시하도록 한다. 독자나 청중이 이해하기 어려운 내용 또는 공식, 그림, 그래프 등은 제시하지 않도록 한다. 관련된 지식으로서 어려운 내용을 제시하고자 할 때는 간단하고 쉽게 설명하여 제시하도록 한다.

내용을 쉽게 설명하는 방법은 관련 이론을 연구자 자신이 읽고 이해한 내용을 제시하는 것이다. 연구자가 이해하지 못하는 내용을 제시하면 독자 또는 청중은 더욱 이해하지 못한다. 따라서 관련 이론을 제시할 때는 반드시 탐색한 이론을 연구자가 학습한 내용을 이해하기 쉽게 제시한다.

비교적 이해하기 어려운 내용

전자파는 전기의 사용으로 발생하는 에너지의 형태로서 전기장과 자기장이 진동하여 물결처럼 퍼져나가는 것을 말한다. 전기장은 전기력이 미치는 공간을 말하며 단위는 미터당 볼트(V/m)로 표시하고 자기장은 자기력이 미치는 공간을 말하며 단위는 보통 밀리 가우스(mG)와 마이크로 테슬라(μT)가 있다. 서양에서는 주로 밀리가우스(mG)를 사용하고 동양에서는 주로 마이크로 테슬라(μT)를 사용한다.

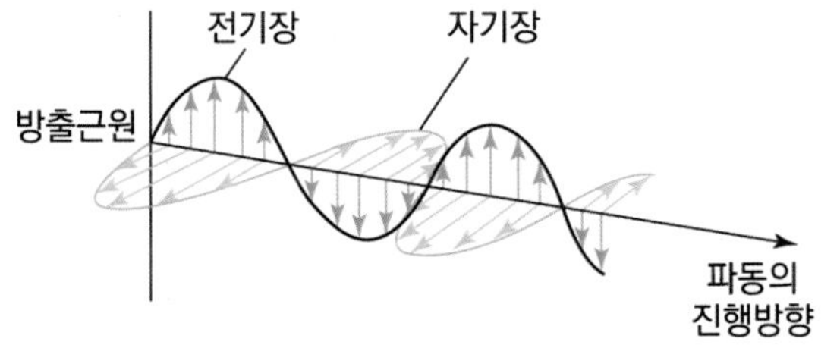

비교적 이해하기 쉬운 내용

전자파(Electromagnetic waves)란 전기 및 자기의 흐름에서 발생하는 일종의 전자기 에너지이다. 즉 전기가 흐를 때 그 주위에 전기장과 자기장이 동시에 발생하는데 이들이 주기적으로 바뀌면서 생기는 파동을 전자파라고 한다.

▲ [그림] 전파의 원리

다. 선행 연구 분석 제시 방법

선행연구를 분석하는 이유는 두 가지이다. 첫째, 연구자의 프로젝트 주제와 똑같은 내용의 연구사례가 있는지 알아보는 것이다. 둘째, 연구자의 프로젝트 연구 과정에 참고할 만한 내용을 찾기 위해서이다. 특히 프로젝트의 변인(독립 변인, 종속 변인)과 관련된 내용과 관련하여 연구한 사례를 보고 연구 방법이나 연구의 목적을 찾는 데 도움을 얻을 수 있다.

선행연구를 제시할 때는 연구년도, 연구자, 연구 주제, 연구에 참고한 내용을 최근 연구 내용부터 순서대로 제시한다.

아래는 마찰력을 연구한 선행연구 분석 사례이다.

연도	연구자	주제	본 연구에 참고한 내용
2012	이○○	액체 속에서 회전하는 물체가 받는 마찰력 탐구	회전하는 물체가 받는 마찰력의 크기는 밑면의 원주 > 옆면의 중심 > 밑면의 중심 순으로 나타났다.
2011	신OO	마찰력에 대한 가설의 비교	활동, PC, 우레탄, 사포 등 여러 가지 재료에 따라 정회전과 역회전에 대한 마찰 계수의 측정이 달라진다.
2009	이OO 외 6명	센서를 이용한 아웃솔마찰력 측정 정치 개발	고무의 다양한 디자인 모델을 민무늬, 사각, 브이, 삼각, 원형, 일자, 물결모양으로 제작하여 마찰력을 측정하였다.

아래는 '알로에를 이용한 아토피 완화제 제작'에 관한 프로젝트 주제에 대한 선행연구를 제시한 사례이다.

연도	연구자	주제	본 연구에 참고한 내용
2019	송OO 외 6명	가미미후등식장탕이 DNCB 유도 아토피피부염 동물모델에 미치는 효과	아토피 피부염 모델을 제작을 위해 DNCB를 acetone과 olive oil이 3:1로 혼합된 용매에 0.5%로, aceton과 olive oil이 9:1로 혼합된 용매에 1%로 희석시켜 사용하였다.
2018	은OO 외 10명	피부각질세포에서梔子柏皮湯의 아토피피부염 개선효과	피부각질세포에서 TARC와 MDC 생성의 감소는 아토피 피부염과 같은 염증성피부질환에서 효과적인 치료법이 될 수 있다.
2017	이OO 외 6명	HaCaT 세포주에서나 복근즙(Juice ofRaphanus sativusvar)에 의한 아토피 완화 효과에 관한연구	아토피 피부염에는 Th1 세포와 Th2 세포에서 분비되는 cytokines과 T림프구와 항원에 특이적인 IgE를 발현하는 세포가 관여한다. HaCaT 세포를 10% FBS와 1% antibiotics가 포함된 DMEM media 를 사용하여 5% CO2,37℃에서 배양하였다.

제8절

프로젝트 실행 내용은 어떻게 쓰는가?

프로젝트 실행 내용은 보고서의 가장 핵심적인 내용이다. 프로젝트 형태에 따라 다양하게 구성될 수 있으나 많이 사용되는 형식은 아래와 같다. 연구 실행 내용으로서 실험 제목, 가설, 준비물, 실험 과정, 결과를 순서대로 쓰게 된다.

가. 실험 제목

1) 조작변인과 종속변인을 포함하여 연구의 목적에 맞게 간결하게 진술한다.
2) 진술 예시
   - 구두 밑창의 디자인에 따른 마찰력의 차이
   - 문어 빨판의 돌기 크기에 따른 흡착력의 차이
   - 전류값의 그래프 진폭에 따른 유도전류의 크기
   - 사각, 삼각, 원형 면진 베어링에 따른 지진 진동 에너지 흡수 비교

나. 가설

가설 진술은 연구실행에서 제시한 바와 같이 실험 제목에서 제시된 조작변인에 따른 종속변인의 변화 가능성을 미래시제로 진술한다. 아래 표는 실험 제목에 따른 제시되는 실험 가설의 예시이다.

실험 제목	실험 가설
• 구두 밑창의 디자인에 따른 마찰력의 차이	• 와플 모형 밑창의 마찰력이 가장 클 것이다.
• 문어 빨판의 돌기 크기에 따른 흡착력의 차이	• 빨판의 크기가 클수록 흡착력이 클 것이다.
• 전류값의 그래프 진폭에 따른 유도전류의 크기	• 전류값의 그래프 진폭이 클수록 유도전류의 크기가 클 것이다.
• 사각, 삼각, 원형 면진 베어링에 따른 지진 진동 에너지 흡수 비교	• 원형 면진 베어링이 지진이 진동 에너지를 가장 잘 흡수할 것이다.

다. 변인 통제

1) 변인 통제는 가설에 제시된 조작변인과 종속변인 외에 통제변인을 포함하여 제시한다.
2) 조작변인과 통제변인은 변화시키는 수준(level), 양(量)과 개수 등을 제시하여 똑같은 실험을 반복하여 실행해도 비슷한 결과를 얻을 수 있도록 한다.

3) 변인 통제 제시 방법

독립 변인			종속변인
통제 변인	통제 수준	조작 변인	
밑창 모델의 재질	고무	밑창 모델의 디자인 종류 • 가로줄 디자인 • 지그재그 디자인 • 와플 디자인	최대 정지 마찰력의 크기
밑창 모델의 무게	60g		
밑창 모델의 넓이	10cm×10cm		
밑창 위에 올린 추의 무게	300g		

라. 준비물

준비물은 연구 수행 과정에서 사용된 재료, 실험도구, 결과측정 도구를 제시한다.

마. 실험 과정

1) 문장을 과거시제 및 수동형태로 쓴다.
2) 문장을 개조식으로 제시한다.
3) 실험을 수행하는 순서대로 쓴다.
4) 실험 수행에 사용된 도구와 재료 및 재료의 양을 명시하여 쓴다.
5) 필요한 경우 실험 과정을 보여주는 사진 또는 그림을 포함한다.
6) 실험 과정을 동영상으로 제시하는 경우 QR코드 또는 동영상 탑재 주소 사이트를 제시한다.

작성 내용 예시

가) 신발들의 밑창 디자인의 모형을 아래 그림과 같이 제작하였다.

가로 디자인	와플 디자인	지그재그 디자인
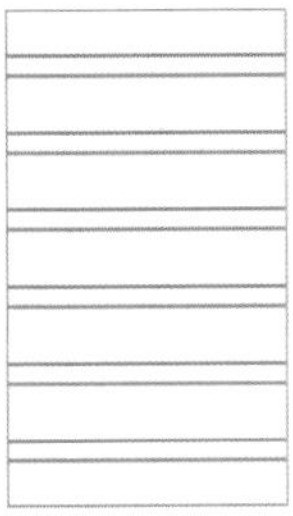	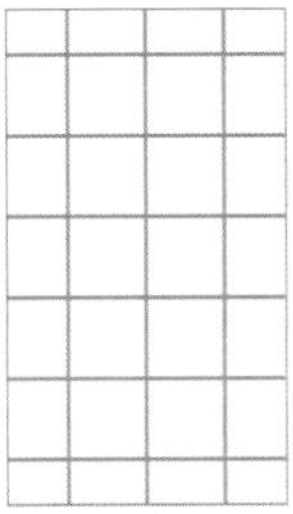	

나) 밑창 모델에 힘을 가할 수 있는 도르래 원리를 이용한 장치를 제작하였다.

다) 장치를 나무판 위에 모델을 올려놓고, 움직이기 시작할 때 가해지는 힘의 크기를 포스 센서(MBL기구)를 이용하여 최대 정지 마찰력을 측정하였다.

바. 실험 결과

보고서의 결과에는 사실적이고 객관적인 내용이 담겨져 있어야 한다. 관찰한 내용이나 수치로 얻은 결과들은 사실대로 기록되어야 한다.

1) 보고서의 결과에 포함되는 내용을 아래와 같다.

- 실험에서 얻은 수치(데이터), 관찰한 내용 제시
- 실험을 통해 얻은 데이터를 표, 그래프, 그림으로 제시
- 실험 과정에 대한 사진, 동영상(QR코드) 제시

2) 결과 쓰기 방법

- 결과 설명은 '위 그래프는 (경향성)을 보여주고 있다.'와 같이 현재 시제로 쓴다.
- 실험에서 발견한 경향성 즉, 조작변인과 종속변인의 관계를 설명한다.
- 실험 결과에 대한 추가적인 과학적 설명이나 예상하지 못한 결과에 대해 설명한다.
- 예상하지 못한 결과를 해결하는 방법을 예상하여 제시한다.

3) 결과 쓰기의 예

결과 쓰기의 예시

〈표 9-1〉 밑창 디자인에 따른 마찰력의 차이

(단위: N)

디자인 형태	1	2	3	4	5	평균
와플 디자인	150	150	150	150	150	150.00
가로 디자인	130	130	130	130	140	132.00
지그재그	140	140	140	140	140	140.00

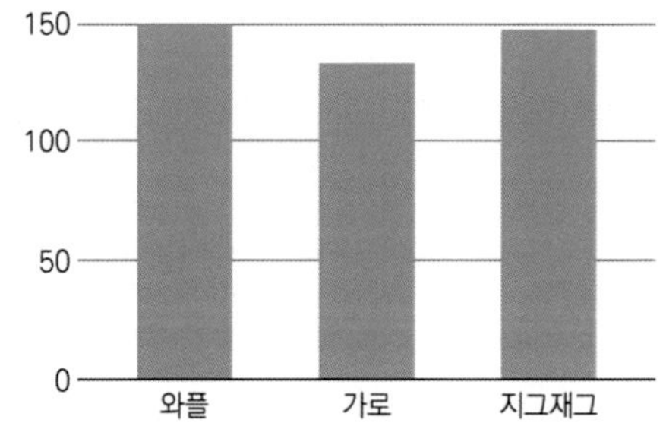

[그림 3] 밑창 디자인에 따른 마찰력의 차이

위의 그래프를 보면 밑창 디자인에 따른 마찰력의 차이가 크지는 않지만, 마찰력의 크기는 와플>지그재그>가로의 순으로 나타났다.

사. 표와 그림의 번호 부여 및 제목 쓰기 위치

- 표의 제목은 표의 **위쪽 왼쪽 정렬**로 제시된다.
- 표의 양쪽 끝 세로선을 표시하지 않는다.
- 그의 제목은 그림의 **아래쪽 왼쪽 정렬**로 제시된다.
- 그림과 표는 모두 내용의 각 장(chapter)에 관계없이 처음부터 끝까지 일련번호로 부여된다.

제 9 절

결론 및 제언은 어떻게 쓰는가?

가. 결론

결론은 실험 결과의 수치나 그래프를 보고 경향 또는 패턴을 해석하여 발견한 것을 과거시제로 진술한다.

- 실험의 목적을 진술한다.
- 관찰한 내용, 표나 그래프를 연구자가 분석한 내용, 실험에서 발견한 내용, 경향을 해석하여 진술한다.
- 실험 결과가 처음 제시한 가설의 확인 여부를 진술한다.
- 결과가 다른 연구자와 차이점을 비교하여 제시한다.
- 결과를 실험군과 대조군(비교군)을 비교하여 제시한다.
- 실험 결과를 다른 상황 또는 맥락에 적용하여서 제시한다. (현재시제 또는 미래시제)

밑창 디자인에 따라 마찰력의 차이를 알아보는 실험을 하였다.**(연구 목적)** 위 표와 그래프는 밑창의 와플 디자인이 가로 디자인이나 지그재그 디자인보다 마찰력이 더 크게 작용하고 있다는 것을 보여주고 있다.**(연구 가설 확인)** 마찰력의 크기가 와플디자인은 150N, 가로 다자인은 132N, 지그재그 디자인은 140N으로 나타났다.**(발견 내용)**
이로서 가설을 입증하고 있으나 이 결과는 마찰력의 크기를 측정하는데 사용한 추의 종류가 다양하지 않아 정확한 수치를 구하기 힘들었다. 또한 수작업으로 디자인을 만들었기 때문에 각 모델의 무게와 파인 정도가 일치되지 않았다. 따라서 고무라는 재질을 바꾸거나, 모형을 더욱 단순화해서 실험 진행이 요구된다.**(후속연구를 위한 제언)**

이 연구의 목적은 퇴적입자의 크기에 따라 침강속도가 어떻게 다른가 알아보기 위한 것이었다. **(실험 목적)** 그 결과 퇴적입자의 크기가 가장 작은 매우 세립질은 침강하는 속도가 가장 작았으며, 가장 큰 매우조립질의 침강속도가 가장 크게 나타났다.**(발견 내용)** 이 결과는 "퇴적입자의 크기가 작을수록 침강속도가 작다"는 연구가설을 입증하였다.**(연구 가설 확인)**
이 실험에서 퇴적입자의 모양이 고르지 않아 집단내 입자의 침강속도의 편차가 크게 났다. 퇴적입자의 형태(shape)와 원마도에 따라 침강속도가 달라질 수 있다고 생각되어 계속 연구할 가치가 있다고 본다.**(후속 연구를 위한 제언)**

본 연구는 알로에의 추출물로 가려움증과 부작용을 완화를 알아보는 것이었다.**(연구의 목적 진술)** 실험을 통하여 민간에서 스테로이드 대용으로 사용되던 알로에가 2차 감염 위험이 없고 실제로 아토피에 효과가 있는 아토피 완화제로써 사용될 수 있다는 것을 확인하였다. 민간에서 사용할 때 알로에는 2차 감염 문제가 있는데 이를 해결하기 위해 알로에 겔 추출물, 껍질을 포함한 알로에 추출물, 알로에 진액과 같은 알로에 유래 추출물의 항균성을 확인하였으며 항균성이 없을 때를 대비하여 첨가물로써 페퍼민트의 항균성 또한 확인하였다.**(연구의 가설 지지)**
DNCB 처리 후 알로에 추출물 처리한 Mouse의 피부는 점점 완화되는 양상을 보였으나, DNCB 처리 후 중단한 실험군보단 그 정도가 떨어지는 것으로 관찰되었다. 이는 알로에 껍질에 존재하는 알로인으로 인한 것을 보이며, 추출물이 상처로 들어가면 인체에 유해하다는 것 또한 확인할 수 있었다.**(연구의 가설 지지)**
IgE 항체농도를 ELISA를 통해 확인한 결과 껍질을 포함한 알로에 추출물을 처리한 실험군에서 IgE 항체 농도가 가장 적게 나왔으며 이는 대조군과 비슷하였다. 알로에 겔 추출물을 처리한 실험군과 DNCB를 처리한 실험군은 비슷하게 나타났다.**(실험군과 대조군 비교)** 이를 통해 알로에에서 아토피를 완화시키는 주성분은 껍질에 존재하며, 해당 성분을 피부에 3일 도포하는 것으로 아토피가 없는 실험군과 동일한 IgE 농도를 가지는 것을 알 수 있었다.**(연구자가 해석한 내용)**
껍질을 포함한 알로에 추출물을 이용하면 스테로이드제보다 더욱 안전하면서, 실제로 효과가 있는 아토피 완화제를 제작할 수 있을 것이며, 알로인이 적게 들어있는 알로에 품종을 사용하고, 알로인을 제거할 수 있는 방법을 고안하면 임산부 및 유아에게도 안심하고 사용할 수 있을 것이다.**(다른 상황 또는 맥락에 적용)**

나. 제언

제언은 프로젝트를 모두 진행한 후에 활동 과정 전체를 되돌아볼 때 해결하지 못한 문제점이나 보완이 요구되는 부분을 발견하게 된다. 이러한 문제점이나 보완이 요구되는 것에 대해 더 좋은 해결 방법을 생각할 수 있다. 제언은 자신 또는 다른 동료가 프로젝트 내용과 비슷한 주제로 프로젝트 학습을 하고자 할 때 주제를 찾는 과정에서 아이디어를 생각할 수 있는 실마리를 제공하게 된다. 제언에 포함될 수 있는 내용은 아래와 같다.

1) 프로젝트 실행과정에서 오차 또는 시행착오를 줄이는 새로운 도구나 재료 제시

내진 설계를 위한 효과적인 면진 구조 베어링 제작

실험과정에서 건물이 핸드폰의 무게와 진동을 견디지 못하고 중심을 잃어 넘어지는 경우가 많이 발생하여 어려움이 있었다. 특히 스펀지 재질의 적층고무 베어링을 실험할 때 건물이 흔들려 쓰러지는 경우가 많았다. 그 이유는 우리가 베어링을 만들 때의 높이가 조금씩 차이가 있었고 건물위에 올린 핸드폰 때문에 스펀지가 압축 되면서 균형이 맞지 않은데 원인이 있었다. 따라서 실험과정에서 베어링을 좀 더 정교하게 만들고 지진파를 측정하는 방법을 휴대폰 앱이 아닌 다른 전문적인 측정기기를 사용하는 것을 권한다.

2) 프로젝트 실행과정에서 오차 또는 시행착오를 줄이는 새로운 방법 제시

부레옥잠, 검정말을 이용한 수질오염 정화능력에 관한 연구

프로젝트 실행의 실험과정에서 검정말의 개수를 측정할 때 잎의 길이만 측정하여 실험하였으나 잎의 개수를 정확히 세어서 넣었으면 결괏값이 더 정확한 결과를 얻을 수 있었을 것으로 판단된다. 이외에도 부레옥잠 1개에 암브리아를 넣는 몇 개수를 정할 때 부레옥잠의 뿌리와 부피가 비슷한 것만을 보고 실험을 진행함으로써 오차가 발생하게 되었다. 따라서 암브리아를 넣을 때 잎의 크기, 줄기의 상태를 파악하여 실험할 경우 오차가 줄어들 것으로 생각된다. 그리고 호숫물로만 실험하는 것이 아니라 다른 오염된 물들을 이용해서 실험했었으면 좋았을 것 같다,

3) 프로젝트 실행과정에서 연구한 내용을 확장하여 활용하는 방법 제시

커피 찌꺼기를 활용한 업사이클링

선행연구에서 다공성 물질의 흡착 반응을 통한 토양의 염분 제거방안 연구에 따르면 다공성 물질을 이용해서 염도가 높은 토양에서도 식물이 자라게 한 연구가 있다. 이 프로젝트 활동에서 제작한 커피 찌꺼기도 다공성 물질로서 이를 이용해서 간척지 토양 등 염도가 높은 토양에서 식물의 성장을 촉진시키는 물질로써 활용될 수 있을 것으로 생각된다.

제10절

참고 문헌은 어떻게 쓰는가?

• 번호를 붙이지 않는다.

• 이름의 가나다순으로 쓴다.

• 저서: 글쓴이, 책이름, 출판사, 출판연도, 인용한 페이지

예시 이민규, 1% 바꿔도 인생이 달라진다, 더난출판, 2007, 123－124쪽

• 번역서: 글쓴이, 책이름, 옮긴이, 출판사, 출판연도, 인용한 페이지

예시 제인오스틴, 오만과 편견, 윤진관, 전승희 옮김, 민음사, 2000, 321쪽

• 신문기사: 기사제목, 신문이름, 날짜, 면수

예시 000000000, 00신문, 2021년 12월 2일, 제1면

• 논문: 글쓴이, 논문 제목, 논문이 실린 책이나 잡지 이름, 잡지 권(호)수, (출판사), 출판연도, 인용한 쪽수

• 인터넷 기사: 기사 제목, 매체이름, 작성일시, 사이트 주소, 접속일자

예시 “화재를 막아라...불에 강한 ‘무기 단열재’ 급성장, 이데일리, 2017.8.31.

• http://www.edaily.co.kr/news/NewsRead.edy?, 2017.9.5.

4. 보고서 표지는 어떻게 쓰는가?

○○○학교

(소속학교 제시)

알로에를 이용한 아토피 완화제 제작

(제목은 표지의 중간에서 약간 위쪽에 제시)

(제목이 긴 경우 두 줄로 제시)

2020년

(작성 연도 제시)

연구자 ○○○

(3인칭으로 제시)

PART

10

보고서 작성 방법 안내하기

보고서는 학생들이 프로젝트를 수행한 후에 만드는 그들의 최종 연구 결과물이다. 프로젝트는 학생들이 문제를 찾아, 계획서를 작성하고, 연구를 실행하여, 최종적으로 보고서를 작성하게 된다. 보고서는 프로젝트가 진행되어온 일련의 과정들을 동료, 학부모, 교원 등 청취자 또는 독자에게 보여주는 것이다.

프로젝트를 수행하는 학생들은 주제 선정과 연구 실행에 많은 시간과 노력을 기울인 후에 보고서 작성 단계에서 보고서를 쓰는 것을 연구 실행보다 훨씬 쉽게 생각하는 경향이 많다. 학생들은 교실수업에서 교과지식을 배우는 과정에서 보고서를 작성하지만 형식과 체계에 맞게 보고서를 작성해본 경험이 많지 않다.

보고서 작성은 연구 실행의 활동 과정과 결과물을 보고서의 구성 체계에 맞추어 문서로 만들어내는 것이라고 말할 수 있다. 따라서 학생들이 보고서의 구성 요소와 체계를 아는 것이 매우 중요하다. 또한 보고서 작성을 시작할 때부터 완성되기까지 보고서는 독자와 청중을 위해 작성된다는 관점을 유지하고 있어야 보고서가 충실하고 이해하기 쉽게 만들어진다.

보고서는 수업의 측면에서 볼 때 학생들이 학습한 후에 내용을 정리하고 복습하는 과정이라고 말할 수 있다. 학생들은 보고서를 작성하면서 불충분한 연구 실행을 발견하기도 하며 연구 실행을 분석하면서 이론적 배경을 다시 찾아보고 연구 실행이 더욱 심화되기도 한다.

보고서 작성 안내는 교사의 개입과 피드백이 많이 요구되는 부분이다. 앞에서도 언급했듯이 학생들은 보고서 작성에 경험이 많지 않다. 형식에 맞추는 것에 익숙하지 않을 뿐만 아니라 자신의 연구를 다시 되돌아보는 것 자체를 좋아하지 않아 보고서 작성에 대한 관심을 소홀히 할 수 있다. 따라서 보고서를 안내할 때 교사에게는 최소한 3번 이상의 피드백이 요구된다.

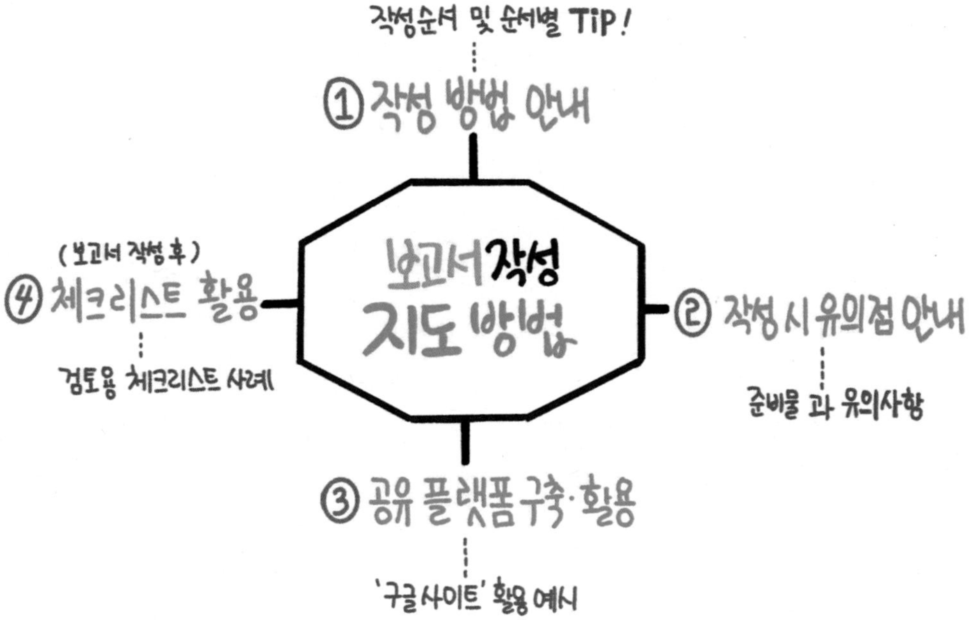
작성순서 및 순서별 TIP!
① 작성 방법 안내
보고서 작성
지도 방법
② 작성 시 유의점 안내
준비물 과 유의사항
③ 공유 플랫폼 구축·활용
'구글사이트' 활용 예시
(보고서 작성 후)
④ 체크리스트 활용
검토용 체크리스트 사례

제 1 절

보고서 작성은 어떤 과정으로 진행되는가?

보고서 작성 과정은 프로젝트 수업 기간에 따라 크게 단기 프로젝트와 장기 프로젝트로 구분된다.

가. 단기 프로젝트의 보고서 작성 과정

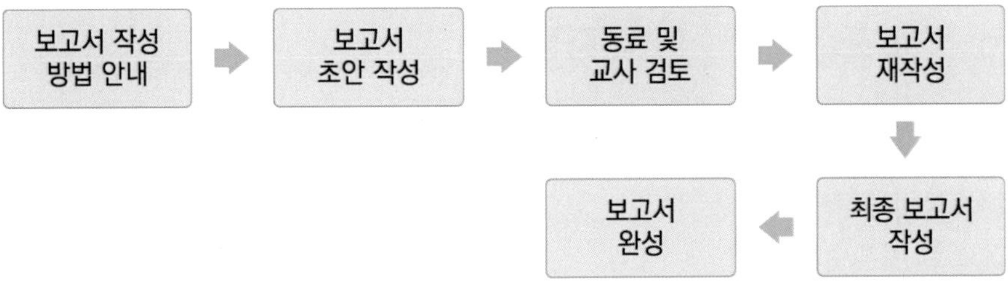

나. 장기 프로젝트의 보고서 작성 과정

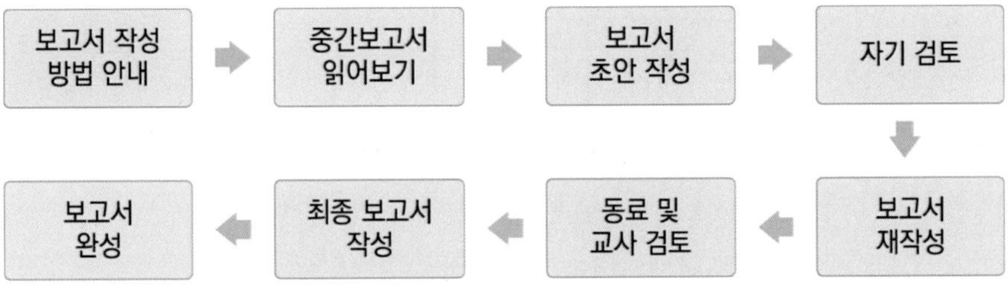

제2절

보고서 작성 방법을 어떻게 안내하는가?

학생들은 보고서 작성을 처음 시작할 때 본문부의 맨 앞에 서론이 제시된 것을 보고 서론부터 쓰려는 경향이 있다. 교사가 보고서 작성을 안내할 때 서론부터 쓰지 않도록 각별히 안내가 필요하다. [연구 실행] 또는 [연구 내용] 부터 작성하도록 한다. 이때 서론이나 이론적 배경을 절대 쓰지 않도록 한다. 보고서 작성을 안내하는 방법은 아래와 같다.

가. 문서 작성 프로그램의 여백 지정하기

문서작성 프로그램을 이용하여 보고서를 작성할 경우 가장 먼저 여백지정을 안내하여 책자발간시 통일성을 유지할 수 있다.

일반적으로 기본여백으로서 아래와 같이 제시한다.

나. 보고서 작성 안내 핵심 팁

1) 보고서 작성에서 가장 먼저 쓰는 부분은 [연구 실행] 부분이다. 프로젝트 실험을 하면서 누적해 놓은 [연구 실행]과 관련된 기록물, 사진, 노트의 내용을 최대한 자료를 수집하여 문서작업 워드 프로그램(한글, MS워드) 파일에 모아 놓도록 한다.

2) 연구 실행의 하위 요소에 해당하는 내용을 쓰도록 한다.
   가) 실험 제목
   나) 가설(실험 프로젝트에 해당)
   다) 변인 통제(실험 프로젝트에 해당)
   라) 준비물
   마) 실험 과정 또는 제작 과정
   바) 결과

3) 결론 및 제언 쓰기
   [연구 실행]에서 나온 결과인 표, 그래프, 도식을 모두 모아서 분석 및 해석하여 결론과 제언을 쓰도록 한다.

4) 이론적 배경 쓰기
   [연구 실행]과 [결론 및 제언]을 작성하는 과정에서 활용된 선행 연구 내용과 관련 지식을 찾아 쓰도록 한다. 이 때 탐구노트 또는 실험 노트에 선행연구 논문에 대한 내용, 찾아서 읽은 책의 내용 또는 인터넷 정보를 기록해 놓은 것을 참고하여 이론적 배경을 쓰도록 한다. 관련 지식, 선행 연구, 용어의 정의를 포함하여 작성한다.

5) 서론 쓰기
   서론은 이론적 배경, 연구 실행, 결론 및 제언을 여러 번 읽어보고 내용을 모두 파악한 후에 작성하도록 한다. 실제로 학생들은 자신의 연구와 과정과 내용에 대해서 자세히 알지 못하는 경우도 있다. 서론은 [연구 동기]와 [연구 목적]으로 구분하여 제시하며 개조식 또는 문단 형식 중에서 선택하여 작성한다.

6) 참고 문헌 쓰기
   참고 문헌은 연구자가 읽거나 참고한 모든 책, 인터넷 자료, 연구 논문을 제시하도록 한다.

제3절

보고서 작성 시 유의해야 할 것은 무엇인가?

보고서는 일정한 구성요소와 체제를 요구한다. 이러한 내용을 학생이 모두 기억할 수 없다. 아래에 제시된 내용을 학생에게 안내하여 보고서 작성의 효율성을 높이도록 한다.

가. 아래의 세 가지는 보고서 작성 시 항상 가지고 다니도록 한다. 특히 보고서를 작성할 때는 전년도 또는 선행연구 사례를 보면서 참고하도록 한다.

1) 탐구 노트 또는 실험 노트에 기록한 내용

2) 이전 학년도, 이전 학기, 이전 수업에서 작성한 보고서 사례

3) 교사가 배부한 '보고서 작성 방법 안내 자료'

나. 보고서 작성을 시작할 때는 프로젝트 활동 과정에서 누적 기록한 내용을 최대한 모아 놓도록 한다.

다. 보고서와 관련된 모든 자료를 한 파일에 모으는 것이 가장 우선적이고 중요한 일이다. 관련 자료를 모은 다음 그 후부터 정리 또는 분석하도록 한다. 자료를 모으면서 분석과 편집 및 정리를 하지 않도록 한다. 보고서 작성 집중이 분산되어 자료를 모으는데 어려움이 발생한다.

라. 관련 자료를 모은 후에는 보고서 구성 요소의 순서로서 내용을 나열한다.

마. 노트북 또는 태블릿이 있을 경우 활용하면 팀원들이 자료 공유를 자유롭게 할 수 있다.

바. 학생들이 보고서를 작성하고 있을 때 교사는 간섭을 최소화한다.

사. 구글 문서로 작성하는 경우 팀원들이 공동 작업 후에 한글문서로 변환하도록 한다.

아. 보고서 작성 과정에서 질문을 아래와 같이 하도록 한다.

1) 보고서 작성 안내 방법을 충분히 읽어보았는가?

2) 보고서를 어디까지 작성하고 있는가?

3) 보고서의 구성 요소를 모두 포함하고 있는가?

4) 보고서의 구성 순서대로 작성하고 있는가?

5) 보고서 작성에 어떤 어려움이 있는가?

제4절

보고서 작성 후 검토는 어떻게 하는가?

가. 보고서 체크 리스트

구분	확인	확인 내용
보고서 전체	□	1. 보고서의 구성요소를 모두 갖추었는가?
	□	2. 보고서의 구성요소에 해당하는 하위 요소가 포함되어 있는가?
	□	3. 내용의 문단이 지나치게 길어 독자가 읽는데 부담을 주는가?
	□	4. 번호 부여가 올바른가?
	□	5. 오탈자가 있는가?
제목 서론 배경지식	□	6. 프로젝트 제목(주제)이 간결하게 제시하고 있는가?
	□	7. 프로젝트 제목이 연구 내용을 알 수 있도록 의미있게 표현되어 있는가?
	□	8. 목차에 내용목차, 표목차, 그림폭차로 구분되어 제시되어 있는가?
	□	9. 서론의 첫 문장이 독자가 읽고 이해하기 쉬운 용어로 진술되어 있는가?
	□	10. 이론적 배경의 내용이 연구자가 이해하는 수준에서 제시되어 있는가?
연구 내용	□	11. 실험 제목, 가설(실험 프로젝트의 경우), 준비물, 변인통제(실험프로젝트의 경우), 설험절차가 제시되어 있는가?
	□	12. 독립변인과 통제 변인의 수준이 제시되어 있는가?
	□	13. 결과와 결론이 분명하게 구분되어 있는가?
그래프	□	14. 그래프의 형태가 내용과 일치하는가? (막대 그래프, 원그래프, 꺾은선 그래프 등)
	□	15. 그래프에 독립변인이 가로축에, 종속변인이 세로축에 설정되어 있는가?
	□	16. 그래프의 명칭과 단위가 표시되어 있는가?
표와 그림	□	17. 표의 명칭이 표의 위쪽-왼쪽에 정렬되어 있는가?
	□	18. 그림의 명칭이 표의 아래쪽-왼쪽에 정렬되어 있는가?
	□	19. 표와 그림의 번호가 각각의 일련번호로 부여되어 있는가?

나. 보고서 검토 순서

1) 1차 검토: 보고서 작성자 또는 팀원이 체크 리스트를 보고 검토한다.
2) 2차 검토: 다른 팀의 동료가 검토한다.
3) 3차 검토: 교사 또는 학부모가 검토한다.

제5절

프로젝트 발표는 어떻게 하는가?

프로젝트 학습은 학생들이 문제를 찾아 계획을 세워서 연구를 실행하고 최종적으로 보고서를 작성한 후 프로젝트 활동 과정을 객관적으로 평가받는 과정으로 최종 발표를 하게 된다.

보고서 작성으로만 프로젝트를 끝내지 않고 발표까지 하게 되면

1) 프로젝트 발표는 학생들에게 매우 감동적이고 기대되는 순간이며 최대한 만족감을 주는 기회가 된다.
2) 다른 팀들의 연구 과정과 결과를 공유함으로써 본인이 한 활동뿐 아니라 다른 팀들이 한 활동 내용을 간접 경험하는 기회가 된다.
3) 동료들의 인정을 받는 경험을 통하여 본인의 활동에 대한 성취감을 느낄 수 있다.

가. 보고서 발표를 위한 준비

1) 보고서 내용을 프레젠테이션이나 파워포인트에 요약하여 작성한다.
2) 자신이 작성한 보고서를 최소 3번 이상 읽고 내용을 이해한다. 보고서를 자신이 작성했어도 내용이 많기 때문에 발표할 때 구체적인 내용을 모두 기억하지 못할 수 있다. 따라서 여러번 읽고 내용을 거의 외울 정도로 반복해서 읽는다.
3) 작성한 프레젠네이션이 3번 이상 읽고 발표할 내용과 다음 슬라이드에 제시되는 내용을 연결하여 발표할 수 있도록 충분히 숙독한다.

나. 발표 방법

1) 각 팀은 5~7분 내외로 발표한다.
2) 팀의 주제를 먼저 발표한다.
3) 프레젠테이션을 보고 읽는 것이 아니라 자신의 말로 설명한다. 프레젠테이션을 보고 읽게 되면 참석한 청중이 매우 지루한 시간이 될 수 있다.
4) 청중이 이해할 수 있도록 천천히 발표한다. 청중이 발표 내용을 이해하고 있는지 확인하면서 발표한다.
5) 팀원간 역할을 분담하여 발표한다. 분량중심역할분담 보다는 내용중심 역할분담)

   예시 전체적인 내용(팀원 A)
   실험에 관한 내용(팀원 B)

6) 제스처를 사용하면서 청중이 이해하기 쉽게 한다.
7) 마지막 부분에 [질문이 있습니까?]라고 제시한다.
8) 마무리 멘트: [우리 팀의 주제탐구 결과 보고서를 경청해주셔서 감사합니다.]

다. 발표를 듣는 방법

1) 질문은 발표가 끝난 후에 한다.
2) 발표 내용을 듣고 고개 끄덕이기, 아!, 음!과 같이 조용히 반응을 한다.
3) 발표가 끝나면 모두 열심히 노력한 열정에 박수를 보낸다.

부록

자주하는 질문 (FAQ)

1. 프로젝트 활동은 어떤 수업인가요?

가. 프로젝트는 활동 기록의 과정이다.

1) 매시간 프로젝트 활동 후 탐구노트, 결과기록 사이트 등에 활동 과정을 써서 기록을 남겨놓아야 보고서를 작성할 때 자료수집이 원활하게 이루어진다.
2) 프로젝트에서는 자료를 기록, 보관하는 것이 중요. 활동할 때마다 기록하여 보관한다.
3) 사이트에 쓰면서 활동이 명료해진다. 사진 동영상을 시각적으로 보면 분석과 성찰이 잘 된다.
4) 꾸준한 기록은 보고서 작성에 매우 도움이 된다.

나. 프로젝트는 실패와 시행착오를 발견하고 계속 수정해가는 과정이다.

1) 진행 일정 중에서 중간 보고서 발표 전·후까지는 충분한 시행착오를 통해 변인통제 요소 발견과, 독립변인 변경 가능성을 염두에 둔다.
2) 실험-재실험을 반복하면서 시행착오를 겪는다. 학생들은 시행착오 과정에서 안된다는 것을 배움으로서 될 수 있는 것을 생각한다.

다. 프로젝트는 실험 및 활동의 정확성을 높여가는 과정이다.

1) 결과의 정확성은 어디에서 나오는가? 통제 변인, 분석적 관찰 및 측정에 정확성이 달려있다.

2) 실험 결과의 정확성을 높이기 위해 환경조건(온도, 습도, 조도 등)을 최대한 찾아 기록하고 통제 변인을 통제하는데 노력한다.

3) 중간보고서 발표 이후 실험과정, 관찰, 측정, 기록을 디테일하게 하여 최종 결과물의 정확성을 높이도록 한다.

* 디테일: 세밀하고, 자세하고, 정교하게, 전체 보다는 부분으로 나누기

4) 관찰 기록물은 전체 촬영과 부분 사진 촬영을 나누어서 하고 동영상은 촬영 대상물을 가까이하여 줌인(zoom－in) 촬영한다.

라. 보고서는 자신이 연구한 프로젝트 내용을 사람들에게 홍보하여 설득하는 것이다.

1) 보고서 작성에서 처음에는 양과 질에 관계없이 최대한 설명, 그림, 동영상등의 자료를 모두 모아서 줄어나가는 빼기의 과정이다.

2) 보고서는 나의 프로젝트 연구를 모르는 사람에게 홍보하여 설득하는 것이다.

3) 그림, 표, 그래프는 자세한 설명이 요구된다.

마. 장기 프로젝트는 발산적 사고와 수렴적 사고를 반복하는 과정이다.

1) 프로젝트 과정에서 계획서 작성, 발표하는 것은 연구활동 결과를 모아 집약시키는 수렴과정이다. 발표나 계획서가 작성되면 다시 다음 단계의 연구를 시작하기 위해서는 다양한 생각과 방법을 연구하는 발산적 사고를 요구하게 된다. 프로젝트 활동 과정에서 이러한 발산적 사고와 수렵적 사고가 지속적으로 반복된다.

2) 프로젝트를 안내하는 교사는 이러한 반복적 사고과정을 인식하고 학생들도 이 과정을 인지하도록 하면 자신의 사고 과정을 앎으로서 자신의 활동과정을 주도할 수 있다.

2. 장기간 프로젝트를 진행하면 학생들이 지루하거나 지치지 않을까요?

프로젝트는 비교적 긴 시간 동안 진행된다. 이 과정에서 학생들은 지루함을 느낄 수 있다.

지루함은 해야할 일이 없거나 똑같은 일을 반복적으로 할 때 느끼게 된다. 프로젝트 활동에서도 마찬가지로 프로젝트를 수행하는 학생들이 자발적으로 해야할 일을 찾아서 수행하고 새로운 방법과 문제해결 방법을 지속적으로 찾아 할 수 있도록 함으로써 지루함을 극

복할 수 있다. 이러한 문제점을 극복하기 위해서는 프로젝트 활동을 여러 단계로 구분하여 진행한다.

가. 프로젝트 활동 전체 과정을 크게 주제찾기 단계 연구 실행 단계, 보고서 작성의 세 단계로 구분하여 프로젝트를 수행하도록 한다. 각각의 단계를 마칠 때마다 발표하게 함으로써 만족감과 단계를 해냈다는 즐거움과 만족감을 갖게 되면서 지루함을 느끼지 않는다.

나. 매시간 프로젝트 수업 과정을 활동계획 발표, 프로젝트 실행하기, 활동결과 및 다음 활동 계획 발표를 하도록 하여 프로젝트를 수행하는 팀원들이 목표를 설정하고 실행하고 결과를 평가하는 주도성을 발휘하도록 하면 지루함을 느끼지 않는다.

다. 플랫폼을 구축하여 프로젝트 활동 후에는 반드시 활동한 내용이나 자료들을 탑재하고 자신들의 활동을 되돌아보고 성찰하게 하여 새로운 방법으로 문제해결을 하도록 촉진한다.

3. 프로젝트 활동에서 학생이 주도하게 하려면 어떻게 해야 하나요?

프로젝트 활동은 학생이 주도성을 발생할 수 있도록 동기와 계기를 끊임없이 만들어주는 과정이다. 이때 동기와 계기를 만들어주는 것이 중요하다. 교사는 학생들의 프로젝트 활동과정을 보면서 '어떤 동기와 계기를 만나게 해줄까?'라는 끊임없는 관심과 상상이 중요하다.

가. 같은 관심사로 팀을 구성하면 갈등이 없이 주도성이 발휘된다.

나. 다른 관심사로 팀을 구성하면 상호보완하면서 다른 영역으로 확장되는 주도성이 발휘된다.

다. 학생 자신이 주제를 선정하게 되면 주도성이 발휘된다.

라. 계획서를 작성하면 자신의 계획을 실행하는 주도성이 발휘된다.

마. 전체 일정을 안내하면 전체 상황을 이해함으로서 주도성이 발휘된다.

바. 계획서 발표, 매차시 수업마다 활동과정 발표, 보고서 발표 등 발표에 대한 책임감을 줌으로써 주도성이 발휘된다.

사. 과학실 순회를 하게 되면 도구를 사용하고 싶은 주도성이 발휘된다.

4. 팀의 프로젝트 활동 내용에 대해서 교사가 모르면 어떻게 해야 하나요?

프로젝트 활동 과정에서 내용이 점점 심화되면서 전문적 지식을 요구하게 된다. 내용이 심화되면서 교사는 그 주제 분야를 알지 못하는 상황에 직면할 수밖에 없다. 따라서 교사는 학생에게 프로젝트에 대해서 가장 많이 그리고 잘 알고 있는 사람은 바로 프로젝트를 수행하고 있는 당사자라는 것을 안내한다. 교사는 학생에게 지금 수행하고 있는 프로젝트 내용에 대해서 설명을 하도록 해야 한다.

- 지금 연구하고 있는 것을 설명하도록 한다.
- 설명하는 배경지식(이론)에 관해서 설명하고 과학적 근거를 제시하도록 한다.
- 내용에 대해서 학생의 설명에 대해서 평가를 하지 않는다.
- 교사는 그 설명을 듣고 적절한 연구 방법에 대해서 학생과 함께 연구하면서 기기 구입, 도구 구입 등의 지원 방법을 생각한다.
- 프로젝트 내용이 더 깊게 들어가게 되면서 학생은 교사의 지식과 방법을 넘어가게 되는 청출어람의 상황이 된다. 이 단계가 가장 최고의 단계로서 프로젝트 학습을 잘 운영한 결과를 보는 순간이다.

5. 프로젝트 수업에 대해서 교사로서 경계해야 할 것이 있나요?

가. 프로젝트 성과 또는 결과에 대한 지나친 기대를 내려놓는다.

학생들은 프로젝트 학습을 경험한 경우가 많지 않다. 학교단위에서 프로젝트의 주제를 완벽하게 실행한다는 것은 쉽지 않다. 왜냐하면 프로젝트를 실행할 수 있는 실험도구와 측정도구 등이 학교에서 주제에 꼭 맞는 것이 준비되어 있지 않기 때문이다. 따라서 학생들의 프로젝트 활동 후에 질적으로 높은 수준의 결과물을 기대하는 것을 내려놓아야 한다.

프로젝트 학습은 학생들은 프로젝트 활동 과정에서 자신이 선정한 주제를 탐구하는 주도성을 배우게 되며 계획서를 작성하면서 목표를 설정하는 목적의식을 가지고 활동하며, 연구 실행을 하면서 실패와 시행착오를 겪으면서 그것을 다시 분석하고 문제를 해결하는 능력을 배우며 보고서를 작성하면서 자신의 활동을 모으고 기록하여 종합하는 능력을 기르는 역량을 배우게 하는데 과정중심에서 역량을 배우는데 목적을 두어야 한다.

나. 프로젝트 활동 단계에 따라 학생들의 활동을 재촉하지 않지 않아야 한다.

프로젝트 학습을 진행하게 되면 학생들이 활동에 적극적인 참여를 하지 않는 경우도 많다. 그렇다고 프로젝트에 참여하는 모든 과정에서 참여를 하지 않는 것은 아니다. 프로젝트 활동 중간에 적극적 참여의 정도가 높고 낮은 경우가 발생하게 된다.

어떤 학생들은 주제탐색 단계에서 어려움을 겪었으나 연구 실행 단계에서 더 적극적으로 수행활동을 하는 경우가 있다. 어떤 학생은 주제탐색 단계에서 쉽게 주제를 선정하였으나 연구 실행 단계에서 어려움을 겪는 경우가 있다. 또한 어떤 학생은 연구 실행 단계에서 충실하게 프로젝트를 수행하였으나 보고서 작성 단계에서 어려움을 겪는 일도 있다.

팀원의 특성과 장점에 따라서 단계마다 적극적으로 수행할 수도 있고 때로는 진행 속도가 느릴 수도 있다. 그러므로 교사에게는 학생들의 이러한 특성을 고려하여 단계마다 어려움을 해결하는 역량이 다름을 알고 지속적으로 모니터링하고 격려하여 용기를 주는 지원이 요구된다.

다. 모든 학생이 프로젝트에 적극적으로 참여해야 한다는 것을 내려놓아야 한다.

학생의 자기 주도성의 정도는 각각 다르며 자신의 역량과 관심이 같을 수 없다. 프로젝트에 참여하는 학생들도 마찬가지로 자신의 역할과 역량에 따라 참여의 정도가 다르다. 교사는 프로젝트에 참여하는 학생들의 특성을 인정하고 주제에 대한 계획서와 프로젝트 활동 일정에 따라 진행되는지 확인하도록 요구하고 프로젝트의 주요 활동인 주제탐색, 주제선정, 계획서 작성, 중간보고서 발표, 최종 보고서 발표의 시기에 학생들에게 진행되어가고 있는 상황을 확인하도록 요구하는 수준에서 안내하도록 한다.

저자약력

양선환

전북대학교 사범대학을 졸업하고 한국교원대학교 대학원에서 중등과학교육 석사학위, 2002년부터 2005년까지 미국코네티컷주립대학교 대학원에서 영재교육학 석사학위를 받았다. 20년 동안 프로젝트 학습과 활동중심수업(Activity-Based Learning)을 연구하고 수업에 적용하였으며 현재 성남시 양영중학교에 근무하고 있다.

강선화

경상대학교 사범대학을 졸업하고 포항공과대학교 대학원에서 유기금속화학으로 석사학위를 받았다. 태평양화학기술연구소와 현대전자 반도체연구소에서 16년 동안 연구원으로 근무하면서 반도체와 항암제, 항염증제 개발 등을 연구하였다. 교직에 들어와서 융합수업을 위한 STEAM수업과 프로젝트 수업을 계속했으며, 2010년부터 프로젝트 학습을 지도하였다. 현재 부천시 중원고등학교에 근무하고 있다.

쉽고 재미있게 할 수 있는 프로젝트 학습 — 주제찾기부터 보고서 작성까지

초판발행 2022년 3월 31일
중판발행 2024년 1월 31일

지은이 양선환 · 강선화
일러스트 최우연
펴낸이 노 현

편 집 김윤정
기획/마케팅 조정빈
표지디자인 이영경
제 작 고철민 · 조영환

펴낸곳 ㈜ 피와이메이트
서울특별시 금천구 가산디지털2로 53 한라시그마밸리 210호(가산동)
등록 2014. 2. 12. 제2018-000080호
전 화 02)733-6771
f a x 02)736-4818
e-mail pys@pybook.co.kr
homepage www.pybook.co.kr
ISBN 979-11-6519-265-5 93370

정 가 22,000원